中央编译局文库出版工作领导小组（编委会）

主　任：贾高建
副主任：魏海生　陈和平　柴方国　季正聚
委　员：崔友平　沈红文　杨雪冬　冯　雷　陈家刚
　　　　赖海榕　郗卫东　张文成　葛海彦

中央编译局文库出版工作领导小组办公室

主　任：薛晓源
成　员：徐向梅　苗永姝

中央编译出版社文库编辑中心编辑小组

葛海彦　贾宇琰　苗永姝　杜永明
李媛媛　盛菊艳　薛迎春　董　妍

马克思主义经典著作研究读本

主　编　杨金海　李惠斌

列宁《共产主义运动中的"左派"幼稚病》研究读本

吴克明

《马克思主义经典著作研究读本》顾问委员会

贾高建　俞可平　柴方国　庄福龄　陈先达　赵家祥　詹汝琮
李洙泗　张钟朴　冯文光　安启念　韩庆祥　李小兵　张曙光

《马克思主义经典著作研究读本》编委会

主　编　杨金海　李惠斌
副主编　薛晓源　林进平
编　委　（按姓氏拼音排序）
　　　　曹典顺　冯　章　韩立新　江　洋　姜海波
　　　　李百玲　吕梁山　苗永姝　聂锦芳　闫月梅
　　　　杨学功　姚　颖　张　盾　张云飞　郑　锦

总　序

呈献给读者的这套"马克思主义经典著作研究读本"丛书，旨在立足于21世纪中国和世界发展的现实，对马克思、恩格斯、列宁重要著作以及有关专题思想重新进行较为深入的研究和解读，供广大读者特别是致力于深入研究马克思主义经典作家原著的读者阅读使用。计划出版40种，三年内陆续完成编写和出版工作。

马克思主义经典著作是学习和研究马克思主义理论的基础文本，历来为人们所重视。在我国学术史上，曾编写和出版过不少关于经典著作的读本，包括各种注释性读本和导读性读本，对学习和研究马克思主义理论发挥过重要作用。然而，随着时代的发展，这些读本也越来越显出历史局限性。比如，以往对经典著作的解读视角较旧，对马克思主义理解不够全面；解读的经典著作范围较小，视野有限；解读所依据的文献不足，深度不够等。进入新世纪以来，特别是自2004年中央实施马克思主义理论研究和建设工程以来，马克思主义经典著作的教学、研究以及普及工作不断加强，这就迫切要求对经典著作重新进行解读。

同时，这些年我国学界有关经典著作的翻译和研究成果不断推出，为更好地解读经典著作提供了可能。改革开放以来，特别是进入新世纪以来，随着我国社会主义现代化建设以及人类文明的深入推进，我们对马克思主义的理解以及对经典著作的研究不断深化，解读视角发生重大转变，对马克思主义的理解更加全面。例如，以往由于受革命实践的影响，我们较多地从社会主义"革命"视角去解读，而较少从社会主义"建设"视角去解读，因此，较多地注重研究其中的阶级斗争、无产阶级革命和无产阶级专政等理论，而较少研究社会和谐发展、人的全面发展等思想。革命胜利后，仍然沿袭了这种解读模式。这就造成了对马克思主义理解的片面性。实际上，马克思主义经典著作中有丰富的新社会建设思想，恰恰是这些长期被忽视的思想对我们今天的社会主义建设实践来说更有意义。近些年来，我国学者自觉地从"建设"视角研究经典著作基本观点，取得了一系列可喜成就。又如，过去对经典著作的解读主要限于对若干重要经典著作的解读，如对《共产党宣言》等五六部名著有较为详细的解读，对其他著作的解读不多。即使有收文较多的导读性读本，但常常由于篇幅所限，也只能对这些著作进行简要介绍，不可能对每一部著作展开研究。近些年来，这种情况在逐步发生变化。研究经典著作的专题成果越来越多。再如，近年来新的经典著作编译成果和相关研究成果不断推出，大大拓宽了人们对经典著作基本观点的理解。加之这些年我国学界一大批优秀的中青年学者成长起来，他们的外语水平较高，知识储备较多，研究方法较新等，对经典著作的研究和理解也更有新意。这些都为更好地解读经典著作提供了新的时代条件。

为了继承前人研究的成果，弥补以往研究的不足，总结这些年我国学界编译、研究经典著作的成果和经验，比较全面系统地解读和阐释经典著作的基本观点，中央编译局专门成立了"马克思主义经典著作及其重大理论问题研究"课题组，并对该项研究提供了基金资助。课题组不仅在局内组织力量进行研究，而且向社会公开招标，争取到社会力量的支持，一批有造诣的中青年专家参与到课题研究中来。经过课题组同仁两年多努力，已经形成一批研究成果，并将继续补充、完善并陆续推出。这套"马克思主义经典著作研究读本"丛书就是这些成果的集中体现。

本丛书力求体现如下特点，这也是丛书编著工作所力求遵循的原则：第一，体现全面性和系统性。本丛书不仅对经典作家的名著进行解读，也对其他重要著作进行解读，还要对经典作家的一些重要思想，如马克思的人类学思想、列宁的新经济政策理论等，进行专题梳理和解读。不仅从"革命"视角，而且从"建设"视角，全面、系统地梳理经典作家的思想观点。力求使这套丛书成为收文最全面、解读最系统、最能够反映经典作家著作全貌的学术成果。第二，突出文献性和考证性。每一研究读本的写作，力求充分反映国内外有关研究成果，特别是要充分反映我国新时期在经典著作翻译和研究方面所发现的新文献、取得的新成果。在此基础上，要对经典著作形成的历史背景、国内外传播、原著重要思想观点及其流变，以及后人对这些观点的理解等，进行考证研究。如果说过去的解读主要是"注"的话，那么，这套读本则要进一步体现"疏"的特点。通过这种"注疏"性考据研究，不仅使读者知其然，也知其所以然。这样，也能够为学界进一步研究提供尽可能丰富的文献资料。第三，力求权威性和准确性。一方面，研究读本所依据的经典著作文本力求具有权威性和准确性。主要依据中央编译局所编译的最新译本，如《马克思恩格斯全集》第二版、《马克思恩格斯文集》、《列宁全集》第二版、《列宁专题文集》等。对还没有新译文的文本，可以采用旧译文。同时，适当参照外文版本，进行比较研究。另一方面，所依据的其他文献资料，也力求具有权威性和准确性。要选择国内外在该研究领域最具权威性的专家学者的最具代表性的观点和最有影响力的文章。

基于上述考虑，本丛书采取大致统一的研究和写作框架。除导论外，各个读本均有五个部分组成。一是历史考证部分，其中包括写作背景、国内外主要版本和传播考证等；二是研究状况部分，包括对国内外已有的研究情况进行梳理；三是当代解读部分，包括对经典著作的内容简介，对已有研究观点的疏正，对重要理论观点及其当代意义的阐述；四是原著选编部分，根据经典著作的不同情况，或采取全选的形式，或采取节选的形式，均采用中央编译局的最新译本，个别读本同时选编原著的旧文本，以方便比较研读；五是附录部分，包括3到5篇关于本著作的国内外有一定权威性的研究文章，以及进一步研究需要参考和阅读的文献资料。

需要说明的是，对于经典著作的研究，往往会有仁者见仁、智者见智的情况。所以，尽管我们在组织编写工作中努力体现上述原则，但这些读本的观点不一定都具有代表性，更不可能与每一位读者的观点完全一致。加之作者研究角度不同，水平各异，每一读本的结构、篇章、内容、观点都不尽相同，其权威性程度也不尽一致。其中很可能有疏漏和错误之处，谨请读者批评指正。

该丛书在编写和出版过程中，得到了各个方面的大力支持。中央编译局对此项工作高度重视，始终给予鼎力支持。国家出版基金将该丛书列入2012年资助项目。中央编译出版社为该丛书申报国家出版基金项目并最终立项，以及为丛书出版做了大量工作。本丛书中收入的译著和文章的译者、作者和出版者同意我们使用相关的著作版权。该项目顾问委员会的专家对丛书的编写工作给予热情指导，编委会成员和课题组同仁为丛书的编写付出了辛勤劳动。在此一并致以衷心的谢意！

《马克思主义经典著作研究读本》

编辑委员会

2013年6月16日

目 录

导 论 ………………………………………………………… 1

第一部分 历史考证 …………………………………………… 7

第一章 《幼稚病》的写作背景 ………………………………… 9
一、《幼稚病》写作的时代背景 ……………………………… 9
二、《幼稚病》写作的理论背景 ……………………………… 12

第二章 《幼稚病》的国内外主要版本和传播情况 …………… 14
一、《幼稚病》的主要俄、英文版本情况 …………………… 15
二、《幼稚病》的其他外文版本和传播情况 ………………… 17
三、《幼稚病》的中译文版本和传播情况 …………………… 19
四、《幼稚病》的其他版本和传播情况 ……………………… 26

第二部分 研究状况 …………………………………………… 29

第三章 《幼稚病》的国内外研究状况 ………………………… 31
一、《幼稚病》国外研究的历程 ……………………………… 31
二、《幼稚病》国外的研究评述 ……………………………… 33
三、《幼稚病》国内研究的历程 ……………………………… 35
四、《幼稚病》国内研究的评述 ……………………………… 46

第三部分 当代解读 … 49
第四章 《幼稚病》的基本结构和主要内容 … 51
  一、《幼稚病》的基本结构 … 51
  二、《幼稚病》的主要内容 … 52
第五章 《幼稚病》的重要理论观点 … 67
  一、十月革命的基本经验及其国际意义 … 68
  二、科学处理领袖、政党、阶级和群众之间的相互关系 … 70
  三、共产主义运动中必须反对"左"和右两种错误倾向 … 72
  四、坚持正确的无产阶级革命战略和策略 … 77
  五、加强无产阶级政党的集中统一领导并制定和保持铁的纪律是布尔什维克成功的基本的条件之一 … 83
第六章 《幼稚病》的当代意义 … 86
  一、笔者的分析 … 86
  二、几种观点的述评 … 123

第四部分 经典著作选编 … 135
  列宁 共产主义运动中的"左派"幼稚病 … 137
  列宁 第412封书信 … 215

第五部分 附 录 … 217
  附录Ⅰ 研究文献摘选 … 219
    一、国外权威性的解读论著摘选 … 219
    二、国内权威性的解读论著摘选 … 234
  附录Ⅱ 延伸阅读书目 … 260
  附录Ⅲ 列宁《幼稚病》写作和出版年表 … 269

后 记 … 271

导　论

经典文献，往往是时代的精华、文明的见证，是影响和改变人类社会发展的精神财富。它既是历史性的，不以时间长短为量度而以指明方向为旨归，是人类进步和历史发展的火炬；又是现实性的，为人类实践智慧的结晶即对社会发展规律及其趋势的总结和把握。根据2011年中央编译局招标项目的《列宁〈共产主义运动中的"左派"幼稚病〉研究读本》课题的研究设计，该经典著作研究主要由历史考证、研究状况、当代解读、经典著作选编和附录等部分构成。现对该著的研究动因、研究方法、研究的主要新意和价值，以导论形式简介如下：

一、研究动因

《共产主义运动中的"左派"幼稚病》一书是无产阶级革命导师列宁的代表作之一。他为什么要写这部书？现在来研究这部书又有什么意义呢？这是我们要弄清楚的。

1. 研究列宁《共产主义运动中的"左派"幼稚病》是正本清源的需要

《共产主义运动中的"左派"幼稚病》一书作为马克思主义重要的经典著作，是列宁的一部评"左"、批"左"和反"左"的名著，撰写于1920年4月间。该年5月，根据新材料做了增补，6月出版单行本，7月，作为共产国际第二次代表大会的思想和理论准备，在大会上分发给全体代表。以后陆续出版了德文、法文、英文等译本。近百年来，有不少国家的专家和学者对列宁《共产主义运动中的"左派"幼稚病》的写作背景、国内外主要版本和传播情况进行过一些研究与探讨，形成了不少有价值的科研成果。实事求是地说，也存在一些片面甚至是错误的认识。因此，正本清源地梳理、客观公正地评价，还列宁《共产主义运动中的"左派"幼稚病》的写作背景、国外主要版本和传播情况、国内版本和传播状况的本来面目，实属必要。

2. 研究列宁《共产主义运动中的"左派"幼稚病》是总结社会主义革命和建设经验教训的需要

在国际共产主义运动史上，不少国家的共产主义运动遇到过或"左"或右的干扰，给社会主义革命和建设实践带来不少的经验和教训。在这部著作中，列宁总结了俄国和国际共产主义运动的相关经验教训，批判了当时在一些国家内出现的"左"的错误思潮，结合实际阐明了无产阶级在革命和建设中应采取的正确策略，为国际共产主义运动的发展指明了前进的方向。同时，阐明了许多有关社会主义革命和社会主义建设中值得注意的重大理论和实际问题。因此，要认真总结社会主义革命和建设中的许多经验教训，必须回过头来，系统地完整地加深对马克思主义经典著作、基本理论的学习与研究，对列宁《共产主义运动中的"左派"幼稚病》文本进行有重点的和有针对性的深入研究。

3. 研究列宁《共产主义运动中的"左派"幼稚病》也是深入开拓社会主义事业发展新境界的需要

改革开放30多年以来，我国经济社会快速发展，综合国力大幅度地提升，国际地位和影响力也显著提高，人民生活水平得以明显改善，社会主义经济建设、政治建设、文化建设、社会建设以及生态文明建设和党的建设等方面都取得了重大进展，人民群众正在为构建"四个全面"战略目标而努力奋斗。同时，应当看到，我国发展中不平衡、不协调和不可持续问题依然突出；在全面深化改革和扩大开放的新境遇中，人们常常提出诸如姓"资"姓"社"的问题、"左"倾右倾的问题、各种错误社会思潮的问题等，要正确回答和科学解决诸如此类的问题，也要求认真阅读原著,特别是深化对列宁《共产主义运动中的"左派"幼稚病》的学习和研究,从而不断深入开拓社会主义发展的新境界。

二、研究方法

在研究列宁《共产主义运动中的"左派"幼稚病》一书的过程中,笔者主要采取了以下三种研究方法:

1. 历史与逻辑相统一的方法

历史从哪里开始,人的自身思想的进程也应当从哪里开始。历史与逻辑相统一的方法,是本项目研究的基本方法。当时,在俄国伟大的十月革命胜利的影响下,世界各国的左派纷纷摆脱社会民主党的控制而建立起自己独立的政党,并在本国进行无产阶级革命运动。然而,这些新党往往存在成员比较年轻,虽有革命热情,但普遍存在由于缺乏基本理论素养和现实斗争体验,不懂得阶级斗争的规律和革命的战略、策略,不能把马克思主义的普遍真理同本国的具体实际相结合等不足;加之由于十月革命的胜利和世界革命运动高涨的鼓舞和推动,在欧美工人群众中也普遍存在着向"左"转的革命情绪和要求,在这种群众革命情绪高涨的形势下,无产阶级队伍中有些人在很多理论问题上表现出一些"左"的思想倾向,不利于国际共产主义运动的发展。基于这样的国际形势,列宁在国内事务极端繁忙、极端紧张的情况下,下决心撰写了《共产主义运动中的"左派"幼稚病》这一科学社会主义与国际共产主义运动方面的代表作,批判了国际共产主义运动中的"左"倾理论思潮,论述了布尔什维克党的马克思主义战略策略理论,其理论批判精神不仅在历史上发挥了应有作用,而且对建设当代中国特色社会主义也有重要的思想启迪价值。

2. 理论联系实际的方法

开展对《共产主义运动中的"左派"幼稚病》一书的研究,既要面对大量的马克思主义战略策略理论问题,也要面对今天的现实,做到联系实际。这种马克思主义理论联系实际的方法,笔者在研究中始终努力贯彻着。例如，笔者认为研究《共产主义运动中的"左派"幼稚病》正文部分第二、四、八章，深入探讨其关于加强党的组织纪律建设和思想理论建设、反对工人运动内部两条战线斗争思想以及制定正确的战略策略思想，给我们理论联系实际以很大的方法论意义启发。而且，我们学习和研究《共产主义运动中的"左派"幼稚病》中关于加强党的建设思想方法论，核心在于高扬中国特色社会主义伟大旗帜，坚持和拓展中国特色社会主义发展道路，坚持和丰富中国特色社会主义理论体系，坚持和完善中国特色社会主义基本制度，在心灵深处筑牢防"左"警右的思想防线。

3. 文献研究、比较分析和图文相结合的方法

为了全景式的展现世界范围内对列宁的名著《共产主义运动中的"左派"幼稚病》一书的研究动态，介绍该书的传播、翻译和学习与研究等情况，笔者查阅了大量文献，并对其进行了认真梳理，力求掌握全部文献，反映出最新的研究动态，尽量得出最新的一些研究成果。由于该书是列宁的一部历史名著，在国内外影响很大，所以系统地进行比较分析非常必要。在研究中，笔者主要是进行中俄之间的比较。因为列宁是俄国人，首先用俄文发表，现在看，该文的研究者主要也是俄国人。所以，通过系统比较，可以更好地体悟和把握该书的历史和现实价值。同时，依托中央编译局、中国社科院、清华大学、北京大学和湖南的文献典籍，我们收集并拍摄了有关列宁的名著《共产主义运动中的"左派"幼稚病》一书在中外出版发行的不同版本的部分图片，力图能够图文结合。

三、研究的主要新意和价值

本书主要是对列宁的名著《共产主义运动中的"左派"幼稚病》进行历史考证（包括写作背景、国内外主要版本和传播情况）、研究状况分析（包括国内外最具权威性的解读文章或者著作摘选、国内外关于该著作的研究情况概述等）及其当代解读（包括该著作的结构、框架、主要内容和重要理论观点阐述等），其形式和结构本身就是一种创新。通过对文献创作史、传播史及国内外研究情况的梳理，对于有兴趣继续研究列宁这部著作的读者，必然具有较好的参考和帮助。

本书的主要学术价值和应用价值，概括地说有两点：

第一，贯彻文献和知识相统一，促进学科发展，彰显学术价值，尤其有利于大力推进马克思主义执政党的理论建设。该书充分反映出列宁一贯重视加强无产阶级的政党建设。列宁指出："马克思主义教导说——这一教导不仅已经由整个共产国际在共产国际第二次代表大会（1920年）关于无产阶级政党的作用的决议中正式加以肯定，而且也已经为我国革命的实践所证实——只有工人阶级的政党，即共产党，才能成为团结、教育和组织无产阶级和全体劳动群众的先锋队，而只有这个先锋队才能抵制这些群众中不可避免的小资产阶级动摇性，抵制无产阶级中不可避免的种种行业狭隘性或行业偏见的传统和恶习的复发，并领导全体无产阶级的一切联合行动，也就是说在政治上领导无产阶级，并且通过无产阶级领导全体劳动群众。不这样，便不能实现无产阶级专政。"[①] 在《共产主义运动中的"左派"幼稚病》第二、四、八章中，列宁主要阐述了加强党的建设思想，有很深的学理性。

第二，研究中，既注重材料的广泛性，又注意文献资料的"权威性""精当性"，同时关注现实针对性，彰显应用价值。因而，我们应该结合《共产主义运动中的"左派"幼稚病》的学习和研究，牢牢汲取国际共产主义运动与中国革命、建设和改革过程中所取得的经验教训，深刻领会关于全面加强和改善党的建设的重要性，立足中国社会主义现代化建设的基本国情和实践前沿，力求坚持原则性与灵活性、坚定性与妥协性以及前进性与曲折性的辩证统一，牢记历史使命、不忘服务

---

① 《列宁专题文集（论社会主义）》，北京：人民出版社2009年版，第383页。

宗旨、不断开拓奋进，永远保持谦虚、谨慎、不骄、不躁的优良作风，永远保持实事求是、艰苦奋斗的踏实作风，勇于变革、勇于创新，永不僵化、永不停滞，不动摇、不懈怠、不折腾，不为任何风险所惧，不被任何干扰所惑，又好又快地推进中国特色社会主义建设，努力为实现中华民族伟大复兴的中国梦做贡献。

第一部分 历史考证

第一章 《幼稚病》的写作背景

在十月革命伟大胜利的影响下，资本主义国家的无产阶级革命运动和殖民地半殖民地的民族解放运动开始风起云涌地发展起来，欧亚许多国家都成立了共产党和开始成立共产主义运动的组织。1919年3月共产国际成立后，这些国家的共产党和共产主义运动的组织大都加入了共产国际，在世界范围内进行有组织的革命斗争。在这一宏大的世界革命情势下，国际共产主义运动面临着健全和完善国际、帮助各国无产阶级先进分子建立和巩固真正无产阶级政党的任务。要完成这个艰巨而复杂的历史任务，除了在军事上反抗帝国主义资产阶级的镇压与破坏以外，还必须在思想理论上开展反对"左"右错误倾向的斗争。为此，列宁于百忙之中抽空撰写了《共产主义运动中的"左派"幼稚病》（以下简称《幼稚病》）这本马克思主义理论经典名著。就是说，列宁在反对右倾机会主义这一"主要敌人"的同时，强烈要求反对共产主义运动中的"左"倾机会主义思潮，称之为"左派"幼稚病。这里，从国内和国际两个方面的时代和理论背景来予以具体说明。

一、《幼稚病》写作的时代背景

"左"、右倾向是相对于正确而言的，都是错误的社会思潮。列宁不仅对社会主义有深入研究，而且对俄国资本主义早有研究，曾在1896年至1899年间撰写出《俄国资本主义的发展》一书，于1899年3月第一次印成单行本出版。在书中，列宁运用马克思主义经济理论，具体分析了俄国当时的社会阶级结构和阶级关系，揭示了俄国资本主义发展的必然性和特点，阐明了工人阶级在革命中的领导作用，为建立俄国工人阶级政党和制定正确的纲领、策略提供了理论基础。十月革命胜利后，当时的第二国际机会主义者本指望通过伯尔尼国际，来分化、瓦解各国无产阶级及其政党，阻碍共产国际的建立。可是，事情的发展往往与其愿望背道而驰，一个新生的无产阶级革命国际不仅已经建立起来，而且得到了各国无产阶级政党和革命群众的广泛支持和同情，并在斗争中日益巩固。这不能不使第二国际机会主义者十分恼怒，极端仇视，以至公开斥责布尔什维主义，反对苏维埃俄国，企图危害共产国际。同时，为了加强共产国际和指导各国党重视自身建设，列宁十分强调反对中派的斗争。共产国际成立以后，广大社会民主党工人纷纷要求党的领导机构改变过去的错误政策而参加第三国际，一些原属于中派的社会民主党人也表示赞成共产国际的原则，愿意加入共产国际。在蓬勃发展的革命洪流冲击下，法国、意大利、西班牙、美国等国社会党、德国独立社会民主党、英国独立工党的领袖们看到第二国际已经毫无希望，也纷纷退出伯尔尼国际，申请要求加入第三国际。但实际上，他们在党的政治工作全部实践中依旧停留在第二国际的原有水平上，第三国际有被那些还没有摆脱第二国际思想理论体系的、动摇的、不彻底的集团削弱的危险。

在这种情况下，列宁在领导共产国际反对右倾机会主义的斗争中所持的基本方针是：进一步揭露和批判右翼和中派社会民主党的叛卖行径，消除他们在群众中多年来造成的影响，启发群众的觉悟，促进各国社会民主党内真正的革命者退出第二国际和加入第三国际运动的发展，从思想理论、政治、组织和斗争的各个环节上，帮助、指导各国年轻而缺乏斗争经验的共产党尽快成熟和发展起来。同时，列宁深刻分析了机会主义派别在欧洲的根深蒂固和在西欧比俄国强大的原因。他认为，这是由于先进的国家过去和现在创造自己的文化都是靠了被压迫人民这样的一个重要条件，即这些国家的资本家掠夺来的东西大大超过了他们能够从本国工人身上榨取的利润，并以英、法、德三个最富有的国家为例，说明资产阶级完全可以从一大堆钱里拿出其中的一点点来施舍给工人贵族、工人代表乃至工人领袖,以进行各种形式的收买与欺骗。列宁认为,收买就是整个问题的症结所在。"这可以采取千百种不同的方式:提高大中心城市的文化水平,设立教育机关,为合作社领袖、工联领袖、议会领袖提供千百个肥缺。哪里有现代的文明的资本主义关系,哪里就是如此。这几十亿超额利润,就是工人运动中机会主义赖以生存的经济基础。美国、英国和法国的机会主义领袖、工人阶级的上层分子、工人贵族最顽固,他们对共产主义运动的抵抗最顽强。……这病拖的时间很久了,要治好它,比乐观主义者所想象的时间要长得多。机会主义是我们的主要敌人。……实际证明:由工人运动内部机会主义派别的活动家来维护资产阶级,比资产者亲自出马还好。……我们应该下定决心,把各国党内的这一斗争进行到底。这是主要的任务。"①

当时,在列宁领导共产国际反对右倾机会主义斗争的同时,共产主义运动内部涌现出另一股极端思潮,即"左"倾机会主义思潮或称之为"左派"幼稚病,对此列宁指出,"关于布尔什维主义在工人运动内部的另一个敌人,就不能这样说了。国外还极少知道布尔什维主义是在同小资产阶级革命性作长期斗争中成长、成熟和得到锻炼的。这种革命性有些象无政府主义,或者说,有些地方照搬无政府主义;它在任何重大问题上,都背离无产阶级进行坚韧的阶级斗争的条件和要求。"② 因为这时的西欧许多国家刚刚成立共产党或无产阶级政治组织,他们缺乏理论修养和斗争经验,也不善于结合本国的实际情况制定正确的战略和策略,于是出现了一股"左"倾幼稚思潮。正是这一背景下,列宁写作了《幼稚病》一书,他洞察到了这种"左"倾思潮的巨大危险性,以深邃的政治智慧总结了俄国革命自身斗争的丰富经验,并针对已经存在的"左"倾错误思潮涉及的基本问题做出系统的回答,使该书成为阐述无产阶级革命战略和策略重要的科学指南。

---

① 《列宁选集》第4卷,北京:人民出版社1995年版,第271—272页。
② 《列宁全集》第39卷,北京:人民出版社1986年版,第12页。

二、《幼稚病》写作的理论背景

1920年前后，在俄国内部，共产主义运动中的"左派"认为，在思想理论上，党的领导是"向资产阶级及其小资产阶级知识分子走卒投降"，苏维埃共和国在"右派布尔什维克倾向"的影响之下，有"演变到国家资本主义去"的危险。列宁在对当时俄国社会经济状况作出科学分析的基础上，指出"左派"根本不懂得国家资本主义较之苏维埃共和国当时的情况是一个进步，并第一次指明俄国在过渡时期存在五种经济成分和国家资本主义在苏维埃俄国发展中的重大作用，认为国家资本主义是当时俄国走向社会主义的一条可靠道路，驳斥了"左派"的国家资本主义与无产阶级专政不能相容的论调。

针对"左派"反对利用资本主义遗留下来的科技专家的错误主张，列宁在理论上清醒地认为，只有那些懂得不向托拉斯的组织者学习，就不能建立社会主义的人才配称为共产主义者。因为社会主义并不是臆想出来的，而是要靠夺得政权的工人阶级先锋队掌握和运用托拉斯所创造出来的一切有用经验去建立的。针对"左派"中存在的一些僵化有害的思想观念，列宁又精辟阐明了社会化大生产与无产阶级专政是实现社会主义的两个必要条件，即经济和政治条件的思想，客观地认为：没有建筑在现代科学最新成就基础上的大资本主义技术，没有一个使千百万人在新产品的生产和分配中严格遵守统一标准的有计划的国家组织，社会主义就无从设想；同时，无产阶级若不在国家内占有统治地位，社会主义也是无从设想的。

当时在国际上，一方面，由于无产阶级革命的形势高涨，原第二国际的一些政党基于自身的立场、观点，在思想认识上也纷纷发表声明退出第二国际，要求参加共产国际，但他们并不改变原来的机会主义立场，因而在共产国际内部存在着右倾的危险。另一方面，在西欧一些国家，有些年轻的共产党人或组织，出于对第二国际机会主义的痛恨，也由于缺乏长期艰苦的斗争经验和受小资产阶级思想的影响，在许多重大问题上产生了"左"倾的思想和行动。例如，在德国有"德国共产主义工人党"，他们称自己是"原则上的反对派"，并出版小册子，声称反对"领袖专政"，实行"群众专政"，拒绝作任何妥协；反对一切议会斗争形式，号召工人"退出工会"（指有反动色彩的工会），另组纯粹的"工人联合会"。荷兰的"左派"声称："议会正在变成反革命的中心和反革命的机关"，因而拒绝参加一切议会活动。在英国，当时还没有组成统一的共产党，但在协商建党中也出现了"左"倾的萌芽。其中的"工人社会主义联盟"表示反对参加议会，反对参加工党。一些"左派"共产主义者在文件中提出："共产党不应当实行妥协""共产党的使命是走在前面，中途不停顿，不转折，径直地向共产主义革命前进"。当时，在维也纳为东欧各国发行的共产国际杂志《共产主义》，也反映出一些"左"的倾向，如不注意夺取资产阶级用以影响群众的部门和机关（如议会、某些工会等），对于从右翼转向左翼的工人不考虑过渡的和妥协的办法，赞同抵制议会，等等。这些"左派"的错误，在当时较之右倾机会主义虽然是较小的危险，但是，如果任它发展起来也是很严重的。因此，在制定共产国际策略的第二次代表大会之前，列宁专门写了这本著作，着重从理论和实践经验上分析和说明了这种错误，号召各国无产阶级政党能自觉预防这种危险。

在这部著作中，列宁从无产阶级政治文化的理论视角，分析和总结了俄国国内和国际共产主义运动的经验教训，批判了在一些国家共产主义运动中出现的"左派"幼稚病的社会思潮，结合实际阐明了无产阶级政党在革命中应当采取的正确策略，为国际共产主义运动的顺利发展指明了前进方向。同时，阐明了许多与成熟的马克思主义政党战略策略有关的应有理论准备问题。

第二章 《幼稚病》的国内外主要版本和传播情况

《幼稚病》一出版，就在包括中国在内的世界各地传播，版本也很多。这里重点就主要版本和传播情况，分国内和国外两个方面，予以介绍。

应该说，《幼稚病》在国外的版本和传播情况较为复杂，但主要的版本和传播情况发生在受马克思主义国际共产主义运动影响较大的东西方国家（尤其是在苏联，而且列宁的原作就是用俄语写的）。因此，关于《幼稚病》在国外的版本和传播，就简要从两个方面展开，即不但介绍《幼稚病》的俄、英文版本和传播情况，而且介绍《幼稚病》的其他外文版本和传播情况。具体见本章的第一、二部分。

由于受俄国十月社会主义革命的巨大影响，先进的中国人对俄国的革命形势和革命著作十分关注。所以，《幼稚病》发表后，其零星内容很快就为先进的中国知识分子所知悉，但由于当时反动的北洋政府的阻挠，其中译本直到1926年1月，才由子云翻译并发表在该年1月16日、23日出版的上海《中国青年》第110期和111期上，主要是摘译《幼稚病》第十章中的《几点结论》部分，标题为"列宁主义的革命战术"，并得以较为广泛传播；全译本到1928年才出版，由武兆镐翻译、吴良武（封面写的是吴亮武）校，横排油印本，书名为《共产主义左派幼稚病》。《幼稚病》在国内的主要版本和传播情况，也较为复杂，这些主要在本章的第三、四部分展开介绍和阐述。

一、《幼稚病》的主要俄、英文版本情况

列宁的名著《共产主义运动中的"左派"幼稚病》一书，于1920年4月27日以俄文出初稿；5月9日，一校样发回莫斯科；列宁将5月12日写完的本书增补部分连同经他校阅的样本一起发往彼得格勒；首次于1920年在彼得格勒由国家出版社印成单行本。

《幼稚病》增补部分的要点写作不晚于1920年5月12日[①]，首次发表在《列宁文集》俄文版第37卷第230页。该著作于共产国际第二次代表大会前夕写成并出版，分发给了代表大会全体代表。列宁曾亲自过问本书的排印计划。当年6月12日俄文本出版，7月在俄国出版英文本和法文本。

列宁在5月23日写的一封有关本书出版工作的信，收在《列宁全集》中文第2版第49卷内。1920年下半年，本书的德、英、法、意译本分别在柏林、汉堡、伦敦、纽约、巴黎和米兰出版。

《共产主义运动中的"左派"幼稚病》的手稿上有一个副标题"马克思主义战略和策略通俗讲话的尝试"和一段讽刺性献词："谨以此小册子献给最可敬的劳合-乔治先生，以对其1920年3月18日所作的几乎是马克思主义的、至少是对全世界共产党人和布尔什维克极有教益的演说表示谢忱。"但是，列宁亲自校阅过的该书第1版以及根据这一版刊印的其他各种单行本和全集本都删去了这个副标题和献词，只有《列宁全集》俄文第2、3版刊印过这个副标题和献词。

在《共产主义运动中的"左派"幼稚病》的英、德、法、意等译文版本中，英文版本的影响较大。初步统计，英文主要版本有：

[①] 参看《列宁全集》第39卷，北京：人民出版社1986年版，第427—428页。

1. 列宁：《左翼主义——幼稚病》，伦敦，佩里肯出版社，1920年版。

2. 列宁：《左翼主义——幼稚病》，英国共产党，1928年第2版。

3. 列宁：《共产主义运动中的"左派"幼稚病》，英国伦敦，劳伦斯 & 威沙特出版集团，修订版，1934年版。

4. 列宁：《共产主义运动中的"左派"幼稚病》，英国伦敦，劳伦斯 & 威沙特出版集团（英国共产党），修订版，1935年版。

5. 列宁：《共产主义运动中的"左派"幼稚病》，美国纽约，国际出版集团，分别为1940、1985、1989年版。

6. 列宁：《左翼共产主义——幼稚病》，澳大利亚，EI Faro Printing Australia，1964年版。

7. 列宁：《共产主义运动中的"左派"幼稚病》，北京，外文出版社，1965年版。

8. 列宁：《共产主义运动中的"左派"幼稚病》，苏联莫斯科，1969年第4版；进步出版社，1970年第5版。

9. 列宁：《共产主义运动中的"左派"幼稚病》，北京，外文出版社，1970年第2版。

10. 列宁：《共产主义运动中的"左派"幼稚病》，莫斯科，苏联塔斯社出版社，1970年版。

11. 列宁：《左翼主义——幼稚病》，劳动者，1975年版。

12. 列宁：《左翼主义——幼稚病》，英国伦敦，中央图书有限公司，1975年版。

13. 列宁：《共产主义运动中的"左派"幼稚病》，北京，外文出版社，1996年版。

14. 列宁：《左翼主义——幼稚病》，马克思教育学会（1921），Book marks，加拿大，德国，法国，英国，1997年版。

15. 列宁：《共产主义运动中的"左派"幼稚病》，美国加利福尼亚州，太平洋大学出版社，2001年版。

16. 列宁：《共产主义运动中的"左派"幼稚病》，美国马里兰州，Wildside Press，2008年版。

17. 列宁：《共产主义运动中的"左派"幼稚病》，美国蒙大拿州，Kessinger Publishing，LLC，2009年版。

18. 列宁：《左翼主义——幼稚病》，美国，南卡罗来纳州，2010年版。

二、《幼稚病》的其他外文版本和传播情况

根据《苏联大百科全书》第3版（1970—1979）记载，截止到1971年7月1日，列宁所著《共产主义运动中的"左派"幼稚病》，有7548000多本，209个不同版本的摘录本，有54种不同语言的版本在苏联出版发行。截止到1969年，列宁这本著作在全球32个国家有151个版本出版并发行。

值得一提的是，在外文版的《左派共产主义——幼稚病。马克思教育学会》（"Left-Wing" Communism—An Infantile Disorder.Marxian Education Society）一书中介绍，一些国家和地区都出版或改编出版过少量的有关列宁这方面的书籍、文章和信息等作品，主要国家有：中国、德国、墨西哥、瑞士等。在对于此类书籍的相关评论中，百科全书领域里还有详细的有关列宁该书资料方面的记录。随着社会发展和时代变迁，人们对《左派共产主义——幼稚病》一书的阅读和传播也有变化，在中国、美国、英国、法国、加拿大等大型公共图书领域里，还可以看到如下封面的英文版图书：

《幼稚病》（英文版）

据笔者接触到的情况，该书的传播确实出色地体现了无产阶级和人民大众对民主革命的热情，这种热情是极其可喜、极其难得的，应当善于珍视和支持这种热情。因为没有这种热情，俄国以及任何其他国家的无产阶级革命的兴起、发展和胜利是没有希望的。例如，《左派共产主义——幼稚病。马克思教育学会》一书的出版社似乎成为下意识地激发群众革命热情的出版机构，关切地支持和给予无产阶级革命者以种种帮助。该书的编辑人员曾经根据《幼稚病》书中谈到的内容，直言不讳地转述：在伟大的革命斗争中，单凭热情来领导群众是不够的；即使是对革命事业无限忠诚的人所要犯的或正在犯的这样或那样的错误，也会给革命事业带来危害；并宣扬"左派"共产党人目前所犯的，也有俄国布尔什维克"左派"在1908年至1918年十年间犯过的那种种错误的苗头，希望引起注意。

此外，根据《幼稚病》一书在各个出版国家对其内容的传播情况，这些书遵照原著，写到了"苏维埃"议会内部准备的条件，使苏维埃能够顺利完成它所面临的无产阶级革命的任务；还写到了翻译者对《幼稚病》中谈领袖、政党、阶级、群众之间的相互关系的理解，并尽可能作全面的阐说和发挥，起到了介绍和传播作用。

三、《幼稚病》的中译文版本和传播情况

从初步统计看，列宁的名作《共产主义运动中的"左派"幼稚病》在中国广泛传播的过程中，主要有12种译本。具体为：

1. 子云译本

由子云翻译并发表在1926年1月16、23日出版的上海《中国青年》第110、111期上，主要摘译了《共产主义运动中的"左派"幼稚病》的第十章《几点结论》[①]，标题改为《列宁主义的革命战术》。其优点是较完整的章节，不再是零星报道，可以算是迄今为止的第一个中译文本；缺点是还不是全译本，不能体现该书全貌。

2. 武兆镐译本

由武兆镐翻译、吴良武（封面写的是吴亮武）校，横排油印本，

---

① 参看《列宁全集》第39卷，北京：人民出版社1986年版，第69—83页。

1928 年出版，（11+89）页，16 开，全译本，书名为《共产主义左派幼稚病》。其优点是全译本；缺点是书名的翻译不准确、"左派"一词没打引号等。

3. 吴凉译本

由吴凉翻译，上海中国社会科学研究会 1930 年 2 月初版，（3+106）页，32 开，横排平装，华兴书局发行。

上海社会科学研究社 1931 年 10 月再版，（2+155）页，32 开，横排平装，封面为"1932"字样。

上海社会科学研究社 1932 年 3 月修订 3 版，（2+139）页，32 开，横排平装。书名都是《左派幼稚病》。

新华日报华北分馆 1940 年 12 月重印，127 页，32 开，竖排平装。书名是《左派幼稚病》，译者未署名。

上海浦江书店重印，155 页，大 32 开，横排平装，书名是《左派幼稚病》，未署出版时间，译者未署名，上海图书馆收藏。

书名是《左派幼稚病》，（2+130）页，32 开，竖排平装，未署著译者，未署出版者，未署出版时间，上海图书馆和中共中央编译局图书馆都有收藏。

这些译本，总体看，其优点是全译本、版次多、影响大；缺点是依然不规整，包括书名的翻译、作者署名无或标点不准确等。

4. 莫斯科外国工人出版社单行本

由莫斯科外国工人出版社 1936 年 6 月出版的中文单行本，170 页，32 开，竖排精装，书名是《共产主义运动中的"左派"幼稚病》，副书名是"一个用通俗语言来说明马克思主义战略和策略的尝试"，书前有献词，译者未署名。1937 年重印，170 页，32 开，竖排平装，书名是《共产主义运动中的"左派"幼稚病》，未署译者，未署出版社，上海图书馆有收藏。

上海 1938 年 2 月初版、1938 年 10 月第 5 版，（2+177）页，32 开，

竖排平装，译者署名莫师古，出版者未署名，上海图书馆收藏。该译本还收在中华出版社1938年11月出版的《左派幼稚病与两个策略》一书中。

延安解放社1939年3月重印，(3+143)页，32开，横排平装，书名是《左派幼稚病》，译者未署名。1943年8月重印，(2+201)页，32开，竖排平装，书名是《共产主义运动中的"左派"幼稚病》，译者未署名，中共中央编译局图书馆收藏。1947年7月重印，(3+140)页，32开，竖排平装，东北书店发行。

《大众日报》社1942年重印，(2+84)页，32开，竖排平装，上海图书馆收藏。

新华书店冀中支店1943年8月重印，167页，32开，竖排平装，中宣部图书馆收藏。

《晋察冀日报》社1944年7月重印，(1+2+1+143)页，32开，横排平装，天津人民图书馆收藏。

山东新华书店1945年5月重印，(4+116)页，32开，竖排平装，文后附张仲实《关于"左派"幼稚病中译本一些初步的校正意见》一文。1948年2月重印，(3+112)页，32开，竖排平装，上海图书馆收藏。

华中新华书店1945年12月重印，(4+97)页，32开，竖排平装，附张仲实《关于"左派"幼稚病中译本一些初步的校正意见》。

太岳新华书店1945年12月重印，(1+109)页，32开，竖排平装，上海图书馆收藏。1949年4月重印，(4+157)页，32开，竖排平装。

胶东新华书店1946年4月重印，(4+107)页，32开，竖排平装，附张仲实《关于"左派"幼稚病中译本一些初步的校正意见》。1946年9月重印，(4+107)页，32开，竖排平装，上海图书馆收藏。

华北新华书店1946年7月重印，(3+104)页，32开，竖排平装。

太行群众书店1947年12月重印，(3+105)页，32开，竖排平装。

冀鲁豫书店1948年2月重印，（4+115）页，32开，竖排平装，中共中央编译局图书馆收藏。

中原新华书店1949年1月和6月重印，（4+112）页，32开，竖排平装。

新中国书局1949年4月大连版，（3+145）页，32开，竖排平装，复旦大学图书馆收藏。

东北书店1949年5月长春版，140页，32开，辽宁省图书馆收藏。

冀鲁豫新华书店1949年6月重印，（4+115）页，32开，竖排平装。

浙江新华书店1949年6月重印，（4+107）页，32开，竖排平装。

苏南新华书店1949年9月重印，129页，32开，竖排平装。

华北军区政治部重印，（2+135）页，32开，竖排平装，未署出版时间，中共中央编译局图书馆收藏。

该版本在我国的传播较广，影响较大。例如，我们党在西柏坡时期围绕着将新民主主义革命进行到底、新中国的建立和建设的两项历史任务，积极地开展了学习马克思主义活动。[①] 第一就是以学习《共产主义运动中的"左派"幼稚病》第二章为重点，引领全党全军的纪律建设；同时，以《幼稚病》为引导，带动全党干部1948年系统学习中国化马克思主义的新成果——毛泽东提出的农村工作、城市工作、军事工作的一系列新政策、新策略、新思想，而且毛泽东三次部署党的中高级干部把读马列著作、学习马克思列宁主义理论"当作一个政治任务来注意"，要求党中央规定各级党校要把学习马克思主义理论放在培训的首位，提出"宣传部可以研究一下，看挑些什么书好，五本不够就十本，但是不要太多，多则不灵"[②]。后来，他还认为西柏坡时期的理论学习活动，使《共产主义运动中的"左派"幼稚病》得以广泛传播、我们党的政治成熟程度得到极大提高，为新中国

---

① 参看《毛泽东文集》第3卷，北京：人民出版社1996年版，第417页。
② 参看《毛泽东文集》第5卷，北京：人民出版社1996年版，第138页。

的建立和后来的社会主义革命与建设工作奠定了比较坚实的思想理论基础。

5. 西安先锋社本

由西安先锋社于1937年出版，137页，32开，竖排平装，书名是《共产主义运动中的"左派"幼稚病》，副书名是"一个最通俗最简单底阐释马克思主义的巨大尝试"，"红线丛书"之一。译者未署名。

北京图书馆有藏书，但有缺损；浙江省图书馆藏书则印有出版时间。

6. 纪华译本

由纪华翻译，汉口中国出版社1938年1月出版，121页，32开，横排平装，书名是《左派幼稚病》，注明"列宁丛书之一"。

1938年4月再版，(1+134)页，32开，横排平装，书名是《左派幼稚病（增订新版）》。译者未署名。

7. 张仲实校本

由张仲实根据俄文原文和英译本重新校阅，收在延安解放社1946年7月出版的《列宁选集》中文版第18卷中，标题为《共产主义运动中的"左派"幼稚病》（见下页图）。

8. 苍木（陈昌浩）译校本

由苍木（陈昌浩）译校，收在1947年莫斯科外国文书籍出版局出版的《列宁文选》（两卷集）第2卷；同年出版单行本，131页，32开，横排平装，书名是《共产主义运动中的"左派"幼稚病》。

中共北平市委宣传部1949年5月印行，书名是《左派幼稚病》，(6+112)页，32开，竖排平装，上海图书馆有收藏。

解放社1949年8月北京初版、1949年11月北京再版、1949年12月北京普及版，169页，32开，竖排平装，再版和普及版两种由中共中央编译局图书馆收藏。

解放社1949年9月上海版，(3+116)页，32开，竖排平装，上海

《共产主义运动中的"左派"幼稚病》(张仲实校本)

图书馆有收藏。

胶东新华书店 1949 年 9 月再版,107 页,32 开,青岛图书馆有收藏。

这些译校本,总体看,其优点基本是全译本,版次多,影响较大。

9. 严安仁译本

由严安仁翻译,香港中国出版社 1947 年 12 月初版,(2+1+1+146)页,32 开,竖排平装,封面标题是《左派幼稚病》,书名页上的书名是《共产主义运动中的"左派"幼稚病》,副书名是"一个用通俗语言来说明马克思主义战略的尝试"。不足之处是封面标题和副书名翻译不准确。

10. 唯真译校本

由唯真译校,收在1949年莫斯科外国文书籍出版局出版的《论马克思恩格斯及马克思主义》一书中,标题是《"共产主义运动中的'左派'幼稚病"一书摘录》,节译第二章《布尔什维克成功的基本条件之一》。该版本缺点是节译,难以看出《共产主义运动中的"左派"幼稚病》一书的全貌等。

11. 古平译本

由古平翻译,香港人民大众出版社1949年9月初版,(1+78)页,32开,竖排平装,书名是《共产主义运动中的"左派"幼稚病》,北京大学图书馆有收藏。

12. 中共中央编译局译校本

由中共中央编译局译校,首先发表在人民出版社1957年10月出版的《列宁论伟大的十月社会主义革命》一书中,摘录第1、7、10节。全文收在1958年8月出版的《列宁全集》中文第1版第31卷。[①]

中共中央编译局编《列宁选集》第四卷,收《共产主义运动中的"左派"幼稚病》正文十节、增补五节和《怀恩科普的来信》,人民出版社1960年4月第1版,人民出版社1972年10月第2版。

中共中央编译局编译《列宁全集》第2版第39卷,收《共产主义运动中的"左派"幼稚病》全文,人民出版社1986年版。

中共中央编译局编译《列宁选集》第四卷,收《共产主义运动中的"左派"幼稚病》正文十节,人民出版社1995年6月第3版。

中共中央编译局编译《列宁专题文集(论无产阶级政党)》,节选了《共产主义运动中的"左派"幼稚病》中的正文二、五、十章,人民出版社2009年12月第1版。

[①] 参看北京图书馆编:《列宁著作在中国(1919—1992年文献调研报告)》,北京:书目文献出版社1995年版,第222—223页。

四、《幼稚病》的其他版本和传播情况

据初步统计,《共产主义运动中的"左派"幼稚病》一书的其他版本和传播情况,主要有由民族出版社翻译出版的朝鲜文版(1973年3月)、蒙古文版(1973年5月)、哈萨克文版(1974年6月)、维吾尔文版(1974年10月)、维吾尔文新文字版(1975年10月)、藏文版(1976年2月)。此外,还有内蒙古人民出版社翻译出版的蒙古文版(1958年2月)、新疆人民出版社出版的托忒蒙古文版(1976年1月)、北京盲文印刷厂出版的盲文版(1974年10月)等。

在这里,介绍《共产主义运动中的"左派"幼稚病》一书中的个别章节在中国个别地区的传播情况,有一点需要说明的是,根据当时党中央号召的干部学习的需要,抽印《共产主义运动中的"左派"幼稚病》第二章,印成单行本,书名是《布尔什维克成功的基本条件之一》,并附有中共中央宣传部1948年6月1日关于重印《左派幼稚病》第二章的前言。实际上,中国共产党对该著作非常重视,毛泽东在延安时期曾经多次号召全党干部注意研读此书,召开党的第七次代表大会时曾把此书列为干部必读的五种书目之一,后来又把它列为十二种干部必读书目之一,可见对该书学习的重视。

按出版顺序,排列如下:

(1)冀鲁豫书店1948年6月出版,12页,32开。

(2)中共嫩江省委1948年6月印行,8页,32开。

(3)中共中央晋绥分局1948年6月印行,(1+20)页,32开。

(4)中共冀鲁豫区党委宣传部1948年6月印行,13页,32开。

(5)东北书店辽宁分店1948年7月出版,67页,32开,学习汇编本。

(6)华东野战军政治部印行,1948年8月,(1+46)页,32开。

(7) 东北书店 1948 年 11 月出版，39 页，32 开。

(8) 香港新民主出版社 1949 年 8 月出版增订 3 版。

(9) 华北野战军第一兵团第八纵队政治部印，53 页，32 开。

(10) 中共辽南省委宣传部印，13 页，32 开。

另外，《共产主义运动中的"左派"幼稚病》"增补部分的要点"的中译文，首次发表在 1986 年 10 月出版的《列宁全集》中文第 2 版第 39 卷第 427—428 页的附录中。

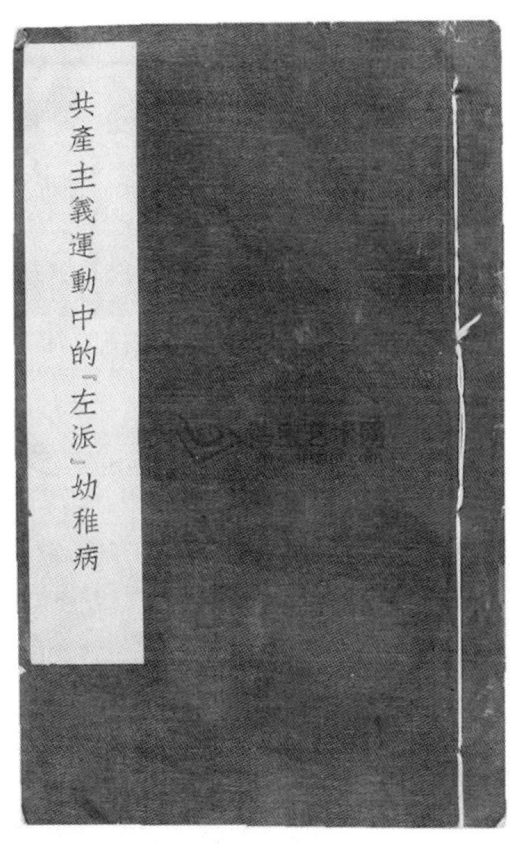

《共产主义运动中的"左派"幼稚病》书影

《共产主义运动中的"左派"幼稚病》封面
(人民大学出版社印行)

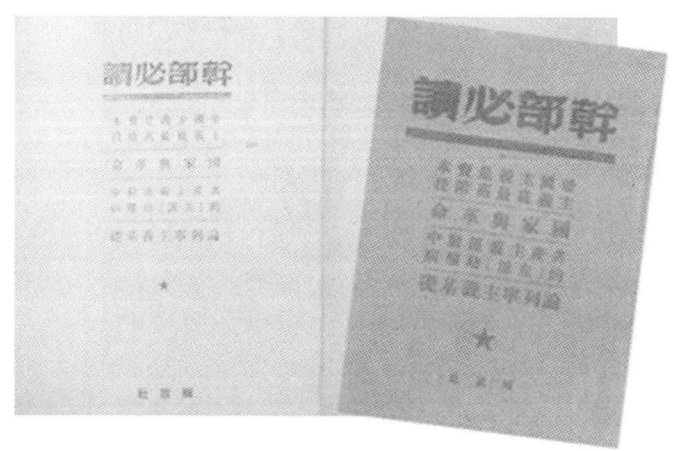

《共产主义运动中的"左派"幼稚病》
被列入"干部必读"书目

第二部分　研究状况

第三章 《幼稚病》的国内外研究状况

从研究内容的角度看,这里分为国外和国内两个层面。

国外学者对《幼稚病》的研究,时间较长、影响较大。本章主要从《幼稚病》国外研究的历程、《幼稚病》的国外研究述评两个方面,来简要介绍《幼稚病》在国外的研究状况。

国内学者对《幼稚病》的研究,时间基本没有间断过,社会反响或影响应该说也比较大。本章主要从《幼稚病》国内外研究的历程、《幼稚病》的国内外研究述评两个方面,来简要介绍《幼稚病》在国内的研究状况。

一、《幼稚病》国外研究的历程

列宁所著的《共产主义运动中的"左派"幼稚病》一书俄文本,于1920年6月12日出版,接着法文本和英文本也于同年7月在俄国出版。应该说,《幼稚病》一书的传播过程,一定意义上也是研究的过程。伴随着文本的翻译出版,事实上开始了研究的历程。因而,研究过程往往与传播过程具有一定的同步性。这一点,从《幼稚病》一书的传播与研究过程,看得很清楚。

到1928年,英国共产党出版了第2版的《共产主义运动中的"左派"幼稚病》,1934年劳伦斯 & 威沙特(Lawrence & Wishart)出版社出版了修订本《共产主义运动中的"左派"幼稚病——一个用通俗语言来讲马克思主义战略和策略的尝试》。1966年,由进步出版社(Progress Press)出版的《共产主义运动中的"左派"幼稚病》的英文译本得以发行，至 1970 年第 5 版出版发行。1970 年位于莫斯科的 Novosti Press Agency Pub. House 出版了第 1 版，1988 年再版。在美国，纽约国际出版社（International Publishers）于 1940 年以《共产主义运动中的"左派"幼稚病》为书名出版发行，此后于 1985 年、1989 年再次印刷、发行。正是为回应广大读者学习和研究的需要，该书得以用不同语种翻译出版。

例如，1964 年，澳大利亚的 EI Faro Printing 出版了英文版的《共产主义运动中的"左派"幼稚病》，该书编者经过研究，认为该版的《共产主义运动中的"左派"幼稚病》的内容结构包括一个简介和七部分。这个简介由 Doug Lorimer 撰写，正文包括的七大部分就是七章：第一章，布尔什维克的战略和策略（a popular exposition of Bolshevik strategy and tactics）；第二章，布尔什维克的由来和发展（the origin and development of Bolshevik）；第三章，议会制民主和无产阶级革命（parliamentary democracy and the proletarian revolution）；第四章，德国革命和德国共产主义者（The german revolution and the german communists）；第五章，马克思主义和工人阶级先锋队（Marxism and the working-class vanguard）；第六章，超越先驱与超越大众（winging over the vanguard and winging over the mass）；第七章，群众运动和统一战线策略（Mass action and the united front tactic）。这种分析和探讨，应该说，还是有其新意和可取之处的。1997 年 4 月 21 日，由 Book Marks 出版社出版的《共产主义运动中的"左派"幼稚病》德文、法文、英文译本在加拿大、德国、法国、英国出版；1975 年 The Toiler 出版社出版了英文本的《共产主义运动中的"左派"幼稚病》；1975 年 11 月 30 日，英国伦敦的 Central Books, Ltd 也出版发行了列宁的这本著作。这些翻译版本，曾经过译者的分析思考，也有一定的新意。

又如，2001 年 7 月，美国加利福尼亚州太平洋大学出版社出版发行的《共产主义运动中的"左派"幼稚病——一个马克思主义战略和策略的通俗讲话》，最初版本是 1940 年。2009 年 7 月美国蒙大拿州 Kessinger Publishing、2008 年 3 月美国马里兰州 Wildside Press 出版社和 2010 年美国南卡罗来纳州 Biblio Bazaar 出版社出版发行了《共产主义运动中的"左派"幼稚病》一书。应该说，每一次再版，都做了程度不等的分析和研究，而且每次与上次相比，都有一些深化和发展。

根据《苏联大百科全书》第 3 版（1970—1979）记载，截止到 1971 年 7 月 1 日，列宁所著《共产主义运动中的"左派"幼稚病》，有 7548000 多本，209 个不同版本的摘录本，有 54 种不同语言的版本在苏联出版发行。截止到 1969 年，列宁这本名著在全球 32 个国家有 151 个版本出版发行。每个国家的每次出版发行，都是在进行了一定研究基础上进行的。

例如，有研究者根据列宁《幼稚病》的思想，认为在伟大的革命斗争中，单凭情绪来领导群众是不够的；即使是对革命事业无限忠诚的人所要犯的或正在犯的这样或那样的错误，也会给革命事业带来危害，但让被压迫被剥削群众的代表表达的这种憎恨之情和行动之策，实在是"一切智慧之本"，是一切社会主义思潮和共产主义运动及其达到成功的基础工具。当然，共产党必须根据科学原则来行动，从而表达和传播出共产主义者的愿望和要求，这就是要依靠在本国内部现有的力量，即依靠现有的政党、集团、阶级和群众，决不能仅仅根据某一个政党或某一个政治集团的愿望和见解、觉悟程度和斗争决心，来确定共产主义政策；并普遍肯定这是一部重要的有关无产阶级革命战略策略的政治文化学说的经典之作。

二、《幼稚病》国外的研究评述

伴随着文本翻译和研究进程，国外关于《幼稚病》的研究成果，应当说数量不少。如俄、德、法、英等皆有较多著作和论文面世，其中既有马克思主义者的观点，也不乏西方马克思主义批判的政党理论从不同的立场作进一步的探讨，以及资产阶级政党政治思想家从政党执政视角对这个问题进行新的论证，其主线是基于对政党制度和维护执政地位的深层理解来反思在野党、革命党或执政党在特定社会、经济、文化条件下（主要是资本主义制度和工业文明）的存在方式。

国外关于《幼稚病》的研究，主要是围绕着《幼稚病》第一章，即"在什么意义上可以说俄国革命具有国际意义？"以及第二章，即"布尔什维克成功的基本条件之一"等方面来进行。研究成果，多数是在介绍这本著作的主要内容。具体地说，既有关于这本著作的背景研究，也有其中的重要内容的专题研究；既有对其中历史事实的阐述、澄清和介绍，也有结合现实进行的新的理论阐发。下面予以研究述评：

第一，关于《幼稚病》的背景和历史事实的研究方面。大多数著作和论文认为，俄国之外的其他国家共产党较为年轻，缺乏实际斗争的经验，普遍存在着"教条主义"等幼稚病。列宁为指导其他国家共产党正确开展革命斗争，为即将到来的第三国际第二次代表大会做好批判"左"的倾向之理论准备所撰写和发表的这本名作，为其他国家在共产主义运动中出现"左派"幼稚病做了预防工作，出现了"左派"幼稚病的则可以找到应对之方。

第二，关于《幼稚病》的主要内容与结合现实问题的研究方面。一些学者认为，列宁所领导的俄国苏维埃无产阶级革命及其所获得的成功经验只适合于俄国的具体情况，德国、英国等其他国家的情况与俄国不同，俄国的经验不具有国际意义。一些学者及其著作则认为，从世界共产主义运动，尤其是第三国际中各国共产党的实践来看，列宁著作《幼稚病》中关于布尔什维克成功的基本条件之一的相关论述，科学而深刻。例如，有学者认为，反对教条主义，应结合本国国情正确开展无产阶级革命等，是列宁这本著作最大的启示意义；还认为，缘于历史的经验，以及与欧洲社会主义运动相比较起来所产生的对俄国革命运动的不同主张和看法，在当时是合理的；文章同时用大量篇幅阐明了关于高度集权、纪律严明的共产党领导的无产阶级暴力革命的必要性，无产阶级专政，没有妥协地同极端主义者、无政府主义者、改良主义者进行斗争的论断等。① 甚至明确指出："坦率地说，在工人阶级、劳动人民获得政治权力的时候和地方，社会主义才开始存在。"②

三、《幼稚病》国内研究的历程

俄国十月革命一声炮响，给我们送来了马克思列宁主义。先进的中国人，尤其是中国共产党人逐渐认识和接受了马克思列宁主义。自1926年《共产主义运动中的"左派"幼稚病》传入中国，我们中国学人就开始了研究历程。这些研究情况，大致可以以新中国成立为界，划分为两个大的阶段，即1928年—1949年10月和1949年10月至今。

1. 1928年—1949年10月

从1928年国内出现列宁《共产主义运动中的"左派"幼稚病》第一个全译本以来，在研究过程中曾陆续出现过不同的研究版本。

第一，从整理到的研究状况来看，对该著作的研究分为解放区和国民党统治的白区这样两个区域和线索。由纪华翻译的《左派幼稚病》，于1927年1月15日中国出版社出版，该书采用繁体字排版；1938年，以《左派幼稚病和两个策略》为书名，中华出版社出版发行，该版本在语句的使用斟酌上虽不够准确和简洁，但代表着那个时期人们的翻译、研究及认知能力与水平，经过探究，仅摘录了全书中的前四章，即第一章：我们可以在那一点上来讲俄国革命有国际意义呢？第二章：布尔塞维克成功的基本条件之一；第三章：布尔塞维克主义历史的主要阶段；第四章：布尔塞维克主义与工人运动内部那些敌人作斗争而发育、巩固和锻炼出来的。显然，这样处理，既突出了重点，又适应了当时需要，是反复研究的结果。

---

① International Library of the Communist Left.Left-wing communism: an infantile disorder-condemnation of the renegades to come[EB/OL].
② 中央编译局世界社会主义研究所编：《当代国外社会主义：理论与模式》，北京：中央编译出版社1998年版，第4页。

这方面，毛泽东的研究是一个典型。他说："十月革命一声炮响，给全世界无产阶级及其他先进分子上了共产主义的一课。"① 还在二万五千里长征途中，毛泽东就十分注重学习和研究列宁这本著作。他在书中写了一些批语，用几种不同颜色的笔画圈、点和横线等，有的地方写有某年某月"初读"，某年某月"二读"，某年某月"三读"等字样。

毛泽东最早读到该书，是1932年在福建漳州；延安时期，毛泽东不仅自己读，还十分注重教育和号召广大干部要认真学习马列主义著作。在1945年中国共产党第七次代表大会上，毛泽东把列宁《共产主义运动中的"左派"幼稚病》，连同《共产党宣言》《社会主义从空想到科学的发展》《在民主革命中社会民主党的两个策略》《联共（布）党史简明教程》等五本著作列为干部必读的马列著作。② 在党的七届二中全会上，毛泽东又提出干部必读的十二本书，即《社会发展史》《国家与革命》《列宁斯大林论社会主义建设》《共产主义运动中的"左派"幼稚病》等，并规定三年之内看一遍到两遍。③

除了毛泽东外，刘少奇对该著也做过研究。在1941年7月《论党内斗争》一文中，他说："十月革命后，俄国党内产生了左派共产主义的一派，他们……以为革命可以不经过任何迂回道路，一个早晨就可以胜利。这种情绪，中国党内也发生过，在某些时期内并且占了统治地位。犯这种错误的人们完全不注意列宁论'左派'幼稚病一书的重要性，在政治上反对迂回，反对等待，提倡少数先锋队可以不顾广大群众还没有跟得上来的事实，就实行冒险的进攻，反而骂其他的人为'右倾机会主义'。"④ 这些论述，就说明了这一点。

1943年8月，新华书店冀中支店刊印了《共产主义运动中的左派幼稚病——一个用通俗语言来说明马克思主义策略的尝试》；1946年华北新华书店刊印了《共产主义运动中的"左派"幼稚病——一个用通

---

① 《毛泽东文集》第3卷，北京：人民出版社1996年版，第290页。
② 同上书，第417页。
③ 参看《毛泽东文集》第5卷，北京：人民出版社1996年版，第267页注［5］。
④ 《刘少奇选集》上卷，北京：人民出版社1981年版，第189页。

俗语言来说明马克思主义策略的尝试》；1947年12月，由严安仁翻译的《共产主义运动中的"左派"幼稚病》，以马列主义理论丛书的形式，由大路出版社出版并发行。这些新版本的发行，为深入研究提供了新的文本。

1948年，随着革命形势的迅猛发展，我们党已经由农村包围城市，开始进入到占领大城市，夺取全国政权胜利在即。在这种情况下，针对工作中出现的问题，党中央、毛泽东同志又提出学习列宁的《共产主义运动中的"左派"幼稚病》第二章《布尔什维克成功的条件之一》，并作了重要批示，指出：请同志们看此书的第二章，使同志们懂得：必须消灭现在我们工作中的某些严重的无纪律状态，或无政府状态。

第二，重点介绍毛泽东研究《共产主义运动中的"左派"幼稚病》后得出的一个重要论断："左"与右同样有危害性的光辉思想。

毛泽东在1933年致彭德怀信中说："你看了以前送的那一本书①，叫做知其一而不知其二；你看了《'左派'幼稚病》才会知道'左'与右同样有危害性。"② 正是在这里，毛泽东通过研究《幼稚病》一书，明确得出"'左'与右同样有危害性"③的论断。

毛泽东认为，列宁写作《幼稚病》为共产国际成立初期，其内部出现了两种倾向：一种是第二国际右倾机会主义者企图削弱国际共产主义运动的危险；另一种是在一些年轻的共产党内出现的"左"倾机会主义。"左"倾机会主义者自称为"左派"共产党人，他们站在小资产阶级立场上，以极"左"的面目表现出严重的无政府主义倾向，列宁称其为"'左派'幼稚病"。为了帮助各国年轻的共产党克服"左"倾机会主义，把小资产阶级革命性引上无产阶级革命的轨道，列宁在坚持反对右倾机会主义的同时，写了这部着重批判"左"倾机会主义的著作。毛泽东指出，这部著作通过总结布尔什维克党领导俄国三次革命和两年多无产阶级专政的实践经验，阐述了俄国革命基本经验的国际意义

---

① 指列宁的《社会民主党在民主革命中的两种策略》。
② 参见《彭德怀自述》，北京：人民出版社1981年版，第183页。
③ 《毛泽东全集》第7卷，香港：润东出版社2013年版，第47页。

和共产主义运动中的"左派"的无政府主义倾向,剖析了"左派"在策略问题上的错误和"左派"幼稚病的根源与实质,为各国共产党反对"左"倾机会主义、加强党的建设,提供了强大的思想理论武器。

应该说,在中国共产党第一代领导集体中,毛泽东是对《幼稚病》读得最多、下功夫最大的领导人之一。根据目前掌握的材料,毛泽东是在 1932 年打下漳州后得到的《共产主义运动中的"左派"幼稚病》这本书。当时,正值党内第三次"左"倾路线,即王明"左"倾机会主义占统治地位之时。1931 年 1 月,王明等在共产国际代表米夫的支持下召开六届四中全会,打着"反对立三路线""反对调和路线""拥护国际路线"旗号,而提出了以他写的"两条路线"小册子为主要内容的"左"倾机会主义的政治纲领,通过了米夫起草的《中共四中全会决议案》。该《决议案》否认了三中全会及其以后的中央对纠正李立三"左"倾错误所起的积极作用,错误地认为"立三主义是用'左'倾词句掩盖着实质上的右倾机会主义",并认为"右倾依然是党内目前主要危险"。会议撤销了李立三、瞿秋白、李维汉的政治局委员职务,王明等人取得了党中央的领导权,使"左"倾路线第三次统治了中共中央的领导机关。这次"左"倾机会主义,比李立三冒险主义更"左",形态更完备,理论性更明显,更容易迷惑人。其主要错误是否认中国半殖民地半封建的社会性质,混淆民主革命和社会主义革命的界限;主张"一切斗争,否认联合",把所有中间势力都当作"最危险的敌人";推行"城市中心论",主张红军不顾条件地夺取中心城市;在组织上,推行宗派主义和惩办主义,对于不同意他们"左"倾观点的领导人和干部进行残酷斗争、无情打击;在军事上,推行冒险主义和盲动主义,使中国革命几乎陷于失败。

正是在这种背景下,毛泽东认为,通过认真研读列宁的《幼稚病》一书,能够从理论上认识王明"左"倾路线对中国革命事业的严重危害性,"左"倾同右倾一样地危害中国革命事业。与此同时,毛泽东还把这部书推荐给党内的其他同志,以提高党的理论水平和战斗力。彭德怀后来在其"自述"中回忆道:他接到毛泽东先后寄来的《两个策略》

和《"左派"幼稚病》后,是认真读了的。他说:"前一本我在当时还不易看懂,后一本比较易看懂些。这两本书,一直带到陕北吴起镇,我随主席先去甘泉十五军团处,某同志清文件时把它烧掉了,我当时真痛惜不已。"

此后,毛泽东一直十分重视《共产主义运动中的"左派"幼稚病》的学习和研究,将它作为党内的反倾向斗争的借鉴读物。在延安时期,为了总结前一段中国革命的经验,并从理论上弄清王明"左"倾路线的错误,他又多次研读了列宁的这部著作,并规定作为各地高级学习组理论部分的研究材料之一。①薄一波在一篇回忆文章中说,毛泽东在延安读列宁的《共产主义运动中的"左派"幼稚病》竟读了几十遍。解放战争时期,毛泽东又重读了这部著作。在以后的岁月中,直到他晚年,还多次阅读列宁的这一部名著。之所以这样一而再、再而三地阅读,不能不说与毛泽东认为的"'左'与右同样有危害性"的重要论断有关,需要反复阅读和认真领会才能把握。

2. 1949 年 10 月至今

第一,以干部学习丛书的形式出版的《左派幼稚病》(第一辑),于 1949 年由新中国书局出版;1949 年 12 月,解放社以"干部必读"形式,出版了《列宁共产主义运动中的"左派"幼稚病》,平装书,由新华书店发行;1958 年,湖北人民出版社出版发行了《共产主义运动中的"左派"幼稚病》;1965 年,北京的外文出版社出版了《共产主义运动中的"左派"幼稚病》第 1 版,1970 年第 2 版出版发行;1966 年 6 月,由中共中央编译局编译的《共产主义运动中的"左派"幼稚病》交人民出版社出版,中华书局上海印刷,新华书店发行,全书采用竖排线装大字本;1972 年,中央编译局编译的《列宁选集》四卷本由人民出版社出版发行,收录了《共产主义运动中的"左派"幼稚病》全文;1975 年 4 月,人民出版社出版列宁的《共产主义运动中的"左派"幼稚病》,此后列宁这篇著作,多收录在《列宁全集》或专题文集中;

---

① 《毛泽东全集》第 16 卷,香港:润东出版社 2013 年版,第 247 页。

2009年9月，作为中央马克思主义理论研究和建设重点工程，中央编译局编译的《列宁专题文集》五卷本由人民出版社出版发行，其中《论无产阶级政党》这个专题文集节选收录了《共产主义运动中的"左派"幼稚病》(第二、五、十章)。这些新中国成立后发行的诸多新版本，为进一步研究提供了更好更准确的文本。

第二，这里着重谈谈邓小平研究《幼稚病》，并结合中国革命和建设的实际情况，得出有"左"反"左"，主要是防止"左"的思想观点。

法国是产生社会主义思想的故乡，俄国产生过世界上第一个社会主义国家。邓小平早年曾留学法、俄两国，既对法、俄两国社会主义思潮和当时状况耳濡目染，又十分重视学习包括《幼稚病》在内的马列主义原著。他学习的一个重要特征，是特别善于结合现实要求来阅读原著，具有鲜明的现实针对性。他后来提出的有"左"反"左"、主要是防止"左"的观点，就是在认真学习和研读马列主义原著方面的两个典型范例。

一是关于有"左"反"左"的思想。邓小平结合列宁《幼稚病》的相关理论，深刻总结了我党革命和建设实践中出现的忽"左"忽右之历史教训，指出"'左'的错误思想不能忽略，它的根子很深"。在改革开放和社会主义现代化建设过程中，右可以葬送社会主义，"左"也可以葬送社会主义。在我们党的历史上，"左"的思想根深蒂固。在建设社会主义的进程中，从1957年到1978年前的20年间出现的错误，主要的都是"左"。党的十一届三中全会以来改革开放要探索和开辟新的道路，突破束缚生产力发展的模式和观念，阻力主要来自"左"。

实际上，结合学习列宁《幼稚病》的思想观点，有"左"反"左"是邓小平的一贯思想。党的十一届三中全会以后，我们党对建党以来的历史，特别是新中国成立以来党内斗争的历史进行了总结，从而为党在新的历史时期正确开展党内两条战线的思想斗争提供了强大的思想武器。正是在这个基础上，邓小平于1981年3月鲜明地提出，党内斗争要"有'左'反'左'、有右反右"，"对'左'对右，都要作具体分析"的思想。在十一届六中全会上，邓小平又进一步提出："党内斗争是什么性质就说是什么性质，犯了什么错误就说是什么错误，讲它的内容，原则上不再用路线斗争的提法。"邓小平结合研究列宁《幼稚病》的这些论述，提出了关于党内斗争的一个重要思想，就是要实事求是地开展党内两条战线的斗争。为什么邓小平要强调实事求是地开展党内两条战线的斗争呢？主要原因有三：

（1）有"左"反"左"是坚持实事求是的思想路线、正确开展两条战线斗争的基本前提。结合列宁《幼稚病》的基本思想，只有坚持实事求是，才能对党内的不同思想斗争作出切合客观实际的分析，真正做到有什么错误倾向就反对什么错误倾向，是什么倾向就纠正什么倾向。所以，邓小平重新出来工作以后，在反对"左"和右这两种错误倾向的问题上，坚持一切从实际出发，采取实事求是的态度。粉碎"四人帮"以后，我们党处于一个历史性的大转变时期，百废待兴。当时，各种矛盾头绪纷繁，错误倾向时有露头，想回避这些矛盾是不可能的，一刀切地反对某种倾向也是行不通的。因此，从党的十一届三中全会到十一届六中全会作出《关于建国以来党的若干历史问题的决议》，我们党在总体上是偏重纠正"左"的指导思想，重点清理"左"的错误。同时，对右的错误也进行了坚决斗争。当时党内外都有一些同志，对既反对"左"、又反对右的做法不太理解，有的甚至有抵触情绪。有人公开提出，坚持四项基本原则会妨碍解放思想，把"四个坚持"说成是"四根棍子"；有人提出，强调四项基本原则，本身就说明解放思想的方针错了，是"开始纠偏"。这些言论的共同特点是把纠正"左"的错误同反对右的倾向对立起来，进而又认为开展两条战线斗争是党中央"指导方针上的摇摆"。邓小平严肃地批评了上述错误观点，指出：解放思想，就是使思想和实际相结合，使主观和客观相结合，就是实事求是。那些认为解放思想已经到头了，甚至过头了，显然是不对的。现在，有些人发出的议论，往往只看现象，原因是理论和实践都没有切实的根底，只有打下这样的根底，才能真正地纠正错误，包括纠正"左"的和右的错误。因而，对反"左"、反右不能作片面理解，而应根据形势和"左"、右倾所表现的不同程度而有所侧重。十一届三中全会提出解放思想是针对两个"凡是"的,重点是纠"左",这是从实际出发的。后来又出现右的倾向,当然就要反右。

(2)有"左"反"左"才能坚持具体问题具体分析。邓小平结合列宁《幼稚病》的观点,特别强调无论对"左"对右,都要作具体分析。他在十二大前后关于思想战线的几次重要谈话,是具体问题具体分析的典范。众所周知,十一届六中全会通过《关于建国以来党的若干历史问题的决议》后,我国即转入全面开创社会主义现代化建设新局面的时期。当时,纠正"左"的错误倾向的任务远没有完成;但右的错误倾向特别是资产阶级自由化思潮,却有所发展,值得严重注意了。有些人说的许多话大大超过了1957年的一些反社会主义言论的错误程度,"像这一类的事还有不少。一句话,就是要脱离社会主义的轨道,脱离党的领导,搞资产阶级自由化"。为什么会出现这种情况呢?邓小平深刻指出,主要"在于我们对待这些现象处置无力,存在着涣散软弱的状态"。这就一针见血地抓住了思想战线上问题的要害,为我们指明了斗争方向。在党的十二届二中全会上,邓小平又针对理论界、文艺界存在的一些问题,告诫全党:"思想战线不能搞精神污染",当前主要"要着重解决的问题,是纠正右的、软弱涣散的倾向"。《中共中央关于整党的决定》明文规定,这次整党的首要任务是统一思想,纠正"左"的和右的错误倾向。党的历史也证明,"左"和右这两种错误倾向总是相互联系、互为条件的。它们往往互相利用、互为借口。因此,反"左"要防右、反右要防"左",对哪一倾向采取不承认主义或不干涉政策都不行,必须具体分析、具体对待,不能在思想方法上搞形而上学,要防止在反对一种错误倾向的同时,掩盖着另一种错误倾向的情况再次发生。

(3)有"左"反"左",也是结合列宁《幼稚病》思想理念对我党的历史经验的总结。在我们党的历史上,先后发生过多次的路线斗争。所谓路线斗争,是指党在一些根本性和原则性问题上发生的对立和斗争。从建党初期到第一次国内革命战争时期,在党的文献中没有出现过"路线"这个词。但从党的"八七"会议后,"路线"一词在党的文件中逐渐开始出现,但也没有像以后那样,用得那么突出和频繁。最早讲路线斗争的是王明,他在反李立三时写的一本小册子,就叫《两条路线》,书中把李立三的错误提高到路线高度。当时,瞿秋白、周恩来对李立三的路线采取实事求是的态度,王明就用路线斗争的棍子打向瞿秋白、周恩来,说他们不讲李立三的路线错误,没把问题提到路线高度,本身就是路线错误,名叫"调和路线"。王明在六届四中全会上取得了对全党的统治地位后,便无休止地开展党内斗争,指责大批干部犯了路线错误,而只有他自己是百分之百的布尔什维克。王明的"残酷斗争、无情打击"在党内造成很坏的影响。在延安整风中,我们党批评了王明的错误,确立了毛泽东提出的党内斗争的正确方针,即划清敌我界限和是非界限;弄清是非、团结同志,惩前毖后、治病救人;不着重于追究个人的责任,而着重于分析历史、分析环境、分析错误的内容和根源,总结历史的经验教训;从团结的愿望出发,经过批评和自我批评,达到新的团结;对任何问题应采取分析态度,不搞否定一切,不要作绝对肯定或绝对否定的简单结论等方针。以上这些方针是在同王明的"残酷斗争、无情打击"的错误方针斗争过程中形成的,正是贯彻了这些正确的方针、原则和方法,才保证了我们党的政治生活正常化,促进了革命事业蓬勃发展,赢得了一个又一个的伟大胜利。1958年以后,由于党的指导思想发生了偏差,在党内大讲路线斗争,这种路线斗争,在我们党内危害多年,伤害了很多同志。"考虑到路线斗争、路线错误这个提法过去我们用得并不准确,用得很多很乱","所以,我们要郑重地对待这个问题",也就是在今后,"党内斗争是什么性质就说是什么性质,犯了什么错误,就说是什么错误,讲它的内容,原则上不再用路线斗争的提法"。因为党内存在的各种矛盾,一般来说,是属于根本目标、根本利益一致基础上的思想认识上的先进与落后、正确与错误之间的矛盾,这种矛盾是由于革命和建设事业本身的复杂性和党内成员的知识、经历以及所处的实际地位、实践经验、思想修养、认识方法的不同而形成的，并不一定是社会阶级斗争在党内的反映。尤其是我们在社会主义改造任务完成以后，剥削阶级作为一个阶级已不复存在，经济建设成为全党工作的重心，党内矛盾更多的是对于社会主义建设的认识和处理方法上的矛盾，为解决这一矛盾而开展的党内斗争，必然是一种思想斗争，即正确思想同错误思想的斗争。错误思想又主要表现在"左"和右两个方面。什么时候需要反"左"，什么时候需要反右，是不以人们的主观意志而决定的。只有坚持从实际出发，才能达到预期效果。由此可见，邓小平关于有"左"反"左"、有右反右，在反对"左"、右倾向斗争中不再讲路线斗争的论述，是对马克思列宁主义、毛泽东建党学说的重大发展。

二是关于主要是防止"左"的思想。这是邓小平基于列宁《幼稚病》中的有关思想，在1992年南方视察时提出的一个重要论断。早在十一届三中全会前后，邓小平就深刻分析了表现为"左"倾的思想僵化保守的原因和种种表现：例如，"四人帮"长期大搞禁区、禁令，把人们的思想禁锢起来；民主生活不正常，少数领导者个人说了算；功过是非不清，赏罚不明，"不倒翁"时兴；还有小生产的习惯势力，因循守旧，安于现状，不思进取。于是条条框框、本本主义、随风倒的现象便泛滥成灾……因而，解放思想就成为实事求是的必要前提，也是反"左"的强大武器。他说，有些理论家、政治家、老革命，拿大帽子吓唬人的，不是右，而是"左"。"左"带有革命的色彩，好像越"左"越革命。"左"在党的历史上曾留下了深刻的教训。由于"左"的积习很深，由于改革开放的阻力主要来自这种积习，基于此，邓小平说，"左"仍是主要危险。中国要警惕右，但主要是防止"左"。

而且，邓小平也认为，要正确开展反对"左"、右倾向的斗争。为此，（1）要加强对马克思列宁主义理论的学习，提高党的马克思列宁主义理论水平。实际上，无论"左"和右都是主观脱离客观，脱离实际，根子都是唯心主义。反对"左"、右倾向，开展两条战线斗争不搞政治运动，也是邓小平的一贯思想。他在总结党内斗争的经验教训时说："这几年，我们搞了许多大运动，差不多是把大运动当作我们群众路线的唯一形式，天天运动，这是不好的。"为了纠正因政治运动带来的扩大化错误，他还指出："甄别、平反的工作，不要搞运动。"（2）要运用整党整风的方法，开展两条战线的斗争。1981年3月，邓小平在同总政某负责人谈话时指出"纠正'左'的倾向和右的倾向，都不要随意上'纲'，不要人人过关，不要搞运动"，但"在以后一个适当时候，还要进行整风。不搞整风，恐怕解决不了问题"。在十二届二中全会上，邓小平一方面强调"整党不走过场"，另一方面又强调"三中全会以来，我们花了很大气力纠正'文化大革命'及其以前的一些政治运动和思想斗争中的'左'的错误，是完全正确的。这类'左'的错误决不允许重犯"。（3）要坚持充分说理的原则。邓小平指出，我们在强调开展积极的思想斗争之时，仍然要注意防止"左"的错误。过去那种简单片面、粗暴过火的所谓批判，以及残酷斗争、无情打击的处理方法，决不能重复。无论是开会发言、写文章，都要进行充分的说理和实事求是的科学分析。参加讨论和批评的人，首先要对讨论和批评的问题真正研究清楚，绝不能以偏概全。批评或自我批评都要站在马克思主义立场上，不能站在"左"的立场上。解决党内思想倾向和人事变动以及反对资产阶级自由化等问题时，一定要抛弃"左"的做法，而应该坚持从理论上正本清源、在指导思想上拨乱反正，使人心服口服，从而既弄清思想、又团结同志，充分调动积极性，更好地搞好中国特色社会主义建设。

第三，除了介绍毛泽东、邓小平，尤其是邓小平研究《幼稚病》的情况外，20世纪以来我国还有很多学者基于认真学习《幼稚病》一书，在这方面下过功夫，展开过研究，得出不少心得体会和研究成果。例如，有的学者认为，学习和研究《幼稚病》，要注意"正确认识和对待俄国革命的基本经验"，同时"各国无产阶级必须根据自己民族的特点来运用这种经验"；《幼稚病》中的"左派"出现幼稚病，"主要表现在他们不懂或者拒绝马克思主义的革命策略"①。又如，有的学者联系中国革命和建设的实际，认为："如果说陈独秀投降主义使第一次大革命遭到失败，那末，王明的'左'倾冒险主义几乎断送了整个中国革命。"② 新中国成立以后，尤其是"'文化大革命'时期，在极'左'的社会主义思潮的影响下，党和国家遭受重大的损失，社会主义建设事业也受到严重的影响"③，等等，都是犯幼稚病很明显的体现，值得认真和深刻地反思并汲取教训。

四、《幼稚病》国内研究的评述

反对"左"的倾向作为马克思主义无产阶级政党建设理论的一个基本内容，一直是我们党建理论工作者的研究重点和工作要求。中国共产党自建立之日起，就在马克思列宁主义党建理论指导下一直与"左"的思想进行不断的斗争，毛泽东反复阅读过列宁的《共产主义运动中的"左派"幼稚病》，并强调我们共产党员要认真学习。改革开放和社会主义现代化建设以来，我国党建理论工作者和实际工作者对列宁的党建理论研究进入一个新阶段，研究成果较为丰硕。正是在总结国际共产主义运动的经验，特别是学习《幼稚病》思想并结合我们党历史经验教训的基础上，邓小平深有感触地说："毛泽东同志从一九五七年开始犯了'左'的错误，最'左'是'文化大革命'的十年。"④ "搞社会主义，搞四个现代化，有'左'的干扰。我们党的十一届三中全会以来，着重反对'左'，因为我们过去的错误就在于'左'。但是也有右的干

---

① 本书编写组：《社会主义思想史》下册，北京：中共中央党校出版社 1988 年版，第 119—130 页。
② 陈汉楚编：《社会主义在中国的传播和实践》，北京：中国青年出版社 1984 年版，第 238 页。
③ 王继平等：《中国社会主义思想通史简编》，长沙：湖南人民出版社 2007 年版，第 217 页。
④ 《邓小平文选》第 3 卷，北京：人民出版社 1993 年版，第 271 页。

扰。"① 当然，总体而言，这一时期大部分有关科学社会主义、党建研究的着重点都把反对"左"倾问题作为一个重要部分加以阐述。

很多学者以学习《幼稚病》的有关内容为主旨，来研究列宁如何反"左"。就此对这篇著作进行深入研究的论著，主要有：钱海根的《以列宁为榜样，正确进行反倾向斗争——学习〈共产主义运动中的"左派"幼稚病〉的启示》、马仲扬的《共产党人与政治科学——纪念〈共产主义运动中的"左派"幼稚病〉写作65周年》、赵曜的《马克思主义战略和策略的通俗讲话——读〈共产主义运动中的"左派"幼稚病〉》等，都是从不同视角学习、分析列宁的这部著作。而列宁为反对"左"的错误，在社会主义建设过程中的各个方面都做了大量的工作，所以很多学者从经济、政治、文化方面选取一个角度做了较为认真地梳理与分析，如：张景峰的《"左派共产主义者"与布列斯特和约》、魏泽焕的《列宁在经济建设问题上对"左倾"错误思想的批判》、杨彦君的《新经济政策和联共（布）党内的左倾反对派》、詹方瑶的《列宁在签订布列斯特和约过程中同党内反对派的斗争》等。

在国际共产主义运动的历史上，反对错误倾向、正确开展党内斗争是马克思列宁主义建党的基本原则之一。事实上，中国共产党也是在反对"左"、右错误倾向的斗争中发展、壮大、成熟起来的。在我们党反对两种倾向的历史进程中，既有宝贵的历史经验需要我们认真地总结，又有血的教训需要我们深刻地汲取。列宁逝世后，结合我国反"左"斗争的实际对其反"左"思想的继承与发展，也有很多的研究成果。例如：杨春长、王聚英主编的《中国共产党反对错误倾向的理论与实践》一书，就对中国共产党80多年来历史上发生的"左"、右倾错误作了多角度、多层次的分析和论述。此外，李平的《民主革命时期中国共产党克服"左"右错误倾向的理性思考》、张振章的《历史上的"左"的错误及其根源——兼论当前"左"的表现及对策》等，都是对

---

① 《邓小平文选》第3卷，北京：人民出版社1993年版，第225页。

民主革命时期反"左"运动的分析；杜蒲的《极左思潮的历史考察》则着重从理论上阐述"文革"这一极"左"错误的根源和表现及其经验教训。改革开放后，很多学者以"警惕右，但主要是防止'左'"为题，研究如何清除"左"倾的错误，如：周文彰的《中国要警惕右，但主要是防止"左"》、赵春荣的《中国共产党反"左"斗争的历史回顾与思考》、邢思瑶的《反对"左"倾错误的世纪性反思》等。

近年以来，更多的学者开始从更宏大的视角来反思历史，力求找到"左"倾错误的根源。这方面的论述有：何力平的《"左"的深层本质与思想根源》、高放的《"左"的根源面面观》和《世界社会主义五百年历史的观察与思考》、今夕的《"左"倾错误与封建思想意识》、雷云的《"左"倾顽症的根源和条件》等。

自然，"事物的历史是无穷的，事物与事物的相互关系是无穷的"[①]，而"人的思想是历史地发生与发展着的，不是一开始就完备的，也永远不能完备"[②]。当前，总的来讲，虽然有关列宁《共产主义运动中的"左派"幼稚病》这一著作的研究成果较多，但认真把其作为一门科学而予以分层次进行深入研究的并不多，也还不成体系。基于此，需要加大力度，深入系统地研究。

[①] 《毛泽东文集》第3卷，北京：人民出版社1996年版，第81页。
[②] 同上书，第82页。

第三部分　当代解读

第四章 《幼稚病》的基本结构和主要内容

在目前的国内外马克思主义经典著作学术视野里,《幼稚病》是列宁对马克思主义政党建设问题的系统论述之一。虽然不少学者承认《幼稚病》有一定的价值和意义,即提出和总结了一些值得关注的观念与做法,但又没有将《幼稚病》与《怎么办?》《进一步,退两步》《谈谈辩证法问题》《唯物主义和经验批判主义》《国家与革命》《两种策略》《共青团的任务》《论粮食税》《论合作制》《哲学笔记》等作品一样,给予足够的关注和重视。为弥补这一缺憾,在这一章里,重点对《幼稚病》的基本结构和主要内容,作一个系统的梳理和归纳。

一、《幼稚病》的基本结构

列宁的《共产主义运动中的"左派"幼稚病》整个著作,由十章正文和五节增补组成。

"十章"正文部分,分别由《在什么意义上可以说俄国革命具有国际意义?》《布尔什维克成功的基本条件之一》《布尔什维主义历史的几个主要阶段》《布尔什维主义是在反对工人运动内部哪些敌人的斗争中成长、壮大和得到锻炼的》《德国"左派"共产党人。领袖、政党、阶级、群众间的相互关系》《革命家应不应当在反动工会里做工作?》《参加不参加资产阶级议会?》《不作任何妥协吗?》《英国"左派"共产主义者》《几点结论》等构成。

"增补"部分于5月12日写成。这时,本著的正文部分还未出版,列宁从国外又得到了一些补充材料,于是写了这个补充,共有五节,即由《一　德国共产党人的分裂》《二　德国的共产党人和独立党人》《三　意大利的屠拉梯之流》《四　由正确的前提作出的错误结论》和《五》等构成。

二、《幼稚病》的主要内容

(一) 十章正文的主要内容

1. 俄国十月革命具有国际意义

第一章中列宁论述了如何正确认识十月革命的国际意义的问题。他指出，俄国革命的某些基本特点，它所具有的意义不是一个地方性的、一国特殊性的、单单俄国的意义，而是具有普遍的、国际的意义。就是说，在俄国发生过的事情具有在国际范围内重演的历史必然性。在这方面，既不要夸大这个意义（如果无产阶级革命在一个先进国家里取得胜利，这种情况就可能发生变化），也不要像第二国际机会主义那样，否定俄国革命的国际意义，并因此而堕落成反动分子，成为最坏的机会主义乃至背叛社会主义行为的辩护人。

2. 无产阶级政党的集中制和纪律是布尔什维克成功的一个基本条件

第二章论述了无产阶级政党的集中制和纪律对于巩固无产阶级专政的重要性。

首先，列宁指出布尔什维克党所以能在极端严重的情况下维持政权，主要原因是布尔什维克党有铁的纪律和工人阶级全体群众的拥护。在这里，铁的纪律是十分重要的。他分析了无产阶级专政条件下的斗争，指明"无产阶级专政是新阶级对更强大的敌人，对资产阶级进行的最奋勇和最无情的战争。资产阶级的反抗，因为自己被推翻……而凶猛十倍"。"它的强大不仅在于有国际资本的力量，不仅在于它的各种国际联系牢固有力，而且还在于习惯的力量，小生产的力量。……而小生产是经常地、每日每时地、自发地和大批地产生着资本主义和资产阶级的。"因此，无产阶级政党要战胜资产阶级，战胜千百万人的习惯势力，就必须巩固和加强无产阶级专政，无产阶级政党就必须实行无条件的集中制和极严格的纪律。

其次，列宁分析了布尔什维克党能够制定和维持党的纪律的条件。他指出，维护、检验和加强党的纪律的必要条件主要有三个：一是靠无产阶级先锋队的觉悟，二是靠党与群众的密切联系，三是靠党的政治路线、战略和策略的正确。没有这些条件，建立铁的纪律就会成为空谈、废话。

第三，布尔什维克党所以能够制定并实行极严格的集中制和铁的纪律，其原因：一方面，由于布尔什维克党是用马克思主义武装起来的，在当时俄国，革命者是经历了半个世纪的时间，通过闻所未闻的痛苦、考验和牺牲，以空前未有的革命英勇气概、难以置信的毅力、勇敢和舍身忘我的精神，走过曲折的道路，才终于找到了马克思主义这个唯一正确的革命理论；另一方面，在这个基础上产生的布尔什维主义又经历了15年（1903—1917年）的斗争实践，在合法的与非法的、和平的与激烈的、秘密的与公开的极复杂的斗争中，集中了现代社会一切阶级的各种斗争形式、斗争特色、斗争技巧和斗争方法，并且在俄国的条件下发展成熟得特别迅速。所以，布尔什维克党能够实行严格的集中制和铁的纪律，并能够把革命引向胜利。

3. 布尔什维主义历史的六个主要阶段

第三章简要回顾了布尔什维克党在十月革命前六个主要历史阶段上的尖锐复杂斗争和取得成功的基本经验。

（1）革命准备年代（1903—1905年）。无产阶级、资产阶级和小资产阶级三个主要阶级及其政治代表，在纲领观点和策略观点上进行着激烈的斗争，都在为未来的战斗进行思想和组织准备。

（2）革命年代（1905—1907年）。这个时期，可以说一切阶级都登台了，一切纲领、主张和策略都受到群众行动的检验。作为领导者的无产阶级和被领导者农民的关系受到了检验，在自发斗争中产生了苏维埃组织形式，各种斗争形式的更迭变换，形成了这时期斗争的丰富内容，群众和领袖、阶级和政党都受到了基本的训练。列宁说："没有一九〇五年的'总演习'，就不可能有一九一七年十月革命的胜利。"

（3）反动年代（1907—1910年）。这个时代的特点是：沙皇制度胜利了，一切革命政党和反对党都失败了。胜利了的沙皇制度，不得不加速破坏俄国资本主义以前的宗法制度残余。俄国资产阶级也迅速地发展起来，阶级斗争采取了完全新的、更加鲜明的形式。这个时期，其他的政党都消沉了，只有布尔什维克党还在斗争。但革命政党应该补课，过去学会进攻，现在必须学会正确地退却。布尔什维克在斗争中学会了这一点，退却得最有秩序，"军队"损失最少，骨干保存的最多，党内分裂最小，颓废情绪最轻，恢复革命工作的水平和本领也最高。

（4）高潮年代（1910—1914年）。这个时期的特点是布尔什维克党运用正确的策略，把不合法的工作同"合法机会"配合起来，既打退了资产阶级支持的孟什维克，又在最反动的杜马选举时在工人选民团中取得了胜利。

（5）第一次世界帝国主义战争（1914—1917年）。在这"议会"极端反动的年代，各国社会民主党的"爱国派"都支持帝国主义战争，成为无产阶级的叛徒。布尔什维克则无情地揭露了社会沙文主义和"考茨基主义"，争取了群众，为以后1917年到1920年的胜利做了准备。

（6）俄国第二次革命（1917年2月至10月）。在这个时期，极端老朽和腐败的沙皇制度被推倒了，俄国建立了资产阶级民主共和国。同时，孟什维克、社会革命党人也很快地掌握了第二国际机会主义者的方法、手法、论据和诡辩。他们在1917年2月到10月间篡改了1905年诞生的苏维埃，因而遭到了破产。但苏维埃政权的思想正在各国无产阶级间传播着。在这个时期，布尔什维克反对议会制资产阶级共和国、反对孟什维克的斗争，如果不是做了异常谨慎的、周详的、仔细的、长期的准备，就不能在1917年10月取得胜利。

4. 布尔什维主义是在工人运动内部斗争中成长、壮大和得到锻炼的

第四章论述了布尔什维克党同工人运动内部两种倾向的斗争和取得的经验。

一方面，列宁客观地指出，布尔什维克党首先而且主要是在反对机会主义（右倾机会主义）的斗争中成长起来的。机会主义是工人运动

内部布尔什维主义的主要敌人，也是国际范围内的主要敌人。另一方面，布尔什维克党也是在同小资产阶级的革命性作长期斗争中成长、形成和得到锻炼的。这种小资产阶级革命性，往往有些像无政府主义，它在任何重大问题上都离开无产阶级进行阶级斗争的条件和要求。由于小资产阶级在资本主义制度下经常受压迫，生活往往急剧地恶化以致破产，因而容易转向极端的革命性，而不能表现出坚韧性、组织性、团结性、纪律性和坚定性。同时，这种革命性是动摇不定的，很快又会转为消沉颓丧。在俄国，居民中小资产阶级成分虽然很大，但在革命中影响较小，部分地是由于布尔什维主义同它进行了不调和的斗争。列宁列举了同俄国小资产阶级政党——"社会革命党"三个问题上进行的斗争，说明了布尔什维克的传统。

随后，列宁分析了布尔什维克党内反对"左"倾斗争的经验。一次是1908年关于是否参加最反动的"议会"以及是否参加合法工人组织的问题；另一次是1918年缔结《布列斯特和约》时，关于可否容许某种妥协的问题。在分析这两个问题时，列宁详细说明了把合法斗争形式同不合法的斗争形式配合起来，要在反动的议会内和受反动法律限制的组织内工作和进行必要的妥协等策略原则。列宁在这一妥协的问题上，作了精辟的分析。指出："有各种各样的妥协。应当善于分析每个妥协和每个变相的妥协的环境和具体条件。应当学习区分这样的两种人：一种把钱和武器交给强盗，为的是减少强盗所能加于的祸害，以便后来容易捕获或枪毙强盗；另一种人把钱和武器交给强盗，为的是要入伙分赃。"所以，必须区别这两种妥协。在原则上要反对妥协，但是，任何妥协都不加分析地反对则是幼稚的。

5. 德国"左派"共产党人。领袖、政党、阶级和群众间的相互关系

第五章论述了领袖、政党、阶级和群众相互关系的问题，批判了"左派"共产党人在这些问题上的糊涂观念。当时，德国"左派"共产党人在他们的小册子中把阶级、政党、领袖和群众对立起来，提出了"是党专政，还是阶级专政？是领袖专政（领袖的党），还是群众专政（群众的党）？"等问题。

列宁批判了这些荒谬观点，科学地论证了领袖、政党、阶级和群众之间的相互关系的基本原理。他指出，"群众是划分为阶级的……阶级通常是由政党来领导的；政党通常是由最有威信、最有影响、最有经验、被选出担任最重要职务而称为领袖的人们所组成的比较稳定的集团来主持的。"列宁分析了产生这些错误观点的原因，主要是：一方面，由于党的合法状态和非法状态的迅速更替，破坏了领袖、政党和阶级之间的正常关系；另一方面，是没有分清不同的领袖。在帝国主义阶段，垄断资产阶级拿出一部分超额利润来收买"工人贵族"，这些工人贵族领袖叛变了无产阶级革命事业，引起了普通党员和劳动群众对他们的愤恨。列宁指出，如果不彻底揭露这些机会主义领袖，并且把他们驱逐出去，革命的无产阶级就不可能取得胜利。但是，如果就此把"领袖"同"群众"对立起来，那是愚蠢和荒唐可笑的。

列宁进一步指出，德国"左派"共产党人把政党与阶级、领袖与群众对立起来，这实际上是否认党性，否认党的纪律，也就等于完全解除无产阶级的武装而有利于资产阶级。这就等于纵容小资产阶级的散漫、游离、动摇、不能坚持、不能团结、不能统一的行动，而最后使革命失败。列宁精辟地分析了从资本主义到共产主义的过渡时期的阶级斗争，深刻地论述了保持党的纪律和加强党的领导对实现无产阶级专政历史任务的极端重要性。指出，无产阶级专政的历史任务就是要彻底消灭阶级。"消灭阶级不仅意味着要驱逐地主和资本家……而且意味着要消灭小商品生产者，可是对于这种人不能驱逐，不能镇压，必须同他们和睦相处；可以（而且必须）改造他们，重新教育他们，这只有通过很长期、很缓慢、很谨慎的组织工作才能做到。"然而，小资产阶级自发势力却从各个方面来包围无产阶级，侵蚀无产阶级；用他们日常的、琐碎的、游离的、看不见摸不着的腐化活动，制造着为资产阶级所需要的、使资产阶级得以复辟的恶果。在这种情况下，要完成无产阶级专政的历史任务，"没有铁一般的和在斗争中锻炼出来的党，没有为本阶级全体忠实的人所信赖的党，没有善于考察群众情绪和影响群众情绪的党，要顺利地进行这种斗争是不可能的"。"谁要是把无产阶级政党的铁的纪律哪怕是稍微削弱一点（特别是在无产阶级专政时期），那他事实上就是帮助资产阶级来反对无产阶级。"

6. 革命家应不应当在反动工会里工作？

第六章论述了无产阶级政党对工会等组织的领导地位和作用，批判了德国"左派"共产党人拒绝在反动工会中工作的错误观点。

首先，列宁通过剖析俄国无产阶级国家机构，进一步阐明了领袖、政党、阶级和群众之间的内在的相互关系，以及无产阶级专政、无产阶级政党对工会的关系。指出，无产阶级专政是由共产党来领导的，通过组织在苏维埃中的无产阶级来实现的。任何国家机关未经党中央指示，都不得解决任何重大政治问题或组织问题。党中央由代表大会选出，组成更小的集体来领导日常工作。工会在形式上是一种非党的组织，而实际上绝大多数工会的领导机构，都由共产党员组成，执行党的一切指示，党通过工会同本阶级和群众取得密切联系。党如果没有同工会的密切联系，没有工会的热烈支持，没有工会在经济建设方面以及在军事建设方面奋不顾身的工作，无产阶级专政的国家就不能维持。同时，党还通过"非党工农代表大会"，通过苏维埃来进行自己的工作。列宁指出，熟悉一下无产阶级国家政权的整个机构就可以看出，所谓领袖专政还是群众专政的提法是多么幼稚可笑的废话。

其次，列宁阐明了共产党人应在工会里进行工作的必要性。德国"左派"共产党人认为，共产党人不应该到反动工会里工作，应该退出这样的工会，另外创立一种崭新的、清一色的共产党人的工会。列宁说，这同样是幼稚可笑的废话。工会在资本主义初期是工人阶级由散漫无力进到初步联合的一个巨大进步，但是，当无产阶级的革命政党开始成长的时候，工会就不可避免地暴露出某些反动色彩，例如某些行会狭隘性、某些不问政治的倾向以及因循守旧的积习，等等；特别是在西欧各国，工会的这种反动性显露的更加严重。在这种情况下，如果我们拒绝在那里进行工作，就是把那些不十分开展的或落后的工人群众委弃在反动领袖、资产阶级代理人、工人代表或工人贵族、或"资产阶级化的工人"的影响之下。为了帮助群众从资产阶级的反动影响下解放出来，共产党人就应当不怕困难、不怕侮辱和迫害，到有无产阶级群众的组织（哪怕是最反动的组织）中，不屈不挠、坚忍不拔地进行工作。应当是哪里有群众，就一定到哪里去工作。列宁指出，当然，共产党人参加反动工会，不是同机会主义的头子同流合污，而是为了揭露"工人贵族"，同机会主义和社会沙文主义进行坚决的斗争，争取和吸引广大群众到自己方面来，并把机会主义者从工会中驱逐出去。列宁说："共产党人的全部任务，就是要善于说服落后分子，善于在他们中间进行工作，而不是臆想出一些幼稚的'左'的口号同他们隔离开来。"因此，要反对那种"不参加反动工会"的错误政策和行动路线。

7. 参不参加资产阶级议会？

第七章批判了西欧一些国家的"左派"共产党人拒绝参加资产阶级议会的错误观点，论述了共产党人参加议会斗争的必要性。

列宁批判了德国"左派"关于议会斗争形式在历史上和政治上已经过时，"应当十分坚决地拒绝"的错误观点。指出，议会制度"在历史上已经过时"的观点就宣传意义上来说是对的，因为从世界历史来说，资产阶级"议会制度"已经结束，"无产阶级专政时代"已经开始。但是，从宣传到实际战胜议会制度，相距还很远。关于议会制度"在政治上已经过时"的观点，列宁分析说：第一，德国"左派"在1919年1月就提出过这样的观点，事实已经证明他们错了，现在又在重复这个错误。不能郑重地对待错误就不是无产阶级的党，而是"知识分子的和沾染了知识分子恶习的少数工人的一个小团体"。第二，德国"左派"既然承认"数百分"和"无数的"无产者还赞成议会的制度，这就说明德国议会制度在政治上还没有过时。这一问题，恰恰就在于不能把对于我们已经过时的东西当作对于阶级也已经过时的东西，当作对于群众也已经过时的东西。无产阶级政党决不应把自己降低到群众的水平，降低到本阶级落后阶层的水平，但是必须清醒地注意到整个阶级、全体劳动群众的觉悟的实际状况。参加议会斗争，其目的是为了教育本阶级的落后阶层。第三，列宁以布尔什维克在1917年9月至1918年1月间对待立宪会议问题的经验为例，说明在一部分群众还不觉悟的情况下,参加立宪会议有助于证明为什么应该将它解散,促使资产阶级议会"在政治上过时"。第四,列宁批判了荷兰的"左派"主张不参加议会的错误论据。荷兰"左派"认为,在资本主义的体系已被破坏,社会处于革命状态的时候,"议会正在变成反革命中心和反革命的机关","工人阶级正在建立自己的政权工具即苏维埃",因而拒绝参加一切议会活动。列宁批评了这种观点,指出:由于当时在文明的先进的国家内无产阶级和资产阶级之间的内战日益逼近,资产阶级政府正疯狂地迫害共产党人,无产阶级的革命政党就愈来愈必须把合法的斗争同不合法的斗争结合起来,把反动议会外的群众行动和议会内同情革命的反对派配合起来,而不是一概抵制议会斗争。

列宁指明,在西欧和美国,议会已成为工人中先进革命分子深恶痛绝的东西,但是在决定斗争策略时,决不能以革命情绪为根据,而要清醒地极为客观地估计本国的和邻国及世界的一切阶级力量,并要估计到许多革命运动的有益经验。仅仅咒骂议会机会主义,仅仅拒绝参加议会以标榜自身的"革命性"是容易的,但不是解决问题的办法。在西欧,正因为工人中的落后群众、小农中的落后群众,受资产阶级的民主偏见和议会制度的偏见影响较深,共产党人就更需要在资产阶级议会中进行长期的顽强的斗争,来揭露、消除和克服这些偏见。

8. 不作任何妥协吗?

第八章批判了德国"左派"共产党人"不作任何妥协"的错误观点,论述了必须区分革命者的妥协和叛徒的妥协,以及实行革命妥协的必要性。

首先,列宁批判了德国"左派"关于"凡是实行机动和通融的政策,都应当十分坚决地拒绝"的观点,指出,"左派"反对一切妥协的口号,正像恩格斯批判布朗基主义者那样,"把自己的急躁当作理论上的论据"。列宁认为,应当分清两种不同性质的妥协:一种是为客观条件所迫而作出的妥协,这种妥协不会使工人群众削弱对革命的忠诚和决心;另一种是叛徒性质的妥协,他们把一切都推在客观原因上,而实际上却是贪图私利,屈服于资本家的威胁和利诱。列宁指出,无产阶级政党及其领袖的作用，就在于通过本阶级一切肯动脑筋的分子所进行的长期的、有益的、顽强的、各种各样的、多方面的工作，获得必要的知识、必需的经验、必要的（除了知识和经验之外）政治敏锐，来迅速而正确地解决各种复杂的政治问题。在对待妥协问题上，不能认为只要承认妥协，就会抹杀马克思主义和机会主义的界限，而要在重要的历史关头，善于区分哪些是叛卖性的妥协、哪些是必要的妥协，并同那些叛卖性的妥协进行斗争。列宁说："为了推翻国际资产阶级而进行的战争，要比国家之间通常进行的最顽强的战争还要困难百倍，费时百倍，复杂百倍；进行这样的战争而事先拒绝采用机动办法，拒绝利用敌人之间的利益矛盾（哪怕是暂时的矛盾），拒绝同各种可能的同盟者（哪怕是暂时的、不稳定的、动摇的、有条件的同盟者）通融和妥协，这岂不是可笑到了极点吗？"列宁进一步说明了在无产阶级取得政权以后仍有进行通融和妥协的必要性。他说："在无产阶级进行了第一次社会主义革命之后，在一国内推翻了资产阶级之后，这个国家的无产阶级在很长时期内，仍然要比资产阶级弱一些"，在这种情况下，为了战胜各种强大的敌人，"只有尽最大的力量，同时必须极仔细、极留心、极谨慎、极巧妙地一方面利用敌人之间的一切'裂痕'，哪怕是最小的'裂痕'……另一方面要利用一切机会，哪怕是极小的机会，来获得大量的同盟者，尽管这些同盟者是暂时的、动摇的、不稳定的、靠不住的、有条件的。谁不懂得这一点，谁就是丝毫不懂得马克思主义，丝毫不懂得一般的现代科学社会主义"。

其次，列宁列举了布尔什维克党历史上实行革命妥协的经验，说明了进行必要的妥协的道理。他认为只有通过这样一些妥协，才能在各个时期团结一切可以团结的同盟者，削弱、瓦解并最后战胜敌人。相反，在德国工人中发生了由右向"左"的转变之趋势，却没有加强共产党人自身的力量，而是增加了中间政党——"独立"党的力量，原因之一就是德国共产党人采取了错误的策略。列宁说，由于在资本主义制度下无产阶级被那些半无产者、小农、中农所包围，由于无产阶级本身内部就存在着比较开展和比较不开展的阶层，由于有血缘、乡土、职业、宗教等区分，无产阶级的先锋队——共产党就必须而且绝对必须对无产者的各种不同的利益集团，对工人和小业主的各种政党组织，采取机动、通融、灵活、妥协的办法。在这里，"全部问题在于善于运用这个策略，来提高无产阶级的觉悟性、革命性、斗争能力和致胜能力的一般水平，而不是降低这种水平"。由于小资产阶级民主派是动摇的，共产党人的正确策略就应该是利用这种动摇。为此，就要向倾向于无产阶级的分子让步，同时也要同那些倾向于资产阶级的分子作斗争。

最后，列宁还谈到了对《凡尔赛和约》的正确政策。

9. 英国"左派"共产主义者

第九章批判了英国"左派"共产主义者在对待妥协、对是否参加议会和加入工党等问题上存在的错误观点，论证了无产阶级革命的基本规律，提出了英国共产主义者争取革命胜利应采取的策略。

英国"左派"认为，对于议会制度的任何支持，都只会有助于使政权落到工党手里，因而得出了不参加议会斗争的错误结论。列宁认为，这些观点表达了年轻的共产主义者和普通工人对资产阶级和机会主义的痛恨，这是极其可喜、可贵的，应当善于珍视、把握和支持这种情绪。没有这种情绪的兴起，无产阶级的革命运动是没有胜利希望的。但是，在伟大的革命斗争中单凭情绪来领导群众是不够的。因为，"政治是一种科学，是一种艺术，它不是天上掉下来的，不是白白可以得到的；无产阶级要想战胜资产阶级，就必须造就自己的，无产阶级的'阶级政治家'"。列宁非常欣赏英国同志的这样的一种意见，即英国共产党必须根据科学原则来行动，首先要估计到其他国家的有益革命经验，其次要估计到本国内部的一切力量、集团、政党、阶级和群众来确定政策。列宁引用保守党首相的演说，证明他们正在拉拢自由党共同对付工党。指出无产阶级政党正确的策略应该是：在议会活动方面，给工党以某种支持，共同与政府进行斗争，同时也应当利用议会揭露工党政策的欺骗性，争取工人群众站到革命方面来。"左派"共产主义者不懂得这一点，提出"不妥协、不转折地前进"的口号，显然是不能帮助工人认识工党领袖的面目，不能使工人阶级多数的观点转变过来的。因此，英国共产主义者必须参加议会，由议会的内部，来帮助工人群众在事实上认清韩德逊和斯诺顿政府造成的结果，并善于帮助他们去战胜联合起来的资产阶级。只有这样，才能使工人阶级的观点转变过来，不这样，革命是不可能的。

列宁总结俄国和世界革命的经验，论证了革命的基本规律，提出了英国共产主义者在议会斗争中应采取的策略任务。列宁指："要举行革命，单是被剥削被压迫群众感到不能照旧生活下去而要求变革，还是不够的；要举行革命，还必须要剥削者也不能照旧生活和统治下去。只有当'下层'不愿照旧生活而'上层'也不能照旧生活和统治下去的时候，革命才能获得胜利。"在英国，当时无产阶级革命成功的条件正在成熟，但"左派"却不注意、不重视，这是特别危险的。为了指导英国无产阶级的革命运动，列宁还提出了英国共产主义者应该根据第三国际的原则，在必须参加议会的条件下，把自己的四个很弱的党派有机地合并成一个共产党来开展无产阶级的革命运动。

10. 五点结论

第十章是全书的总结。列宁总结了俄国革命和世界无产阶级革命的经验，概括了无产阶级的战略与策略的基本原则。

（1）列宁指出，苏维埃式的无产阶级专政，具有巨大的国际意义。苏维埃是1905年革命中，作为受资本主义压迫的无产阶级和劳动群众的新的斗争形式和组织形式产生的。它在1917年二月和十月革命中得到了全面的发展，并扩展到全世界的工人运动中，担当着资产阶级的议会制度和整个资产阶级民主的掘墓人的任务。

（2）列宁指出，工人运动史表明，在一切国家中工人阶级都必须经历两条战线的斗争：首先且主要是同本国的机会主义和社会沙文主义进行斗争，其次是同"左倾"共产主义的斗争。这种斗争，在全世界范围内都可以看到。每个国家的工人运动，虽然都经过本质上相同的预备学校，以取得对资产阶级斗争的胜利；但是，他们都是按照自己的方式来完成这一发展过程的。现在，全部的问题是：使每个国家的共产党人十分自觉地既考虑到同机会主义及"左倾"学理主义进行斗争，又考虑到这种斗争由于各国经济、政治、文化、民族成分等特征而具有的具体特点,不能千篇一律、死板划一。基于此,他说:"只要各个民族之间、各个国家之间的民族差别和国家差别还存在……各国共产主义工人运动国际策略的统一,就不是要求消除多样性,消灭民族差别……而是要求运用共产主义的基本原则(苏维埃政权和无产阶级专政)时,把这些原则在细节上正确地加以改变,使之正确地适应和运用于民族的和民族国家的差别"。

(3)列宁指出,夺取无产阶级革命的胜利,不仅需要先锋队的觉悟,还要依靠广大群众的同情和支持,正确地选择决战时机。没有群众的觉悟,单靠先锋队去进行决战,是愚蠢的。为了争取群众,不仅需要宣传和鼓动,还需要依靠群众本身的政治经验,同时要正确地选择决战时机。这种时机应该是:阶级敌人十分混乱,敌人内部矛盾空前尖锐,力量十分疲惫;小资产阶级民主派已经充分暴露,他们在群众中的政治影响逐步丧失;无产阶级和劳动人民的革命情绪空前高涨。这时候,革命的时机就成熟了。

(4)列宁指出,为了把革命引向胜利,"应当把对共产主义思想的无限忠诚同善于在实践中进行一切必要的妥协、机动、通融、迂回、退却等等的才干结合起来"。他以英国为例,说明共产党要成为群众革命的领导者,必须充分利用各资产阶级政党之间的一切摩擦、争吵、冲突和分裂,并要正确地选择分裂得最厉害的时机来进行坚决进攻,把它们全部击溃且夺取政权。同时,共产党还要掌握社会活动的一切形式或方面,并根据革命形势的发展迅速地用一种形式代替另一种形式,也要注意把合法斗争同不合法斗争结合起来。他指出,只承认合法的斗争,不愿意采用不合法的斗争,那是机会主义的;但不善于把不合法的斗争形式和一切合法的斗争形式有机结合起来的革命家,则是极糟糕的革命家。他一再要求:各国共产党人在批判第二国际各政党机会主义式地参加议会活动的同时,要创造一种新的、不贪图禄位的议会活动的方式,走遍工人住所、走遍农村无产者和穷乡僻壤的农民的茅舍,不用学者的口吻讲话、去发动群众,使人民了解布尔什维主义。他还要求共产党人要学会在军队中、在被压迫民族中进行宣传鼓动工作的本领。列宁说，无产阶级革命在俄国成功之后，全世界已经变了样。虽然资产阶级的白色恐怖非常猖獗，但在所有国家中共产主义运动都在经受锻炼并日益发展，种种迫害削弱不了它，反而加强了它。现在"所缺的只有一点，就是一切国家的一切共产党人还没有广泛而彻底地认识到必须使自己的策略具有最大的灵活性"。因此，不要像考茨基等人那样死盯着工人运动和社会主义发展的某一形式，而忘记了该形式的片面性。

（5）列宁指出，当前，要努力设法不再重犯"左派"共产党人所犯的同样的、不过是从另一方面犯的错误。他说，右派学理主义是一种错误，"左"倾学理主义同右倾学理主义比较起来，其危害性和严重性当然要小得多，而且这种病症在一定条件下可以比较容易地医治好，但也必须注意。列宁说，共产党人要竭尽全力来指导工人运动以及整个社会发展，沿着最快的道路，走向苏维埃政权和无产阶级专政在全世界的胜利，这是无可争辩的真理。然而，只要再多走一小步，仿佛是向同一方向迈的一小步，真理便会变成错误。现在，帝国主义世界战争所造成的绝境有力地加速了世界革命，我们有充分的理由，希望迅速而彻底地把国际共产主义运动中的"左派"共产主义的幼稚病医治好。

（二）五节增补的主要内容

1. **德国共产党人的分裂**。在本节中，列宁论述了德国共产党应该怎样正确对待"左"派分裂的问题。列宁根据德国共产党分裂的事实和意大利党正在分裂的动向，认为斗争实践会使"左派"明确认识到，没有严格集中的、具有铁的纪律的、善于掌握各种斗争形式的政党，是不会建立无产阶级专政的。因而，必须竭尽全力使分裂不致影响未来党的统一事业。列宁指出，只要共产党人坚决同"左"、右倾机会主义进行坚决的斗争，除个别的野心家、阴谋家会长期坚持错误外，广大工人群众、一切真正的共产党人必然会联合起来，在不久的将来组成一个统一的无产阶级政党。

2. **德国的共产党人和独立党人**。在本节中,列宁批判了德国共产党在和独立党实行妥协时出现的一些原则错误,说明了实行必要的妥协和坚持革命原则性的关系。列宁首先肯定德国共产党采取的策略基本上是正确的,同时指出"声明"中把叛徒谢德曼之流组成的资产阶级政府称为"社会主义政府",把小资产阶级民主派的政党说成是能够组织"社会主义政府"的政党等等,这在原则上是错误的,在政治上是有害的。他告诫德国共产党人:在同独立党实行必要的妥协时,决不能放弃同他们的机会主义观点进行斗争,并且还要十分警惕独立党领袖们的叛卖行为。必须认清冒充共产主义者和自称苏维埃政权及无产阶级拥护者的那些机会主义分子,对无产阶级是更加危险的。

3. **意大利屠拉梯之流**。在本节中,列宁进一步揭露了屠拉梯之流的反动性。列宁引用英国资产阶级记者写的访问材料,从反面暴露和证实了屠拉梯之流完全背叛了马克思主义。他们极力主张被剥削的工人必须遵守资本主义社会的纪律和秩序,维护资产阶级统治,疯狂反对无产阶级革命,充分暴露他们充当资产阶级"辩护士"和"帮凶"的本性。因此,"左派"提出意大利社会党如果真正拥护第三国际,就应当坚决把屠拉梯之流清除出党的主张,是完全正确的。

4. **由正确的前提作出错误的结论**。在本节中,列宁批判了意大利"左派"拒绝参加议会的错误,论述了无产阶级战胜资产阶级传统和习惯的长期性与艰巨性。意大利"左派"在正确地批判屠拉梯的同时,提出了凡是参加议会都是有害的观点。对此,列宁批评说,"左派"的根本错误就在于不了解以革命的方式去利用议会对无产阶级革命是有益的,而只知道对第二国际参加议会的机会主义方式进行批判。"左派"拒绝参加议会是幼稚的,因为他们想用简单的、似乎革命的方法来回避在工人运动内部对资产阶级民主影响作斗争的困难任务。实际上,他们是被一些小的困难吓倒了。列宁认为,无耻透顶的钻营行为、对议会肥缺的资产阶级式享用、对议会工作的改良主义曲解以及卑鄙的市侩陋习,是资本主义到处产生着的。它不仅在无产阶级取得政权以前存在,即使在无产阶级取得政权以后也还会存在。那时,它会使无产阶级面临大得多的困难。如果"左派"同志连克服这个小困难都不会,那么可以肯定地说,他们将来就会或者是没有能力实现无产阶级专政,或者不得不仓促补课,而这种补课会给无产阶级事业带来巨大的危害。因此,列宁号召各国共产党人应当学会在一切领域、一切场所、一切场合、每个地方,克服所有困难和所有的资产阶级风气、传统和习惯。除此之外,其他提法都是不严肃的、幼稚的。

5. 在本节里,列宁根据荷兰共产党人怀·恩科普的来信,就本书中对荷兰"左派"的批评不当之处作了说明。这也表明了列宁对待问题的严肃和郑重的态度。

第五章 《幼稚病》的重要理论观点

马克思、恩格斯提出："一切划时代的体系的真正的内容都是由于产生这些体系的那个时期的需要而形成起来的。"① 这样看来，列宁《共产主义运动中的"左派"幼稚病》一书就是在当时各国共产主义运动的需要基础上产生的。实际上，列宁革命思想的深度不仅表现在其深刻性之上，还展现在广阔的空间领域之中，即列宁不愧为伟大的无产阶级革命导师，其革命思想的内容极其丰富，涉猎的问题极为广泛。从这种意义上来理解，解读《幼稚病》的方式可以有多重视角，比如政治学视角、革命史视角、社会学视角、党建学视角乃至民族学视角，等等。不可否认，从政治学视角、革命史视角、民族学视角解读《幼稚病》，不仅有着重要的研究价值，现实中也产生着众多的学术成果。但从马克思主义理论、国际共产主义运动史的视角进一步总结和反思国际共产主义运动中的"左派"幼稚病问题，仍是理解《幼稚病》重要理论观点不可或缺的重要方式。笔者认为，从马克思主义理论、国际共产主义运动史的视角解读《幼稚病》，至少必须把握《幼稚病》书中五个重要理论观点，即：一、十月革命的基本经验及其国际意义；二、科学处理领袖、政党、阶级和群众之间的相互关系；三、共产主义运动中必须反对"左"和右两种错误倾向；四、坚持正确的无产阶级革命战略和策略；五、加强无产阶级政党集中的统一的领导并制定和保持铁的纪律是布尔什维克成功的基本条件之一。

---

① 《马克思恩格斯全集》第3卷，北京：人民出版社1960年版，第544页。

一、十月革命的基本经验及其国际意义

十月革命的成功,是国际共产主义运动的伟大胜利,也是无产阶级革命和帝国主义战争时代世界历史上的一个划时代事件。在十月革命胜利以前,人类社会的制度变迁和制度革命始终是由一种剥削制度去取代另外一种剥削制度。十月革命的胜利,则创立了世界上第一个工人阶级领导的人民当家做主的社会主义新政权,开辟了人类历史的新纪元。它建立了一种没有剥削和压迫的社会制度,极大地改变了世界历史的进程,从而沉重打击了帝国主义统治;鼓舞资本主义国家的革命运动并开启了无产阶级革命新时代;激励殖民地、半殖民地的民族民主革命并推动被压迫民族的解放斗争进入新阶段;同时,把马克思、恩格斯关于无产阶级革命的理论体系变成了活生生的现实,促进了马克思列宁主义的传播和发展,推动了无产阶级政党的建立。

"十月革命一声炮响,给我们送来了马克思列宁主义。十月革命帮助了全世界的也帮助了中国的先进分子,用无产阶级的宇宙观作为观察国家命运的工具,重新考虑自己的问题。走俄国人的路——这就是结论。"① 那么,作为十月革命领导者的列宁在《幼稚病》一书中,是如何提出和论述十月革命的基本经验及其国际意义的呢?列宁非常自信地指出:"现在,苏维埃政权的思想已经**在全世界**诞生,并且正以空前未有的速度在各国无产阶级中间传播开来,而第二国际的老英雄们也像我国孟什维克一样,由于无法理解苏维埃的作用和意义而**到处**遭到破产。经验证明,在无产阶级革命某些非常重要的问题上,**一切**国家都必然要做俄国已经做过的事情。"② 并认为十月革命的成功,并非偶然的、一蹴而就的胜利,而是有一个长期的艰苦奋斗历程。他说:"没有这种谨慎的、周到的、细致的和长期的准备,我们就既不能取得 1917 年 10 月

---

① 《毛泽东选集》第 4 卷,北京:人民出版社 1991 年版,第 1471 页。
② 《列宁全集》第 39 卷,北京:人民出版社 1986 年版,第 10—11 页。

的胜利，也不能巩固住这个胜利。"① 还说："1905年布尔什维克对'议会'的抵制，使革命无产阶级增加了非常宝贵的政治经验，表明在把合法的同不合法的斗争形式、议会的同议会外的斗争形式互相融合的时候，善于放弃议会的斗争形式，有时是有益的，甚至是必要的。但是，如果在**不同的**条件下和**不同的**环境里盲目地、机械地、不加批判地搬用这种经验，那就大错特错了。"②

不仅如此，列宁针对"人们可能觉得，由于落后的俄国同先进的西欧各国有巨大的差别，西欧各国的无产阶级革命同我国的革命将很少有相似之处"③ 的问题，明确提出了十月革命的国际意义的思想。他说："现在我们已经有相当丰富的国际经验，它十分明确地说明，我国革命的某些基本特点所具有的意义，不是局部地区的、一国特有的、仅限于俄国的意义，而是国际的意义。我这里所说的国际意义不是按广义来说的，不是说：不仅我国革命的某些基本特点，而且所有基本特点和许多次要特点都具有国际意义，都对所有国家发生影响。不是的，我是按最狭义来说的，就是说，所谓国际意义是指我国所发生过的事情在国际上具有重要性，或者说，具有在国际范围内重演的历史必然性，因此必须承认，具有国际意义的是我国革命的某些基本特点。"④ 而且列宁明确要求，不能过分或过于"夸大这个真理"，否则将会犯"极大的错误"，俄国也"就不再是模范的国家"⑤ 了。

显然，在这里，列宁并没有强调十月革命的一切基本点和许多次要点都具有国际意义的意思，恰恰相反，他是否定这么认为的。正是基于此，他才认为十月革命的基本经验就是对各国无产阶级革命具有普遍价值的有益经验，如布尔什维克关于马克思主义无产阶级暴力革命学说的指导、关于无产阶级革命和无产阶级专政的理论和策略，以及关于共产

---

① 《列宁全集》第39卷，北京：人民出版社1986年版，第11页。
② 同上书，第15页。
③ 同上书，第1页。
④ 同上。
⑤ 同上书，第2页。

党的领导和建设的经验等。① 在此基础上，列宁精辟地点明了十月革命的普遍国际意义，核心思想就是把马克思主义基本原理同各国革命的具体实践相结合，也就是马克思和恩格斯所说的"这些原理的实际运用……随时随地都要以当时的历史条件为转移"②。由于世界上各个国家和各个民族在历史发展过程中存在着诸多不同的特点，因此，在运用俄国十月革命的基本经验时，列宁反复要求：应该将马克思主义普遍原理同本国的实际情况相结合。这既是俄国十月革命的重要经验，也是十月革命的国际意义之所在。

二、科学处理领袖、政党、阶级和群众之间的相互关系

在国际共产主义运动史上，科学处理领袖、政党、阶级和群众间的相互关系问题，始终是理论上和实践中的一个难点问题。

在《幼稚病》中，针对"**一个是领袖的党**，它力图**从上面**来组织和指挥革命斗争，不惜实行妥协和参加议会活动，以便造成一种形势，使他们可以参加掌握专政大权的联合政府。""**另一个是群众的党**，它等待革命斗争**从下面**高涨起来，为了进行这一斗争，它只知道并且只采用一个明确地引向目的的方法，而排斥任何议会方法和机会主义方法；这个唯一的方法就是无条件地**推翻资产阶级**，以便随后建立无产阶级的阶级专政来实现社会主义……"，"……那里是领袖专政，这里是群众专政！这便是我们的口号"③ 等"左"倾主义论调，在思想认识上把党和阶级对立起来、把领袖和阶级对立起来，进而犯否认党的作用和领袖作用的错误。对此，列宁认真汲取国际共产主义运动史的经验教训，深刻阐述了马克思主义关于领袖、政党、阶级、群众间的辩证关系，明确

---

① 中共中央组织部、中共中央宣传部、中共中央编译局编：《马列主义经典著作选编学习导读》，北京：学习出版社 2011 年版，第 218 页。
② 《马克思恩格斯文集》第 2 卷，北京：人民出版社 2009 年版，第 5 页。
③ 《列宁全集》第 39 卷，北京：人民出版社 1986 年版，第 20—21 页。

指出:"是党专政**还是**阶级专政?是领袖专政(领袖的党)**还是**群众专政(群众的党)?——单是问题的这种提法就已经证明思想混乱到了不可思议的无可救药的地步。这些人竭力要**标新立异**,结果却弄巧成拙。谁都知道,群众是划分为阶级的;只有把不按照生产的社会结构中的地位区分的大多数同在生产的社会结构中占有特殊地位的集团对立时,才可以把群众和阶级对立起来;在通常情况下,在多数场合,至少在现代的文明国家内,阶级是由执政党来领导的;政党通常是由最有威信、最有影响、最有经验、被选出担任最重要职务而称为领袖的人们所组成的比较稳定的集团来主持的。这都是起码的常识。这都是简单明了的道理。"① 为此,列宁着重强调了革命领袖的作用,指出德国"左派"共产党人受了无政府主义思想的影响,看到第二国际的"领袖"成了叛徒,便认为一切领袖都不是好的,进而提出"打倒领袖"的口号。这种不加区别地把革命领袖和叛徒"领袖"一概否定的做法是荒唐可笑的,它不仅不利于无产阶级,反而因解除无产阶级武装而有利于资产阶级。列宁说:"在帝国主义战争末期和战后时期,在一切国家里,'领袖'和'群众'的分离表现得特别明显而突出。……现代(20 世纪的)帝国主义造成了某些先进国家的垄断特权地位,正是在这个基础上,第二国际中纷纷出现了叛徒领袖、机会主义者、社会沙文主义者这样一种人,他们只顾自己这个行会的利益,只顾自己这个工人贵族阶层的利益。于是机会主义的政党就脱离了'群众',即脱离了最广大的劳动阶层,脱离了大多数劳动者,脱离了工资最低的工人。不同这种祸害作斗争,不揭露这些机会主义的、背叛社会主义的领袖,使他们大丢其丑,并且把他们驱逐出去,革命无产阶级就不可能取得胜利;第三国际所实行的正是这样的政策。"② "为此竟把群众专政和领袖专政**根本**对立起来,实在是荒唐和愚蠢得可笑。尤其可笑的是,人们在'打倒领袖'这一口号掩饰下,实际上竟把一些胡说八道、满口谬论的**新领袖**拉出来

---

① 《列宁全集》第 39 卷,北京:人民出版社 1986 年版,第 21 页。
② 同上书,第 22—23 页。

代替那些对普通事物还能持常人见解的老领袖。"① 针对这些错误认识，列宁明确提出，应该按照马克思主义历史唯物论的观点来辩证地看待领袖与群众、阶级与政党之间的作用。一方面，不能一概排斥和否定领袖的作用。他说："无产阶级专政是对旧社会的势力和传统进行的顽强斗争，流血的和不流血的，暴力的和和平的，军事的和经济的，教育的和行政的斗争。千百万人的习惯势力是最可怕的势力。没有铁一般的在斗争中锻炼出来的党，没有为本阶级一切正直的人们所信赖的党，没有善于考察群众情绪和影响群众情绪的党，要顺利地进行这种斗争是不可能的。"② 另一方面，他强调领袖不能脱离群众，应当"学会把领袖和阶级、领袖和群众结成一个整体，结成一个不可分离的整体"③。实际上，领袖不仅仅是某一个人，而是一个政党中"最有威信、最有影响、最有经验、被选出担任最重要职务而称为领袖的人们所组成的比较稳定的集团"④。

三、共产主义运动中必须反对"左"和右两种错误倾向

所谓"左"倾，如同右倾一样，都是相对于正确的理论、方针、政策而言的。它们都是对实事求是原则的背离，都是共产主义运动内部的错误思潮。⑤ 它和我们常说的"左、中、右"虽有某种联系，但还是两个不同的概念：前者主要是指党内指导思想上或贯彻党的方针政策上的错误倾向，后者则是指人们在革命斗争中的政治态度。

在国际共产主义运动史上，马克思、恩格斯从创建无产阶级政党的组织开始，为了保持科学社会主义这一真理的纯洁性，就进行了反对包

---

① 《列宁全集》第39卷，北京：人民出版社1986年版，第23页。
② 同上书，第24页。
③ 同上书，第30页。
④ 《列宁专题文集（论无产阶级政党）》，北京：人民出版社2009年版，第249页。
⑤ 周作翰、李屏南：《我国社会主义时期"左"倾思潮的理论剖析》，载《新华文摘》1984年第10期，第41页。

括"左"、右倾在内的各种错误思潮的斗争,并提出了党内斗争的基本思想。恩格斯对错误思潮使用了左、右倾的概念,但从未在左字上打过引号。至于对"路线"一词,却用得很少,其含意是指准则、方针、理论倾向,并未赋予这个词以严肃的政治意义。最早使用这个概念的是普列汉诺夫,他曾借用法国大革命时期雅各宾和吉伦特两派,来比喻党内的左、右两个派别。但普列汉诺夫所说的左,是指革命派,是指革命的进步力量。后来,列宁使用"左"、右倾的字眼来表述党内的两种错误思潮,较早的论著主要有 1918 年的《就"左派共产主义者"集团关于支持托洛茨基的修正的声明所作的发言(3 月 8 日)》《评"左派共产主义者"的行为(3 月 8 日和 16 日之间)》《论"左派"幼稚性和小资产阶级性(5 月 5 日)》等,这时就出现了打引号的左,也就是后来被广泛使用的"左"倾错误、"左"倾路线、"左"倾机会主义,等等。党内指导思想上的"左"和群众中"左"倾情绪结合,就形成了一股"左"倾思潮。[①]

其实,"左"倾和右倾,是一个事物的两个极端,都是错误的社会思潮。这一点,1920 年 4—5 月,列宁在《幼稚病》一书中系统总结布尔什维克党内斗争的丰富经验,科学揭示了无产阶级政党的发展规律。他明确指出,布尔什维主义是在工人内部两条战线斗争中成长、壮大和得到锻炼的。"首先是而且主要是在反对机会主义的斗争中。机会主义在 1914 年彻底变成社会沙文主义,彻底倒向资产阶级方面反对无产阶级。这自然是布尔什维主义在工人运动内部的主要敌人。现在这个敌人在国际范围内仍然是主要敌人。对于这个敌人,布尔什维主义过去和现在都给予极大的注意。布尔什维克在这方面的活动,现在就是国外也知道得很清楚。"[②] 因此,相对而言,右倾机会主义的危害大家当时已经比较清楚。

相反,"左"倾机会主义则往往用革命词句掩饰和伪装自己,蛊惑

[①] 周作翰:《求真思录》,长沙:湖南教育出版社 2002 年版,第 188—189 页。
[②] 《列宁全集》第 39 卷,北京:人民出版社 1986 年版,第 11—12 页。

人心，混淆视听，更具欺骗性，所以需要在这方面展开更为全面而严峻的斗争，才能真正弄清思想，澄清认识，进而端正革命态度。列宁说："关于布尔什维主义在工人运动内部的另一个敌人，就不能这样说了。国外还极少知道布尔什维主义是在同小资产阶级革命性作长期斗争中成长、成熟和得到锻炼的。这种革命性有些象无政府主义，或者说，有些地方照搬无政府主义；它在任何重大问题上，都背离无产阶级进行坚韧的阶级斗争的条件和要求。"他认为："小私有者，即小业主（这一社会类型的人在欧洲许多国家中都十分普遍地大量存在着），在资本主义制度下一直受到压迫，生活往往异常急剧地恶化，以致遭到破产，所以容易转向极端的革命性，却不能表现出坚韧性、组织性、纪律性和坚定性。被资本主义摧残得'发狂'的小资产者，和无政府主义一样，是一切资本主义国家所固有的一种社会现象。这种革命性动摇不定，华而不实，而且很容易转为俯首听命、消沉颓废、耽于幻想，甚至转为'疯狂地'醉心于这种或那种资产阶级的'时髦'思潮——这一切都是人所共知的。可是革命政党光在理论上抽象地承认这些真理，还丝毫不能避免重新犯旧错误，这种错误总是会由于意想不到的原因，以稍微不同一点的形式，以前所未见的打扮或装饰，在独特的（多少独特一点的）环境里重新表现出来。"①

基于此，列宁全面揭示了"'左派'幼稚病"的基本特点、产生的阶级根源和思想根源。他指出，这种共产主义运动中所产生的"左"倾机会主义思潮，无论在政治上、思想上，还是在组织上和策略行动上，都有"左"的错误出现。

从具体表现来看，第一，在政治上搞盲动主义，错误地认为可以不要群众，单凭先锋队的力量，单凭革命的狂热就能超越客观历史阶段，夺取政权。他说："现代（20世纪的）帝国主义造成了某些先进国家的垄断特权地位，正是在这个基础上，第二国际中纷纷出现了背叛领袖、机会主义者、社会沙文主义者这样一种人，他们只顾自己这个行会的利

---

① 《列宁全集》第39卷，北京：人民出版社1986年版，第12页。

益，只顾自己这个工人贵族阶层的利益。于是机会主义的政党就脱离了'群众'，即脱离了最广大的劳动阶层，脱离了大多数劳动者，脱离了工资最低的工人。不同这种祸害作斗争，不揭露这些机会主义的、背叛社会主义的领袖，使他们大丢其丑，并且把他们驱逐出去，革命无产阶级就不能取得胜利；第三国际所实行的正是这样的对策。"① 因而，"如果坚持错误，深入一步地来为错误辩护，把错误'坚持到底'，那就往往真要把小错铸成骇人听闻的大错了"②。

第二，思想上，要么表现为主观唯心主义，把主观设想当作客观现实，错误地估计敌我力量和阶级关系，要么表现为形而上学，追求绝对化。列宁说："就**世界历史**来说，议会制'在历史上已经过时了'，这就是说，资产阶级议会制**时代已经告终**，无产阶级专政**时代已经开始**。这是毫无疑义的。但是世界历史的尺度是以数十年为单位来衡量的。早10—20年或迟10—20年，这用世界历史的尺度来衡量，是算不得什么的，这从世界历史的角度来看，是微不足道的，甚至是无法大致估计在内的。正因为如此，拿世界历史的尺度来衡量实际政策问题，便是绝对不能容忍的理论错误。"③ 他指出："在西欧和美国，议会已经成为工人阶级中先进革命分子深恶痛绝的东西。这是不容争辩的。这是完全可以理解的，因为很难想象还有什么比大多数社会党议员和社会民主党议员战时和战后在议会中的所作所为更卑鄙无耻，更具有叛卖性了。但是，如果在解决应当怎样去同这一公认的祸害作斗争的问题时，竟任凭这种情绪来支配，那就不仅不明智，而且简直是犯罪了。"④ 列宁认为："俄国过于长久的惨痛的血的经验，使我们确信这样一个真理：决不能只根据革命情绪来制定革命策略。制定策略，必须清醒而极为客观地估计到本国的（和邻国的以及一切国家的，即世界范围内的）**一切**阶级力量，并且要估计到历次革命运动的经验。仅仅靠咒骂议会机会主义，仅仅靠

---

① 《列宁全集》第39卷，北京：人民出版社1986年版，第22—23页。
② 同上书，第23页。
③ 同上书，第36页。
④ 同上书，第43页。

否认参加议会的必要,来显示自己的'革命性',这是非常容易的,但是正因为太容易了,所以不是完成困难的、极其困难的任务的办法。"①

第三,组织上表现为无政府主义,无组织无纪律,或者搞宗派主义,严重脱离群众。列宁认为,"一个政党对自己的错误所抱的态度,是衡量这个党是否郑重,是否**真正**履行它对本**阶级**和劳动**群众**所负义务的一个最重要最可靠的尺度。公开承认错误,揭露犯错误的原因,分析产生错误的环境,仔细讨论改正错误的方法——这才是一个郑重的党的标志,这才是党履行自己的义务,这才是教育和训练**阶级**,进而又教育和训练**群众**。德国的(以及荷兰的)'左派'没有履行自己的这一义务,没有极仔细地认真地严肃地研究自己明显的错误,这恰恰证明他们不是**阶级的党**,而是一个小组,不是**群众的党**,而是知识分子和沾染了知识分子恶习的少数工人的一个小团体。"②列宁强调:"俄国无产阶级专政取得胜利的经验向那些不善于思索或不曾思索过这一问题的人清楚地表明,无产阶级实现无条件的集中和极严格的纪律,是战胜资产阶级的基本条件之一。"③"否定政党和党的纪律,——这就是反对派得到的结果。而这就等于完全解除无产阶级的武装而有利于资产阶级。"④

第四,在策略上只知道高唱革命口号和照抄照搬经典作家的个别论述,不善于把共产主义基本原则与各国具体特点相结合,不善于把原则的坚定性和策略的灵活性相结合,不善于把合法斗争与非法斗争、公开斗争与秘密斗争有机结合,等等。列宁指出:"马克思和恩格斯说过,我们的理论不是教条,而是**行动的指南**……我们无论如何要使西欧和美国的左派共产党人和忠于工人阶级的革命家,**不至于像落后的俄国人那样**,为领会这个真理付出如此昂贵的代价。"⑤他认为,自己撰写"本文的目的就是要把布尔什维克主义历史上和当今策略上普遍适用的、具

---

① 《列宁全集》第 39 卷,北京:人民出版社 1986 年版,第 43 页。
② 同上书,第 37 页。
③ 同上书,第 4 页。
④ 同上书,第 23—24 页。
⑤ 同上书,第 50—51 页。

有普遍意义和必须普遍遵循的原则应用到西欧去"①。"在许多国家里，包括最先进的国家在内，资产阶级无疑正在派遣而且今后还会派遣奸细到共产党里来。对付这种危险，办法之一就是把不合法的工作同合法的工作巧妙地结合起来。"②"德国左派不会不知道在布尔什维主义全部历史中，无论在十月革命前或十月革命后，都**充满着**对其他政党包括对资产阶级政党实现机动、通融、妥协的事实！"③列宁明确提出："为了推翻国际资产阶级而进行的战争，比国家之间通常进行的最顽强的战争还要困难百倍，费时百倍，复杂百倍；进行这样的战争而事先拒绝采用机动办法，拒绝利用敌人之间利益上的矛盾（哪怕是暂时的矛盾），拒绝同各种可能的同盟者（哪怕是暂时的、不稳定的、动摇的、有条件的同盟者）通融和妥协，这岂不是可笑到了极点吗？这岂不是正像我们千辛万苦攀登一座未经勘察、人迹未到的高山，却预先拒绝有时要迂回前进，有时要向后折转，放弃已经选定的方向而试探着从不同的方向走吗？"④他明确要求："共产党人应当知道，未来终究是属于他们的，因此我们可以（而且应当）把进行伟大革命斗争的最大的热情同对资产阶级的疯狂挣扎的最冷静最清醒的估计结合起来。"⑤"一切国家的一切共产党人要普遍而彻底地认识到必须使自己的策略具有最大的灵活性。特别是先进国家中蓬勃发展着的共产主义运动，目前缺少的就是这种认识，就是在实践中运用这种认识的本领。"⑥

四、坚持正确的无产阶级革命战略和策略

列宁认为，"在目前历史时期，情况正是这样：俄国这一模范向所有国家展示了它们在不久的将来必然会发生某些事情，而且是极重大的

---

① 《列宁全集》第39卷，北京：人民出版社1986年版，第27页。
② 同上书，第26页。
③ 同上书，第49页。
④ 同上书，第49—50页。
⑤ 同上书，第80页。
⑥ 同上书，第81页。

事情。各国先进工人早就懂得了这一点，而在更多的情况下，与其说是懂得了这一点，不如说是他们凭着革命阶级的本能而领悟到了这一点，感觉到了这一点。因此苏维埃政权以及布尔什维主义的理论原理和策略原理具有国际的'意义'（按狭义来说）。"① 列宁在坚持正确的无产阶级革命战略和策略时，根据当时俄国和其他国家革命斗争的经验，重点从四个方面批判了共产主义运动中的"左派"幼稚病在战略和策略方面的错误，并提请各国共产党人在实际斗争中予以注意。

第一，无产阶级革命家应当不应当在反动工会里做工作的问题。列宁科学地认为，"左派"共产党人借口工会的"反动性"而拒绝在反动工会里工作的错误主张，实质上是放弃改造反动工会的工作，不去争取教育那里的工人群众，把工会这个阵地让给资产阶级。列宁指出："党直接依靠工会来进行自己的工作。"② "我们认为通过工会来联系'群众'还是不够的。在我们的革命进程中，实践创造了一种机构，这就是非党工农代表会议，我们正在全力支持、发展和推广这种机构，以便考察群众的情绪，接近群众，答复群众的要求，从群众当中提拔优秀的人才来担任公职等等。"③ "资本主义必然遗留给社会主义的，一方面是工人中间旧有的、长期形成的工种和行当的差异；另一方面是各工种的工会，它们只有十分缓慢地、经过许多年才能发展成为而且一定会发展成为规模较广而行会气味较少的产业工会（包括整个生产部门，而不仅是包括同行、同工种、同行当），然后经过这种产业工会，进而消灭人与人之间的分工，教育、训练和培养出**全面发展的**和受到**全面**训练的人，即**会做一切工作的人**。"④ 列宁认为，作为无产阶级政党，必须善于争取群众，团结群众大多数为共产主义事业而奋斗。因此，在共产主义运动中共产党人不仅不应该回避到反动工会里去工作，而且应该以积极主动的态度去工作，这并不是要同这些工会里的机会主义头子和工人贵族

---

① 《列宁全集》第 39 卷，北京：人民出版社 1986 年版，第 2 页。
② 同上书，第 27 页。
③ 同上书，第 28 页。
④ 同上书，第 29 页。

同流合污，而是为了揭露他们，并把工人群众争取和吸引到自己方面来。列宁说："我们同'工人贵族'作斗争，是代表工人群众进行的，是为了把工人群众争取过来；我们同机会主义和社会沙文主义的领袖们作斗争，是为了把工人阶级争取过来。如果忘记这个最浅显最明白的道理，那是愚蠢的。"① "这是因为共产党人的全部任务，就是要善于说服落后分子，善于**在**他们**中间**进行工作，而不是臆想出一些幼稚的'左的'口号，**把自己**同他们**隔离开来**。"②

第二，参不参加资产阶级的议会的问题。列宁针对共产主义运动中的"左派"共产党人借口议会制度"在历史上和政治上已经过时"③ 而反对参加资产阶级议会，并通过认真回顾1908年在是否参加国家杜马问题上反对"召回派"的斗争，深刻阐述了无产阶级政党的一个重要策略原则，即无产阶级要善于把各种不同的斗争形式有机地结合起来，在一定的国际国内背景和斗争条件下，为了进行合法斗争，共产党对议会也应该加以利用。列宁说："正因为西欧工人中的落后群众，尤其是小农中的落后群众，受资产阶级民主偏见和议会制偏见的熏染比俄国的要厉害得多，所以共产党人只有从资产阶级议会这种机构内部，才能（并且应该）进行长期的、顽强的、百折不挠的斗争，来揭露、消除和克服这些偏见。"④ 显然，这里列宁是主张要参加资产阶级的议会斗争，其目的是利用议会讲坛来揭露和批判资产阶级，教育人民群众，积蓄革命力量。而对于在什么条件下参加议会，列宁认为这要看力量对比和革命处于高潮或低潮，并不是在任何时候和任何条件下都要参加。他说："批评，而且是最尖锐、最无情和最不调和的批评，不应该是针对议会斗争或议会活动，而应该是针对那些不善于尤其是不愿意以革命精神、以共产主义精神来利用议会选举和议会讲坛的领袖。只有这种批评（当然同时也要驱逐不称职的领袖，而代之以称职的领袖）才是既有益处又

---

① 《列宁全集》第39卷，北京：人民出版社1986年版，第32页。
② 同上书，第34页。
③ 同上书，第36页。
④ 同上书，第44页。

有实效的革命工作,才能一方面教育'领袖',使他们无愧于工人阶级和劳动群众,另一方面又教育群众,使他们学会正确地分析政治形势,了解在这种政治形势下产生出来的往往是非常错综复杂的任务。"①

第三,关于"不作任何妥协"的问题。针对"左派"何等坚决地提出"不作任何妥协"②的错误口号,列宁论述了两种不同性质的妥协以及马克思主义者对待不同性质的妥协所应采取的正确态度。认为:"这些无疑是以马克思主义者自居并且愿意做马克思主义者的人,竟忘记了马克思主义的基本原理,这实在使人感到可悲。"③列宁引述恩格斯批判布朗基主义者的话来批判德国"左派",指出马克思主义者从不拒绝有利于革命的必要妥协,即有原则的妥协。他举例说:"在欧洲任何一个大国,其中包括德国,推翻资产阶级将是国际革命的一大胜利,为了这种胜利,如果有必要,可以而且应当容忍**凡尔赛和约存在一个较长的时期**。既然俄国一国为了革命的利益能够忍受几个月布列斯特和约,那么苏维埃德国在同苏维埃俄国结成联盟的情况下,为了革命的利益在更长一段时间里忍受凡尔赛和约决不是不可能的。"④ 为此,列宁区分了两种不同性质和类型的妥协,即革命者的妥协和叛徒的妥协。他说:"每个无产者由于处在群众斗争和阶级对立急剧尖锐化的环境里,都看到了下列两种妥协之间的差别:一种是为客观条件所迫(罢工者的基金告竭,没有外界援助,陷于极端饥饿和苦难的境地)而作的妥协,这种妥协丝毫不会削弱实行这种妥协的工人对革命的忠诚和继续斗争的决心;另一种是叛徒的妥协,他们贪图私利(工贼也实行'妥协'!),怯懦畏缩,甘愿向资本家讨好,屈从于资本家的威胁、利诱、劝说、捧场(这种叛徒的妥协,在英国工人运动史上,英国工联领袖作得特别多,然而所有国家的几乎所有的工人都见到过这种或那种形式的类似现

---

① 《列宁全集》第 39 卷,北京:人民出版社 1986 年版,第 45 页。
② 同上书,第 46 页。
③ 同上。
④ 同上书,第 56 页。

象),却把原因推给客观。"① 显然,这两种妥协之间,列宁认为前者是为客观条件所迫而不得不作的暂时性妥协,它换来的是工人阶级的生存和发展,以便积蓄力量,对敌人进行更有力的斗争,所以这一妥协是允许的;后者则是叛卖性妥协,妥协者以客观条件为借口,为了贪图私利而不惜葬送无产阶级的根本利益,因而是必须坚决反对的,否则,"这些妥协合在一起就是危害革命无产阶级及其事业的机会主义"②。

第四,关于英国"左派"共产主义者存在的问题。针对"英国现在还没有共产党,但是工人中间出现了一种崭新的、广泛的、强大的、迅速增长的、令人感到极有希望的共产主义运动;有几个政党和政治组织('英国社会党'、'社会主义工人党'、'南威尔士社会主义协会'、'工人社会主义联盟')希望成立共产党,并且正在就这个问题进行谈判"③的英国"左派"共产主义者问题,列宁着重谈了要善于把握无产阶级革命情绪、造就无产阶级政治家、准确诊断革命发生的条件以及英国共产主义者在是否要加入工党问题上的注意点。列宁指出,英国年轻的共产主义者,或刚刚开始接受共产主义的做群众工作的工人的革命情绪,"这种情绪是极其可喜的、极其可贵的;应当善于珍视和支持这种情绪,因为没有这种情绪,英国以及任何其他国家的无产阶级革命的胜利是没有希望的。对于善于表达群众的这种情绪、善于激发群众的这种(往往是朦胧的、不自觉的、下意识的)情绪的人,应该爱护,应该关切地给以种种帮助。但同时应该直言不讳地告诉他们:在伟大的革命斗争中,单凭情绪来领导群众是不够的;即使是对革命事业无限忠诚的人所要犯的或正在犯的这样那样的错误,也会给革命事业带来危害"④。这是因为:"政治是一门科学,是一种艺术,它不是从天上掉下来的,不费力是掌握不了的"⑤;所以,"无产阶级想要战胜资产阶级,就必须

---

① 《列宁全集》第39卷,人民出版社1986年版,第47—48页。
② 同上书,第49页。
③ 同上书,第57页。
④ 同上书,第59页。
⑤ 同上。

造就出自己的、无产阶级的'阶级的政治家',而这些政治家同资产阶级的政治家比起来应该毫不逊色"①。谈到准确诊断革命发生的条件,列宁认为主要是两点,缺少一点都是不行的。他说:"一切革命,尤其是20世纪俄国三次革命所证实了一条革命基本规律就是:要举行革命,单是被剥削被压迫群众认识到不能照旧生活下去而要求变革,还是不够的;要举行革命,还必须要剥削者也不能照旧生活和统治下去。只有**'下层'不愿**照旧生活而'上层'也**不能照旧**维持下去的时候,革命才能获得胜利。"② 列宁认为,在当时的英国"这两个可以使无产阶级革命成功的条件显然正在成熟"③,而英国"左派共产主义者的错误目前之所以特别危险,正是因为有些革命者对这两个条件都抱着一种不够认真、不够重视、不够自觉、不够慎重的态度"④。至于涉及英国共产主义者是否要加入工党的问题,列宁认为也主要应注意两点:一是要防止"共产党的使命是勇往直前,中途不停顿,不转变,径直走向共产主义革命"⑤ 的"左派"幼稚病而否定任何妥协和任何中间站的错误。二是明确提出:"共产主义者的任务,象在任何时候一样,也是要善于针对各阶级和各政党相互关系的特点,针对共产主义客观发展的特点来运用共产主义普遍的和基本的原则;要看到这种特点每个国家各不相同,应该善于弄清、找到和揣摩出这种特点。"⑥ 实际上,列宁在这里通过英国这一个案已明显提出了把马克思主义基本原理与各国革命具体实际相结合的思想,从而"善于弄清、找到和揣摩出这种特点"并探寻出符合自己国情的各具特色的革命和建设道路出来。

---

① 《列宁全集》第39卷,北京:人民出版社1986年版,第59页。
② 同上书,第64页。
③ 同上。
④ 同上。
⑤ 同上书,第68页。
⑥ 同上书,第69页。

五、加强无产阶级政党的集中统一领导并制定和保持铁的纪律是布尔什维克成功的基本的条件之一

这一点,列宁指出:"大概,现在差不多每个人都能看出,如果我们党没有极严格的真正的铁的纪律,如果我们党没有得到整个工人阶级全心全意的拥护,就是说,没有得到工人阶级中所有一切善于思考、正直、有自我牺牲精神、有威信并且能带领或吸引落后阶层的人的全心全意的拥护,那么布尔什维克别说把政权保持两年半,就是两个半月也保持不住。"① 因而,针对一些年轻的共产党人缺乏革命斗争的坚韧性,不了解无产阶级政党的领导和纪律的重要性,从而走向无政府主义的错误,列宁深刻阐明了无产阶级政党坚持严格纪律的重要意义,强调这是新型的无产阶级政党区别于第二国际机会主义政党的重要标志之一,也是布尔什维克成功的基本条件之一。

一方面,列宁强调加强党的集中统一领导和铁的纪律是极端重要的。在《幼稚病》中,列宁根据俄国布尔什维克党十几年的斗争经验,指出制定党的铁的纪律是无产阶级革命所必需的。十月革命后布尔什维克党领导无产阶级战胜了资产阶级,其重要原因在于党有真正铁的纪律和得到了工人阶级全心全意的拥护。否则,在白色恐怖和专制统治下就是一盘散沙,没有战斗性和组织性。"只有布尔什维主义存在的整个时期的历史,才能令人满意地说明,为什么它能够建立为无产阶级胜利所必需的铁的纪律并能在最困难的条件下坚持住这种纪律。"② 革命胜利后,要巩固无产阶级专政也必须加强无产阶级政党的领导,才能抵制小资产阶级自发势力的恶劣影响,才能使无产阶级正确地、有效地发挥自己的组织作用。"无产阶级专政是对旧社会的势力和传统进行的顽强斗争,流血的和不流血的,暴力的和和平的,军事的和经济的,教育的和行政的斗争。千百万人的习惯势力是最可怕的势力。没有铁一般的在斗争中锻炼出来的党,没有为本阶级一切正直的人们所信赖的党,没有善

---

① 《列宁全集》第39卷,北京:人民出版社1986年版,第2—3页。
② 同上书,第4—5页。

于考察群众情绪和影响群众情绪的党,要顺利地进行这种斗争是不可能的。"① 列宁在《幼稚病》中有时提"无条件的集中和极严格的纪律"②,有时提"极严格的集中和铁的纪律"③,意思都是强调无产阶级政党的集中统一领导和党的纪律的极端重要性。列宁所讲的集中制是在民主基础上的集中制,即民主集中制。铁的纪律是严格而又自觉的纪律,是靠无产阶级先锋队自觉遵守基础上"极严格的集中和极严格的纪律"④,而不是一味的靠强迫命令。

另一方面,列宁认真分析了无产阶级政党制定和保持铁的纪律的条件。"无产阶级革命政党的纪律是靠什么来维持的?是靠什么来检验的?是靠什么来加强的?"⑤ 列宁经过认真分析,明确提出:"第一,是靠无产阶级先锋队的觉悟和它对革命的忠诚,是靠它的坚忍不拔、自我牺牲和英雄气概。"⑥ 党的铁的纪律不排斥党员自觉自愿的服从,包括思想上的服从和组织上的服从,但这种服从不是机械的盲目的服从。服从党的领导、遵守党的纪律对所有党员都是一样的,在党的纪律面前所有党员一律平等,不允许有任何"特殊党员"的存在,只有如此,才能使党的纪律成为铁的纪律。"第二,是靠它善于同最广大的劳动群众,首先是同无产阶级劳动群众,**但同样也同非无产阶级**劳动群众联系、接近,甚至可以说在某种程度上同他们打成一片。"⑦ 党的纪律是建立在党同群众密切联系的基础上的。离开群众,党不能存在,党的纪律更不能维持。无产阶级政党是代表群众的,是为广大人民群众谋利益的政党,它除了广大群众的根本的、长远的利益外,没有自己的特殊利益,这样的党必然得到广大人民群众的衷心爱戴和拥护。这也要求党员深入

---

① 《列宁专题文集(论无产阶级政党)》,北京:人民出版社 2009 年版,第 252 页。
② 《马列主义经典著作选编(党员干部读本)》,北京:党建读物出版社 2011 年版,第 216 页。
③ 同上书,第 217 页。
④ 《列宁全集》第 39 卷,北京:人民出版社 1986 年版,第 24 页。
⑤ 同上书,第 5 页。
⑥ 同上。
⑦ 同上。

到广大群众中去，同他们打成一片，形成鱼水深情。只有这样，维护和加强无产阶级政党的纪律才有可靠的群众基础。"第三，是靠这个先锋队所实行的政治领导正确，靠它的政治战略和策略，而最广大的群众根据**切身经验**也确信其正确。"① 有了正确的政治路线，才能制定和实行严格的纪律。列宁强调指出："没有这些条件，建立纪律的企图，就必然会成为空谈，成为漂亮话，成为装模作样。"② 然而，维护和加强无产阶级政党的纪律的这些条件，并不是一下子产生的，它是在长期的革命斗争实践中，"同真正群众性的和真正革命的运动的实践密切地联系起来"③，由革命理论和革命实践相结合而逐渐形成的。这样，列宁在这里不仅论述了执行党的铁的纪律的必要性，而且也阐明了实现党的纪律的可能性和加强纪律的诸条件，把是否实行党的纪律提到布尔什维克党是成功还是失败的战略高度来加以强调和重视。

---

① 《列宁全集》第 39 卷，北京：人民出版社 1986 年版，第 5 页。
② 《马列主义经典著作选编（党员干部读本）》，北京：党建读物出版社 2011 年版，第 216 页。
③ 《列宁全集》第 39 卷，北京：人民出版社 1986 年版，第 5 页。

第六章 《幼稚病》的当代意义

列宁《共产主义运动中的"左派"幼稚病》一书自出版起,其内容就有强大的国际国内现实指向性和针对性,对我们国家的民主革命和社会主义建设,都具有重要的现实指导意义。例如,1985年3月邓小平在会见日本工商会议所访华团时,提出:"现在世界上真正大的问题,带全球性的战略问题,一个是和平问题,一个是经济问题或者说发展问题。和平问题是东西问题,发展问题是南北问题。概括起来,就是东西南北四个字。"① 现在看来,邓小平的这个判断依然是准确的,体现了当今时代的精神意蕴。我们认为,从马克思主义理论、中国马克思主义政党建设的视角来解读《幼稚病》的当代意义,仍然具有重大的理论和实践价值。这里,主要基于《幼稚病》的当代意义,试就笔者的学习体会和几种评"左"、批"左"观点的述评,做一简要的探究。

一、笔者的分析

我们认为,解读《幼稚病》的当代意义,可以从不同视角和层面来展开。这里就笔者的学习体会,主要从《幼稚病》中"左派"幼稚病产生原因及其对加强党的建设的方法论意义、《幼稚病》中的统战观及其当代意蕴和列宁理论批判精神的当代启迪等角度来进行分析。

---

① 《邓小平文选》第3卷,北京:人民出版社1993年版,第105页。

（一）关于《幼稚病》中幼稚病产生原因及其对加强党的建设的方法论意义

1. 关于《幼稚病》中"左派"幼稚病产生的原因分析

列宁认为，共产主义运动中"左派"幼稚病的产生，原因很多。概括地说，主要有四点：

第一，经济原因。"左派"幼稚病产生的经济基础往往是某些国家以至世界范围内经济和社会发展的不平衡性，即存在相当数量的小资产阶级或小商品生产。列宁认为："马克思主义者在理论上完全认定，并且欧洲历次革命和革命运动的经验也充分证实：小私有者，即小业主（这一社会类型的人在欧洲许多国家中都十分普遍地大量存在着），在资本主义制度下一直受到压迫，生活往往异常急剧地恶化，以至遭到破产，所以容易转向极端的革命性，却不能表现出坚韧性、组织性、纪律性和坚定性。"[①] "这种革命性动摇不定，华而不实，而且很容易转为俯首听命、消沉颓丧、耽于幻想，甚至转为'疯狂地'醉心于这种或那种资产阶级的'时髦'思潮。"[②] "左派"所表现出来的革命性，并不是无产阶级的革命性，而是小资产阶级的革命性，当时这种"左"的思潮已经不是个别国家的现象，而是具有一定的普遍性，为了能够在这种病端开始之际及时地给予医治，列宁揭示出了"左派"共产主义这一思潮产生的历史和现实经济根源。

第二，主观原因。从主观意愿或想象出发，忽视无产阶级革命必需的主观和客观条件，不善于克服困难、企图依靠革命的激情或情绪来摆脱困难，这就容易导致"左派"的冒险主义。"左派"共产主义的产生与当时的社会政治发展转折点紧紧联系着，在这样的一个历史时期出现的病变是政治的独特转变。国际共产主义运动中的"左派"往往任凭革命的愿望、想象和激情，似乎只要有一批革命者想干、愿干，革命在任何时候都可以开始并且很快会取得胜利。列宁依据俄国和国际革命运

---

① 《列宁选集》第4卷，北京：人民出版社1995年版，第142—143页。
② 同上书，第143页。

动的经验,在《共产主义运动中的"左派"幼稚病》一书中批驳了这种主张,他深刻地指出:无产阶级"政治是一种科学,是一种艺术"①,"一切革命,尤其是二十世纪俄国三次革命所证实了的一条革命基本规律就是:要举行革命,单是被剥削被压迫群众认识不能照旧生活下去而要求变革,还是不够的;要举行革命,还必须要剥削者也不能照旧生活和统治下去。只有当'下层'不愿照旧生活而'上层'也**不能照旧生活和统治下去的时候,革命才能获得胜利。**""没有全国性的(既触动被剥削者又触动剥削者的)危机,进行革命是不可能的。"②。无产阶级革命的客观条件是社会基本矛盾及阶级斗争发展到尖锐化时所具备的客观条件的总和,主观条件是革命阶级和革命群众的觉悟空前提高、认识到革命的必要性,革命阶级的组织程度大大提高,革命阶级已经有了自己的领袖,能够制定和实行正确的革命路线、方针、战略和策略,而且革命党人都意识到任何时候都不能脱离人民,组织和唤醒民众是革命成功的首要条件。列宁这一论述,为共产党人在自己的战略中正确估计无产阶级革命的主、客观条件是否成熟,提供了思路、指明了方向。

第三,策略原因。在第一次世界大战前夕和大战期间,右倾机会主义分子搞叛卖性的妥协和议会道路,部分工人对这种改良主义的愤怒不满,极容易情绪化地导致另一个极端,产生策略上的片面性和"左倾"错误,"左派"共产主义因此所表现出来的特性是对西欧工人运动中"左倾"机会主义的一种反动。列宁写道:"无政府主义往往是对工人运动中机会主义罪过的一种惩罚。这两种畸形东西是互相补充的。"③这就要求科学地进行反倾向斗争,在注意一种主要的错误倾向时,要注意掩盖着的另一种倾向,防止"左"、右摇摆。出于这种考虑,列宁在《共产主义运动中的"左派"幼稚病》一书中,并不仅仅是限于批评"左派"共产主义者,同时还揭露了右倾机会主义和中派主义在书中所涉及的一系列重要问题上的错误立场与主张,指出:"'他们成了反动

---

① 《列宁选集》第4卷,北京:人民出版社1995年版,第189页。
② 同上书,第193页。
③ 同上书,第143页。

分子,成了最坏的机会主义和背叛社会主义的行为的辩护人'。"①就是此意。

第四,理论原因。列宁强调无产阶级政党的政治战略和策略应当建立在科学研究基础之上,即建立在发展着的马克思主义基础之上,然而"左派"对此不理解,在理论上离开了马克思主义,导致了病变的发生。而且,由于理论上不成熟导致行动上不坚定,小资产阶级的动摇性总是发生在无产阶级周围,总是在一定程度上渗入无产阶级的队伍。这些人缺乏革命锻炼、不能理解社会主义理论发展的辩证性质,他们教条的掌握马克思主义、不善于运用变化了的具体情况,他们害怕困难、缺乏革命的坚韧性。列宁在《共产主义运动中的"左派"幼稚病》一书中,对"左派"进行了深刻的理论分析和研究,并非常注意上升到马克思主义理论的高度,阐述了辩证唯物主义和历史唯物主义的许多基本原理。

2. 关于《幼稚病》中加强党的建设及其方法论意义

《幼稚病》作为列宁的一本极为重要的马克思主义经典著作,中译本最早出版于1926年。中国共产党对该著非常重视,毛泽东曾经多次号召全党干部注意研究此书,召开党的第七次代表大会时,曾把此书列为干部必读的五种书目之一(后来又把它列为十二种干部必读书目之一)。作为一部关于无产阶级政党战略策略的科学社会主义与国际共产主义运动之重要文献,列宁在书中总结了俄国和国际共产主义运动的经验教训,批判了当时国际共产主义运动中的"左"倾思潮,并结合具体实际阐述了无产阶级及其政党在革命运动中应当采取的正确策略,为国际共产主义运动的健康有序发展指明了方向。其中关于加强无产阶级政党建设的思想,是一个十分醒目的问题,在这里对其主要内容和方法论意义予以厘析。

(1)问题的提出。1920年的四五月间,正是无产阶级的苏维埃政权诞生两年半之时。由于十月社会主义革命的胜利以及年轻的苏维埃共

---

① 《列宁选集》第4卷,北京:人民出版社1995年版,第133页。

和国在反对外国武装干涉和国内白卫反革命势力的斗争中所取得的胜利,对于西方世界资本主义国家的无产阶级革命运动和殖民地附属国的民族解放运动所产生的巨大影响,个别国家甚至出现革命形势的高涨。与此同时,东方被压迫民族的民族解放斗争和无产阶级运动的迅猛发展,中国、印度、朝鲜、土耳其、阿富汗等都发生轰轰烈烈、影响巨大的民族解放运动,标志着中国民主革命新阶段的五四运动也是在这一世界浪潮出现时发生的。事实上,资本主义世界的无产阶级革命运动和殖民地半殖民地民族解放运动的日益兴起,迫切提出了为进一步发展革命而建立共产主义政党和争取群众、建立无产阶级革命政治大军所面临的两大现实任务。当然,这两大任务,第二项任务比第一项任务要复杂和困难得多,而且在解决面临的两大现实任务过程中,国际共产主义运动史上普遍出现了两种阻力和危险。一种阻力是右倾机会主义,它妨碍第一大任务即把先进分子争取到共产主义方面来、建立新型的无产阶级政党任务的解决,这是当时共产主义运动中最主要的危险。列宁说:"第二国际的'革命'领袖们,如德国的考茨基、奥地利的奥托·鲍威尔和弗里德里希·阿德勒之流不懂得这一点,因此他们成了反动分子,成了最坏的机会主义和背叛社会主义的行为的辩护人。……更确切些说,表明了他们的困惑、迂腐、卑鄙和对工人阶级利益的背叛,已经达到了无以复加的程度,而这一切又都是用'捍卫''世界革命'的思想作幌子的。"[1] 另一种阻力是来自"左"倾机会主义,它妨碍把人民群众也争取到共产主义方面来的任务的完成。这种"左"倾机会主义,往往是在无产阶级革命高涨的形势下一种小资产阶级革命狂热性的反映,带有提出退出反动的职工会、抵制资产阶级议会,甚至拒绝一切妥协等幼稚可笑、有害于事的行为取向,从而把自己蜕变成脱离群众的宗派主义、冒险主义的小团体。当时,列宁所以把共产主义"左派"所犯的错误称之为"左派"幼稚病,因为这种病症往往是在各国共产党成立初期即在幼年时期由于缺乏经验而产生的。列宁指出:"目前共产主义

---

[1] 《列宁全集》第39卷,北京:人民出版社1986年版,第2页。

运动中左倾学理主义错误同右倾学理主义（即社会主义沙文主义和考茨基主义）错误比较起来，其危害性和严重性不及后者的千分之一，然而这只不过是由于左倾共产主义是一种刚刚产生的还很年轻的思潮。只是因为这个缘故，这种病症在一定条件下容易治好，但是必须用最大的努力去医治。"①

这就提出了一个问题，既然当时国际共产主义运动的主要危险是右倾，那么为什么列宁要把此文的注意力放在反"左"倾的斗争上呢？其理由在于：第一，年轻的各国共产党不了解布尔什维克党反对"左"倾斗争的经验。布尔什维克党反对第二国际和俄国孟什维克右倾机会主义的斗争在国外尽人皆知，但同"左"倾革命狂热的斗争，在国外还很不熟悉。为防止"'左派'以自己的动摇帮助帝国主义者诱使俄罗斯苏维埃共和国去投入对自己显然不利的战斗，帮助帝国主义者把我们拖下陷阱"②，列宁认为有必要把反对"左"倾斗争的经验介绍给各国兄弟党。第二，为了战胜国际共产主义运动内部的主要危险——右倾，必须同时进行反对次要危险——"左"倾的斗争，从而真正做到有右反右、有"左"反"左"，在反"左"的时候要注意防右，在反右的时候要注意防"左"，防止以一种倾向掩盖着另一种倾向。因而，反"左"很可能会加深右倾危险。于是，要真正彻底地战胜右倾，首先应医治好"左"倾。第三，"左派"幼稚病是当时各国共产党争取群众、建立政治大军道路上的主要障碍。基于此，列宁认为医治共产主义运动中"左派"幼稚病的最好办法，就是把布尔什维克党的战略与策略的基本经验介绍给年轻的各国共产党，以克服形形色色、各种各样的共产主义运动中的"左派"幼稚病。这就是列宁撰作此文的目的，而且他在该文手稿上有副标题："马克思主义战略和策略通俗讲话的尝试"。也显示了这一点。列宁指出："本文的目的就是要把布尔什维克主义历史上和当今策略上普遍适用的、具有普遍意义和必须普遍遵循的原则应用到西欧

---

① 《列宁选集》第39卷，北京：人民出版社1986年版，第82页。
② 《列宁全集》第34卷，北京：人民出版社1985年版，第286页。

去。"① 该文由正文十章和增补五节组成，其中正文部分的第二、四、八章就是探究关于加强无产阶级政党建设问题的。

（2）主要内容。列宁一贯重视加强无产阶级的政党建设。他指出："马克思主义教导说——这一教导不仅已经由整个共产国际在共产国际第二次代表大会（1920年）关于无产阶级政党的作用的决议中正式加以肯定，而且也已经为我国革命的实践所证实——只有工人阶级的政党，即共产党，才能团结、教育和组织无产阶级和全体劳动群众的先锋队，而只有这个先锋队才能抵制这些不可避免的小资产阶级动摇性，抵制无产阶级中不可避免的种种行业狭隘性或行业偏见的传统和恶习的复发，并领导全体无产阶级的一切联合行动，也就是说在政治上领导无产阶级，并且通过无产阶级领导全体劳动群众。不这样，便不能实现无产阶级专政。"② 在《幼稚病》正文之第二、四、八章中，概括起来，列宁主要从三个大的方面来阐述加强党的建设思想。

首先，加强党的组织纪律建设和思想理论建设是布尔什维克成功的基本条件之一。在《幼稚病》正文第二章里，列宁有意针对西欧"左派"否定党的领导和党的纪律的无政府主义错误倾向，从无产阶级夺取政权和巩固政权以谋求自身解放的历史高度，深刻阐析了无产阶级政党加强自身组织纪律建设的重大意义。列宁指出："大概，现在差不多每个人都能看出，如果我们党没有极严格的真正铁的纪律，如果我们党没有得到整个工人阶级全心全意的拥护，就是说，没有得到工人阶级中所有一切善于思考、正直、有自我牺牲精神、有威信并且能带领或吸引落后阶层的人的全心全意的拥护，那么布尔什维克别说把政权保持两年半，就是两个半月也保持不住。"③ 因而，无产阶级政党在推翻资产阶级政权的斗争和巩固自己政权的斗争中，都需要有极严格的铁的纪律。之所以一定要这样做，这不光是因为被推翻的资产阶级是强大的，时刻企图反扑，而且还因为革命队伍中存在着大量小资产阶级的涣散性。那

---

① 《列宁全集》第39卷，北京：人民出版社1986年版，第27页。
② 《列宁专题文集（论社会主义）》，北京：人民出版社2009年版，第383页。
③ 《列宁全集》第39卷，北京：人民出版社1986年版，第3—4页。

么，这一党的铁的纪律又是依靠什么来维持和巩固的呢？在文中，列宁从党员、党与群众的关系、党的领导机关三个方面来论证无产阶级政党的纪律赖以维持和巩固的条件。"第一，是靠无产阶级先锋队的觉悟和它对革命的忠诚，是靠它的坚忍不拔、自我牺牲和英雄气概。第二，是靠它善于同最广大的劳动群众，首先是同无产阶级劳动群众，**但同样也同非无产阶级**劳动群众联系、接近，甚至可以说在某种程度上同他们打成一片。第三，是靠这个先锋队所实行的政治领导正确，靠它的政治战略和策略正确，而最广大的群众根据**切身经验**也确信其正确。一个革命政党，要真正能够成为必将推翻资产阶级并改造整个社会的先进阶级的政党，没有上述条件，就不可能建立起纪律。没有这些条件，建立纪律的企图，就必然会成为空谈，成为漂亮话，成为装模作样。"① 可见，无产阶级政党的纪律既是建立在共产主义思想觉悟基础上的自觉的纪律，又是体现了无产阶级高度组织性的铁的纪律。在第二章中，列宁在强调党的组织纪律建设之后，接着阐述了党的思想理论建设的现实必要和重大意义，即："布尔什维主义是1903年在最坚固的马克思主义理论基础上产生的。而这个——也只有这个——革命理论的正确性，不仅为整个19世纪全世界的经验所证实，尤其为俄国革命思想界的徘徊和动摇、错误和失望的经验所证实。"② 列宁非常形象地描述了俄国人寻找革命理论的经过。俄国进步的思想界曾如饥似渴地寻求正确的革命理论，在上一世纪40年代到90年代"半个世纪里，经受了闻所未闻的痛苦和牺牲，表现了空前未有的革命英雄气概，以难以置信的毅力和舍身忘我的精神去探索、学习和实验，经受了失望，进行了检验，参照了欧洲的经验，真是**饱经苦难才找到了**马克思主义这个唯一正确的革命理论"③。在此基础上，列宁认为布尔什维克党之所以有力量，就在于它不仅具有坚固的、科学的马克思主义理论，而且还非常善于结合俄国实际运用这个理论，并用极其丰富的斗争经验丰富和发展这一理论。因

---

① 《列宁全集》第39卷，北京：人民出版社1986年版，第5页。
② 同上。
③ 同上书，第6页。

此，列宁指出："在这个坚如磐石的理论基础上产生的布尔什维克主义，有了15年（1903—1917年）实践的历史，这段历史的经验之丰富是举世无比的。这是因为任何一个国家在这15年内，在革命经验方面，在各种运动形式——合法和不合法的、和平和激烈的、地下的和公开的、小组的和群众的、议会的和恐怖主义的形式——更替的迅速和多样性方面，都没有哪怕类似这样丰富的经历。"①

其次，无产阶级政党是在坚决反对工人运动内部两条战线斗争中成长、壮大和得到锻炼与发展的。列宁在《共产主义运动中的"左派"幼稚病》正文第四章中认为，加强党的建设，除了加强组织纪律建设、思想理论建设外，还有个加强自身政治建设的问题。为了教育各国年轻的共产党人，帮助他们纠正错误，列宁现身说法，总结了布尔什维克党内斗争的历史经验，指出无产阶级政党是在反对"左"、右倾机会主义两条战线斗争中成长壮大和得到锻炼与发展的。列宁指出，进行两条战线的斗争是新型无产阶级政党的主要标志和成长道路，布尔什维克党首先是在和右倾机会主义斗争中成长和发展起来的。"首先是而且主要是在反对机会主义的斗争中。机会主义在1914年彻底变成社会沙文主义，彻底倒向资产阶级方面反对无产阶级。这自然是布尔什维克主义在工人运动内部的主要敌人。现在这个敌人在国际范围内仍然是主要敌人。对于这个敌人，布尔什维克主义过去和现在都给予极大的注意。"② 实际上，这种右倾机会主义产生的社会阶级根源，就是当时被资产阶级收买的居于优裕环境的工人贵族阶层。以列宁为首的布尔什维克党为反对这一右倾机会主义，曾同第二国际的机会主义、俄国的经济派、孟什维克、取消派、社会沙文主义等进行了几十年艰苦的不调和的坚决斗争，并最终战胜他们。与此同时，列宁还指出要反对工人运动中的"左"倾机会主义，"布尔什维主义是在同小资产阶级革命性作长期斗争中成长、成熟和得到锻炼的"③。认为"左"倾机会主义产生的社会阶级根

---

① 《列宁全集》第39卷，北京：人民出版社1986年版，第6页。
② 同上书，第11—12页。
③ 同上书，第12页。

源,当时是流落到工人阶级中被资本主义压得发了狂的昨天的小有产者,并认定他们不是实事求是而是说空话的革命家,缺乏坚韧性、组织性、坚定性和铁的纪律性是他们的特征。当革命高潮笼罩,反革命已经退却、胜利好似已经逼近之时,他们就会精神倍增地高喊革命,雷雨闪电般地反对"不坚定"分子,要求采用极端措施,幻想在一朝一夕间一蹴而就地实现社会主义;但当天空出现乌云,反革命势力加强进攻或为了冲锋而需要事先长时期地包围资本主义堡垒而迂回前进之时,他们就开始号叫革命失败,就会惊慌失措或投向敌人,迅速地从"革命狂热"转变为对当权势力的驯服、妥协和变节,转变为气馁和消沉。列宁认为,这种小资产阶级的半无政府主义的"革命狂热"性,在俄国工人运动内部的代表者便是社会革命党,而在布尔什维克党队伍中的代表者则是"召回派"和"左派共产主义者"。在历史上,布尔什维克党在党内反对"左"倾的重大斗争主要有两次,一次是1908年在是否参加杜马(议会)问题上同"召回派"的斗争,另一次是1918年在签订布列斯特和约问题上同"左派共产主义者"的斗争。

在上述基础上,列宁还进一步揭露了"左"倾机会主义之所以产生的社会阶级根源和思想理论根源。列宁指出,"左"、右倾机会主义产生的社会阶级根源,既有相同点又有不同点。相同点是指它们都是工人阶级内部非血统工人的产物;不同点是指它们代表和反映了不同的非血统工人的利益和要求,即右倾是工人贵族阶层的产物,"左"倾是昨天的小有产者阶层的产物。上升到小资产阶级生活水平的工人贵族主张改良、反对革命,下降到工人生活水平的昨天的小有产者则只主张革命,反对改良和其他斗争形式。同时,列宁还认为,工人运动内部的机会主义派别之所以产生,除了社会阶级根源以外,还有思想理论根源,形而上学就是"左"、右倾机会主义产生的思想理论和方法论根源。历史唯物主义昭示出,历史发展是革命与进化、自在与自为的辩证统一,把历史进程中的某一因素绝对化、固定化,就必然会在思想理论上陷入形而上学的片面性,在政治上成为或"左"倾或右倾的机会主义,其中右倾机会主义把运动的进化方面绝对化而否定革命方面,"左"倾机会主义则把运动的革命方面绝对化而否定进化，而没有进化和长期的革命准备，也就不可能取得无产阶级革命的彻底成功。基于此，列宁明确指出："归根到底马克思主义是正确的"①。

再次，加强党的建设必须制定正确的战略策略并科学对待妥协问题。马克思主义党的学说认为，党的领导主要是政治领导，而政治领导正确主要靠党的战略策略正确。列宁自建党之日起，就非常重视党的战略策略问题的研究，认为如果党的战略策略不正确，党的政治领导就不可能做到正确。因而，在夺取政权前或者在革命胜利后，他总是及时地正确制定出布尔什维克党的战略和策略，从而保证了党的正确领导并推动了革命事业胜利的进程。在《幼稚病》正文第八章里，针对西欧一些共产党"左派"反对妥协的策略、片面宣称妥协是机会主义的、单方面说承认妥协就玷污了马克思主义的纯洁性、就抹杀了马克思主义同机会主义的界限，进而否认一切妥协，列宁坚定指出：共产党人不能一概拒绝一切妥协，有些妥协是容许的。"左派"共产主义者否认一切妥协，说明他们不懂得制定正确的战略策略、不了解争取群众的极端重要性，暴露了他们是一批宗派主义者。当时的妥协之所以必要，一是因为敌人既是强大的又是矛盾重重的，非常复杂，要想战胜强大的敌人就必须非常懂得利用暂时的同路人，以集中一切力量打击当前主要敌人，由此就产生了同暂时同路人的妥协策略。二是因为在无产阶级和劳动群众中还有大量中间阶层和小生产者存在，它们动摇于无产阶级和资产阶级之间，为战胜资产阶级和改造这些半无产阶层，由此就产生了对同盟者的妥协问题。此外，有时也由于被客观环境所迫，为保存革命实力和赢得缓冲时间而不得不直接和敌人妥协。当然，"有各种各样的妥协。应当善于分析每一个妥协或每一种妥协的环境和具体条件"②。是否妥协、怎样妥协，要以妥协的性质为转移。列宁认为，有两种不同性质的妥协：一种是放弃无产阶级政党的目的和任务的妥协，即机会主义的叛卖

---

① 《列宁全集》第39卷，北京：人民出版社1986年版，第14页。
② 同上书，第18页。

性的妥协，第二国际机会主义者和俄国孟什维克在第一次世界大战期间同本国帝国主义政府的妥协就属于此，而共产党人必须坚决反对这种性质的妥协；另一种是为了发展无产阶级革命事业而在某种特殊的困难条件下不得不实行的必要妥协，如无大害，实行这种妥协在一般情况下是可以容许的。为此，列宁用一个通俗明了的例子来说明这两种不同性质的妥协，他说："应当学会区分这样的两种人：一种人把钱和武器交给强盗，为的是要减少强盗所能加于的祸害和便于后来捕获、枪毙强盗；另一种人把钱和武器交给强盗，为的是要入伙分赃。"① 患有"左派"幼稚病者，根本不懂得、不了解有两种不同性质的妥协，因而在反对机会主义妥协的同时，从根本上否认了一切妥协、灵活、通融和机动的必要。因而，"为了能够弄清各个方面的情况，应该有自己的头脑。党组织的作用和名副其实的党的领袖的作用，也正在于通过本阶级一切肯动脑筋的分子所进行的长期的、顽强的、各种各样的、多方面的工作，获得必要的知识、必要的经验、必要的（除了知识和经验之外）政治嗅觉，来迅速而正确地解决各种复杂的政治问题"②。从无产阶级革命战略意义上说，妥协的实质是利用暂时的同路人和联合同盟者的问题，从无产阶级革命的策略意义上说，是实行迂回进攻的变通。列宁引用俄国伟大的革命民主主义者车尔尼雪夫斯基的话说："政治活动并不是涅瓦大街的人行道。"（涅瓦大街是彼得堡一条笔直的主要街道，它的人行道清洁、宽阔而平坦。）③ 这就表明，各国年轻的共产党人要取得共产主义事业的胜利，不仅要有敢于直接进攻的策略，也要有善于迂回包围的策略。在迈向共产主义的征途上，事先就拒绝一切通融、灵活和妥协，这正如列宁说的，"这岂不是可笑到了极点吗？这岂不是正像我们千辛万苦攀登一座未经勘察、人迹未到的高山，却预先拒绝有时要迂回前进，有时要向后折转，放弃已经选定的方向而试探着从不同的方向走

---

① 《列宁全集》第39卷，北京：人民出版社1986年版，第18页。
② 同上书，第48页。
③ 同上书，第51页。

吗？"① "从车尔尼雪夫斯基那时以来，俄国革命家由于忽视或忘记了这个真理，遭受过无数的牺牲。我们无论如何要使西欧和美国的左派共产党人和忠于工人阶级的革命家，**不至于象落后的俄国人那样**，为领会这个真理付出**如此昂贵的代价**。"② 事实上，布尔什维克党在自己的历史上也有过许多为发展无产阶级革命事业而实行的成功的妥协。比如，早期为战胜民粹派同合法马克思主义者的妥协，从1903—1912年同孟什维克维持在一个党内的妥协，十月革命胜利初期在组织政府同"左派"社会革命党人的妥协以及1918年为保存年轻的苏维埃共和国在布列斯特和约问题上同德国帝国主义之间的妥协等。总而言之，列宁关于加强党的建设必须制定正确的战略策略尤其是科学对待妥协的策略思想，已被或正被包括我们党在内的世界各国共产党创造性地加以广泛运用，并产生了积极的效果。

（3）方法论意义。研读列宁的《幼稚病》正文第二、四、八章，深入探讨其关于加强党的组织纪律建设和思想理论建设、反对工人运动内部两条战线斗争思想以及制定正确的战略策略思想，给我们以很大的方法论意义启发。中国共产党是按照列宁的建党原则建立起来的，办好中国的事情关键在党。2011年胡锦涛在《在庆祝中国共产党成立90周年大会上的讲话》中指出："在世情、国情、党情发生深刻变化的新形势下，提高党的领导水平和执政水平、提高拒腐防变和抵御风险能力，加强党的执政能力建设和先进性建设，面临许多前所未有的新情况新问题新挑战，执政考验、改革开放考验、市场经济考验、外部环境考验是长期的、复杂的、严峻的。精神懈怠的危险，能力不足的危险，脱离群众的危险，消极腐败的危险，更加尖锐地摆在全党面前，落实党要管党、从严治党的任务比以往任何时候都更为繁重、更为紧迫。"③ 认为"理论上的成熟是政治上坚定的基础，理论上的与时俱进是行动上锐意

---

① 《列宁全集》第39卷，北京：人民出版社1986年版，第50页。
② 同上书，第51页。
③ 本书编写组编：《胡锦涛在庆祝中国共产党成立90周年大会上重要讲话精神学习问答》，北京：党建读物出版社2011年版，第9页。

进取的前提，思想上的统一是全党步调一致的重要保证。中国共产党人坚信马克思主义基本原理是颠扑不破的科学真理，坚信马克思主义必须随着实践发展而不断丰富和发展，从来不把马克思主义看成是空洞、僵硬、刻板的教条。马克思主义，理论源泉是实践，发展依据是实践，检验标准也是实践。任何固守本本、漠视实践、超越或落后于实际生活的做法都不会得到成功。"① 因此，《幼稚病》关于加强党的建设的思想方法论的当代意义，核心在于高扬中国特色社会主义伟大旗帜，坚持和拓展中国特色社会主义发展道路，坚持和丰富中国特色社会主义理论体系，坚持和完善中国特色社会主义基本制度，要在心灵深处筑牢防"左"警右的思想防线。列宁在《幼稚病》一文的相关部分，严肃批评了当时共产主义运动中的"左派"幼稚病问题，揭露出其反动本质，深刻揭示其犯错误的社会阶级和思想理论根源。列宁指出："共产党人要竭尽全力来指导工人运动以及整个社会发展沿着最直最快的道路走向苏维埃政权在全世界的胜利，走向无产阶级专政。这是无可争辩的真理。然而，只要再多走一小步，看来像是朝同一方向多走了一小步，真理就会变成错误。只要像德国和英国的左派共产主义者那样，说我们只承认一条道路，一条笔直的道路，说我们不容许机动、通融和妥协，这就犯了错误，这种错误会使共产主义运动受到最严重的危害，而且共产主义运动部分地已经受到或正在受到这种危害。"② 可见，犯有"左派"幼稚病的人恰恰是只注意基本原则的坚定性而忽视其灵活性，注意发展道路的直线性而忽视发展道路的曲折性，注意与敌斗争的坚决性而忽视其必要的妥协性等，这也是国际共产主义运动给我们党提供宝贵经验教训所蕴含的方法论意义之所在。

本来，"共产党人不是同其他工人政党相对立的特殊政党"，"在实践方面，共产党人是各国工人政党中最坚决的、始终起推动作用的部分；在理论方面，他们胜过其余无产阶级群众的地方在于他们了解无产

---

① 《列宁全集》第39卷，北京：人民出版社1986年版，第10页。
② 同上书，第82页。

阶级运动的条件、进程和一般结果"。① 然而，在我们党的历史上，也曾多次犯过严重的"左"、右倾尤其是"左"倾错误，给中国革命、改革和建设事业造成严重危害。1985年9月，邓小平在《中国共产党全国代表会议上的讲话》中指出："多少年来我们吃了一个大亏，社会主义改造基本完成了，还是'以阶级斗争为纲'，忽视发展生产力。'文化大革命'更走到了极端。十一届三中全会以来，全党把工作重点转移到社会主义现代化建设上来，在坚持四项基本原则的基础上，集中力量发展社会生产力。这是最根本的拨乱反正。不彻底纠正'左'的错误，坚决转移工作重点，就不会有今天的好形势。同样，不认真坚持四项基本原则，就不能保持安定团结的局面，还会把纠'左'变成'纠正'社会主义和马列主义，也不会有今天的好形势。"② 之所以"左"的东西如此根深蒂固，就在于它有着广泛的社会群众基础和深刻的思想理论根源。从灵魂深处看，长期以来人们形成一个误区，总是把"左"与革命、先进等对应起来，把"右"与反动、落后相联接，以为越"左"越革命，而"右"就必须被打倒。这种理念导致许多人在实践中宁"左"勿右、宁快勿慢，致使出现"大跃进""文化大革命"之类的大灾难。由于时间拉长的惯性作用，这种思想观念已经成为一种价值取向深深扎根于人们的心里，成为一种选择原则、活动方式和评价标准，严重影响和左右着人们的行为取向和工作绩效。基于此，我们应该汲取国际共产主义运动与中国革命、建设和改革过程中所取得的这些经验教训，深刻领会《共产主义运动中的"左派"幼稚病》中关于加强党的建设思想的方法论意义，立足中国改革开放和社会主义现代化建设的基本国情和实践前沿，力求坚持原则性与灵活性、坚定性与妥协性以及前进性与曲折性的辩证统一，牢记历史使命、不断开拓奋进，不动摇、不懈怠、不折腾，不为任何艰难风险所惧、不被任何干扰引诱所惑，又好又快

---

① 《马克思恩格斯文集》第2卷，北京：人民出版社2009年版，第44页。
② 《邓小平文选》第3卷，北京：人民出版社1993年版，第141页。

地建设中国特色社会主义，努力为实现中华民族伟大复兴的中国梦做贡献。

(二)《幼稚病》中的统战观及其当代意义

十月革命胜利后，列宁针对国际共产主义运动在取得巨大成就的同时，在各国共产党内部存在两种危险：一种是右倾机会主义思潮，这是主要的；另一种是新出现的"左"的错误思潮，是一种小资产阶级革命性的表现，且这种"左"倾思潮比起右倾机会主义来说，虽只是一种刚刚出现的病症，但此思潮随着革命运动的不断发展以形成一股国际化的潮流而被称为国际化潮流，它不仅影响着各国共产党的成长和国际共产主义运动的发展，而且妨碍对右倾机会主义进行有效的斗争。在这一情况下，列宁撰写了《幼稚病》。列宁在书中全面深刻地批判了"左倾"错误，根据布尔什维主义的历史经验，进一步发展了无产阶级革命和无产阶级专政的理论，尤其是系统阐述了马克思主义的统战观，至今仍然具有重要的启示意义。

1.《幼稚病》中的统战观的内容

第一，指出共产党人的全部任务就是要善于说服落后分子，善于在他们中间进行统战工作。这一著名的统战思想是列宁批判"左派"错误言论时提出来的。当时德国的"左派"说什么共产党人不能而且不应该在反动工会里工作，说什么可以放弃这种工作，说什么应该退出工会，要求另外创立一种崭新的极纯洁的"工人联合会"，列宁指责这种"极端革命的论调"是"幼稚可笑的废话"。因而，不管德国"左派"怎样确信这种斗争策略是革命的，但实际上这种策略方式是完全错误的。因为他们完全不懂得从资本主义向社会主义过渡的基本条件。只是唱唱高调，怒气冲冲地把"反动的"和"反革命的"工会大骂一顿，是无济于事的。

列宁认为，在已经取得政权的苏联，"党直接依靠工会来进行自己的工作"①。党就是通过这个机构并以这个机构为引线同本阶级的群众取得密切的联系的，阶级专政也是在党的领导下通过这个机构来实现的。如果没有同工会的极密切的联系，没有工会的热烈支持；没有工会在经济建设方面以及在军事建设方面奋不顾身的工作，那么别说我们管理国家和实行无产阶级专政两年半，就是两个半月也不成。因为在资本主义国家，由于资产阶级思想及其生活方式的影响，这些国家的工会组织就不可避免地暴露出某些落后性，甚至带有某些反动的色彩，如行会的狭隘性、复杂性和宗派性，某些不同政治倾向以及因循守旧的陋习等等，这是资本主义必然给社会主义留下的"遗产"。基于此，在他们中间开展必要的有效统战工作是应该的。同时，列宁认为在资本主义初期出现工会是工人阶级的一个巨大进步，因为工会是工人由散漫无力进行初步阶级联合的过渡。同时不应忘记，工会现在还是、将来在一个长时期内还是一所必要的"共产主义学校"和无产者实现其阶级专政的预备学校，是促使全国经济管理职能逐渐转到工人阶级手中、然后再转到全体劳动者手中所必要的工人联合组织。为此，列宁提出目前除了通过工会，除了通过工会同工人阶级政党的协同动作，无产阶级不可能有别的发展道路。而某些工会存在着落后性、反动性的事实，正好说明它需要无产阶级先锋队去做统战工作。害怕这种"反动性"，企图有意地避开它、跳过去，是幼稚又愚昧的想法与做法。因为，这无异是放弃无产阶级先锋队的作用，放弃无产阶级政党的统战工作，即训练、启发、引导和教育工人阶级和农民中最落后的阶层和群众并吸引他们参加新生活，而把这些群众委弃在"反动领袖""资产阶级代理人"和工人贵族的影响之下。因而，列宁指出："拒绝在工会内部进行工作！！借口工会的'反动性'而拒绝去工作！！同意想出一种崭新的、纯洁的以及没有沾染资产阶级民主偏见、没有行会习气和狭隘行会观念的'工人联合会'，一种将会（将会！）具有广泛性而只要（只要！）'承认苏维埃制度和专政'就可以加入的'工人联合会'！！""很难想象谁还会比'左

---

① 《列宁选集》第 4 卷，北京：人民出版社 1995 年版，第 157 页。

派'更不理智,给革命带来更大的危害!"① 针对"左派"的错误思想,列宁反复地极深刻地阐述了一个统战工作原则:"共产党人的全部任务,就是要善于说服落后分子,善于在他们中间进行工作"②,"**哪里有群众,就一定到哪里去工作**。应该善于做出一切牺牲,克服极大的障碍,在一切有无产阶级群众或半无产阶级群众的机关、社团和协会(哪怕这些组织是最反动不过的)里有步骤地、顽强地、坚定地、耐心地进行宣传和鼓动。而工会和工人合作社,恰恰就是(后者至少有时是)这种有群众的组织。"③

第二,革命的统战政策决不能只根据革命情绪来制定,必须清晰而客观地估计到本国的一切阶级力量,估计到许多革命运动的经验。针对德国"左派"共产党以极端鄙视、极端轻率的态度对待资产阶级议会,拒绝参加资产阶级议会,以为议会制在历史上和政治上已经过时了。列宁指出,就宣传意义上说,议会制度"在历史上已经过时了"是对的,但谁都知道,从言论宣传到实际地战胜议会制度还相距很远。早在几十年前,就完全有理由庄重宣布资本主义"在历史上已经过时了",但绝不能因此就说不必要在资本主义基地上进行长期艰苦的斗争了。说议会制度"在政治上已经过时了"更是太随便、太夸大、太不符合事实了。"左派"们也承认在德国有"数百万"和"无数"的无产者不仅仅是一般地赞成议会制度,而且简直是狂热地拥护议会制。那怎么能说"议会制度在政治上已经过时了"呢!因而,德国"左派"共产党人把自己的美好愿望和思想政治上的态度当作了客观现实,这对革命家来说是最危险的。在德国共产党人看来,议会制度自然"在政治上已经过时了",可是问题恰恰在于不能把对于我们已经过时的东西当作对于阶级也已经过时的东西,当作对于群众也已经过时的东西。正是在这里,我们也可以看到,"左派"不善于作为阶级的党、作为群众的党来判断事理并制定出正确的统战政策。基于此,列宁严肃地认为,在德国,议会

---

① 《列宁选集》第4卷,北京:人民出版社1995年版,第163页。
② 同上书,第164页。
③ 同上书,第163页。

制度在政治上还没有过时，革命无产阶级的政党必须参加议会选举、参加议会讲坛上的斗争，其目的正是在于教育本阶级的落后群众，正是在于唤醒和教育不开化的、闭塞的和愚昧无知的农村群众。因为在西欧和美国，议会已经成为工人阶级中先进分子所深恶痛绝的东西，这是不容争辩的事实，也完全可以理解。但如果在解决应当怎样去同公认的祸害作斗争之问题时，竟任凭这种革命的情绪、革命的愿望来支配，那就不仅是不理智，而且是极端错误的。不调查、不研究社会实际，不判断群众的一定实际的觉悟水平，只凭先进分子的激情来制定革命的统战政策，就会迷失方向、脱离群众，甚至导致革命的失败。

这样看来，1905年布尔什维克成功抵制议会是正确的。之所以说它正确，并不是因为根本不参加反动议会正确，而是正确地估计了当时无产阶级革命的客观形势。当时的客观形势处于无产阶级革命高涨时期，正在由群众罢工迅速转为政治罢工进而转为革命罢工，再进而转为起义。而当时的沙皇杜马已经成为压制人民起义的机构了，这种机构已经成为人民起义的革命对象，这时拒绝参加议会是符合广大人民的要求的。因而，列宁认为1905年布尔什维克对议会的抵制，使无产阶级增加了非常宝贵的政治革命经验。它表现了在把合法的同不合法的斗争形式、议会内的同议会外的斗争形式相互配合的时候，善于拒绝议会的斗争形式有时是有益的，甚至是必要的选择。但如果在不同的条件下和不同的环境里盲目地、模仿地、不加批判地搬用这种实践经验，那就大错特错了，而德国党的一些"左派"们就恰恰是犯了这样的简单错误。

第三，必须巧妙地利用敌人之间的一切"裂痕"，必须对无产阶级的阶级和集团、对工人和小业主的各种政党采取机动、灵活、通融和妥协的统战政策。列宁在该著正文的第八章中，着重阐述了无产阶级政党统一战线原则的坚定性必须与策略的灵活性相结合的思想，批判德国"左派"共产党人拒绝任何机动、通融、妥协的"左派"幼稚病。实际上，在一定条件下实行妥协，不仅是必要的，而且也是可能的。因为无产阶级要在极端激烈复杂的阶级搏斗中战胜敌人、要在力量对比暂时不利的情况下保存和发展自己、要在中间阶层的包围中教育和提高本阶级群众并分化和争取中间势力，必须实行机动、通融和妥协的统战策略，与同盟者达成政治上的妥协并充分利用敌人内部之一切可以利用的矛盾，最大限度地孤立和打击一小撮主要敌人。列宁说："全部问题在于善于运用这个策略，来提高无产阶级的觉悟性、革命性、斗争能力和致胜能力的总的水平，而不是降低这种水平。"①"当应战显然对敌人有利而对自己不利的时候，却去应战，那就是犯罪；革命阶级的政治家如果不善于实行'机动、通融、妥协'，以避免显然不利的战斗，这样的政治家是毫无用处的。"② 这才是马克思主义统战理论对待妥协的根本态度。当然，要严格区分两种不同性质的妥协：一种是革命妥协，一种是叛徒妥协。列宁在本著中曾列举了关于如何对待强盗的例子，说明这两种不同性质的妥协。一种是暂时把东西给他，目的是为了回过头来在消灭他，这是革命的妥协；另一种是与强盗合伙分赃式的妥协，这是叛徒的妥协。前者把妥协看成是斗争的手段，后者把妥协看做是自己的目的。马克思主义者赞成革命的妥协、反对叛徒的妥协，区分两种不同性质妥协的根本标准是看它是否符合马克思主义统战基本原理的要求。

历史地看，在沙皇制度崩溃以前，革命的俄国社会民主党人确实曾经多次利用资产阶级自由派的实际帮助，就是说，同他们实施过多次实际的妥协：从 1905 年起在反对自由派资产阶级和沙皇制度斗争中，从来不反对和拒绝支持资产阶级去反对沙皇制度；1907 年在杜马选举中，布尔什维克党也同"社会革命党人"订立过短期的正式政治联盟；1903—1912 年期间，布尔什维克不止一次地有好几年和孟什维克形式上同处在一个统一的社会民主党内，但从来没有在思想政治上停止跟他们的坚决斗争；在大战期间，布尔什维克党同"考茨基派"、左派孟什维克和一部分"社会革命党人"确实作过某些妥协，跟他们在齐美尔瓦尔得和昆塔尔一起开过有关的会，一起发表过共同宣言；签订布列斯特和约，就是同德帝国主义实行的一种妥协。以上所谈的妥协都称得上

---

① 《列宁选集》第 4 卷，北京：人民出版社 1995 年版，第 183 页。
② 同上书，第 186 页。

是革命的妥协，是在坚持革命原则下统战策略灵活性的运用，它对于发展和壮大革命力量是有利的。事实上，在马克思主义统一战线视野中，革命妥协也就是利用敌人矛盾，争取同盟者的问题。列宁说过："要战胜更强大的敌人，就必须尽最大的努力，同时必须极仔细、极留心、极谨慎、极巧妙地一方面利用敌人之间的一切'裂痕'，哪怕是最小的'裂痕'，利用各国资产阶级之间以及各个国家内资产阶级各个集团或各种类型之间利益上的一切对立，另一方面要利用一切机会，哪怕是极小的机会来获得大量的同盟者，尽管这些同盟者可能是暂时的、动摇的、不稳定的、不可靠的、有条件的。谁不懂得这一点，谁就是丝毫不懂得马克思主义，丝毫不懂得**现代的科学社会主义**。"① 基于这一切原因，无产阶级先锋队在一定时期、一定条件下，就必须对无产者的各种集团，对工人和小业主的各种政党采取机动、通融和妥协的办法。列宁曾经强调指出，革命政党的全部问题就在于要敢于和善于运用这个统战策略。反对任何机动、灵活、通融和妥协是"左倾"幼稚病的表现，其根源是小资产阶级的急性病和革命狂热，不了解革命道路上的中间站和妥协是历史发展的过程造成的，企图跳过中间站和妥协是以主观愿望代替客观实际，其结果显而易见是危害革命的。

第四，把马克思主义基本原理与各民族特点相结合的原则是制定统战政策的指导思想。列宁认为，"左"、右倾机会主义的根本特点是理论与实际相脱离。右倾机会主义否定马克思主义基本原理的指导意义，"左"倾机会主义则把基本原理的作用绝对化、教条化，从而否定各国的不同特点。列宁要求各国共产党人在运用马克思主义基本原理时，把这些基本原理在细节上具体地正确地加以改变，使之具体地正确地适应和运用于不同民族的和民族国家的具体差别，"必须查明、弄清、找到、揣摩出和把握住民族的特点和特征，这就是一切先进国家（而且不仅是先进国家）在目前历史时期的主要任务"②。实质上，把握民族

---

① 《列宁选集》第4卷，北京：人民出版社1995年版，第180页。
② 同上书，第200页。

国家的特点和特征就是研究本民族的国情。它包括本民族国家的政治、思想、文化、地理环境等的历史和现状乃至发展大势。理论和实际相结合，就是把马克思主义基本原理和本民族国家的实际相结合，这是马克思主义理论的本身要求，是共产党人的根本任务，也是制定统战政策的指导思想。列宁认为，马克思主义统一战线，首先要使工人形成为阶级，把工人阶级先锋队吸引过来，使它转到拥护无产阶级苏维埃政权而反对资产阶级议会制度，拥护无产阶级专政而反对资产阶级民主。但是，单凭无产阶级先锋队的觉悟还是不能胜利的，要使整个阶级尤其是被资产阶级压迫的广大群众都站到这种立场上来。要做到这一点，仅靠言论宣传和口头鼓励是不够的，还需要正确的统战政策指导，靠组织的力量。历史经验证明，这种统一战线战略策略应具有两个很重要的内容：一是无产阶级革命阶级为了实现自己的任务，必须善于毫无例外地掌握社会活动的一切形式或方面；二是无产阶级革命阶级必须准备最迅速和突然地用一种形式来替代另一种形式。只有掌握了统一战线战略策略中的一切斗争形式，并能随着斗争形势的变化而迅速地变更斗争形式，无产阶级才能在尖锐复杂的阶级斗争中应付自如并永远立于不败之地。

在马克思主义统战观的视野中，"左"、右倾机会主义的特点就在于只是强调单一的某种形式，"死盯着"工人运动和社会主义发展的某一形式，而忘记了这一形式的单一性、片面性。他们害怕看到由于客观条件的改变而必然发生战略策略的急剧变化，而继续重复那种简单的、背熟了的，初看起来是不容争辩的真理。旧形式已经破裂，因为革命的形势有了新的发展，且世界政治经济的改变、无产阶级革命的发展，每天都在冲破旧形式而创造着新的形式。无产阶级革命之所以这样强大、有力，正是因为它能够而且应该在任何形式中，不论是新的或旧的形式中表现出来，而且能够改造、战胜和征服一切形式；不仅是新的，而且包括旧的形式，这是共产主义获得完全的、最终胜利的明证。右倾机会主义者僵化固执地只承认旧形式而忽视新内容，结果彻底破产了。"左"倾机会主义则僵化固执地绝对否定某些旧形式，看不见新内容正在通过各种各样的形式为自己开辟广阔的道路,不知道我们共产党人统一战线法宝的责任,就是要掌握一切形式,学会以最快的速度用一种形式去补充另一种形式、用一种形式代替另一种形式,使我们的统线策略适应新形式而不断变更。列宁指出,革命道路是非常曲折复杂的。在统一战线的战略策略中,如果我们只承认一条道路或一种形式,不允许革命过程中作任何的机动、通融、妥协,就不能把马克思主义基本原理同本国的实际结合起来,这是错误的,它会使共产主义运动因受到"左派"幼稚病的破坏而造成严重危害。

2.《幼稚病》中统战观的当代意义

在列宁《幼稚病》这一经典名著中,包含了十分丰富的马克思主义统战思想。这些统战观,至今仍然具有浓郁的现实价值,是当前开展好社会主义统一战线乃至整个社会主义革命和建设工作的重要思想武器。

第一,列宁认为,在国际共产主义运动中存在的倾向性问题,不仅有"左"倾问题,而且有右倾问题,"不仅右倾学理主义是一种错误,左倾学理主义也是一种错误"。因为"右倾学理主义固执地只承认旧形式,而不顾新内容,结果彻底破产了。左倾学理主义则固执地绝对否定某些旧形式,看不见新内容正在通过各种各样的形式为自己开辟道路,不知道我们共产党人的责任,就是要掌握一切形式,学会以最快的速度用一种形式去补充另一种形式、用一种形式去代替另一种形式,使我们的策略适应并非由我们的阶级或我们的努力所引起的任何一种形式的更替"①。这就启示我们,在国际共产主义运动中,无论是社会主义革命和建设时期还是改革开放时期,"左"和右两种倾向都是错误的。对此,毛泽东指出:"统一战线的道理和关门主义的道理究竟哪一个是对的呢?马克思列宁主义到底赞成哪一个呢?我坚决地回答:赞成统一战线,反对关门主义。人中间有三岁小孩子,三岁小孩子有许多道理都是对的,但是不能使他们管天下国家的大事,因为他们还不能明白天下国

---

① 《列宁全集》第39卷,北京:人民出版社1986年版,第82—83页。

家的道理。马克思列宁主义反对革命队伍里的幼稚病。坚持关门主义策略的人们所主张的,就是一套幼稚病。革命的道路,同世界上一切事物活动的道路一样,总是曲折的,不是笔直的。革命和反革命的阵线可能变动,也同世界上一切事物的可能变动一样。""历史告诉我们,正确的政治的和军事的路线,不是自然地平安地产生和发展起来的,而是从斗争中产生和发展起来的。一方面,它要同'左'倾机会主义作斗争,另一方面,它又要同右倾机会主义作斗争。不同这些危害革命和革命战争的有害的倾向作斗争,并且彻底地克服它们,正确路线的建设和革命战争的胜利,是不可能的。"①

改革开放以来,由于中国历史正处于大变革时期,一些人思想上的片面性是很容易产生的。针对有人不能完全摆脱过去"左"倾错误的影响而有意无意地要回到"以阶级斗争为纲"的时代道路上去,有人则偏离马克思主义社会主义的航道而发展到怀疑甚至否定党的领导和社会主义道路的地步。作为我党第二代中央领导集体核心的邓小平,在这些重大原则的问题上始终保持清醒的头脑和坚定的立场,及时、正确地开展了反对"左"的和右的倾向的两条路线的思想斗争,防止在注意一种错误倾向的时候忽视另一种错误倾向,尤其是在倡导、坚持改革开放的同时,一直在强调坚持四项基本原则、反对资产阶级自由化,始终警惕着这一右倾思潮的发生和发展,领导我们党采取了一系列措施,击退了几度泛滥的资产阶级自由化思潮。第一次是1979年前后发生的"北京之春"。一些人在反"左"的口号下过分夸大党所犯的错误,对新中国成立后的历史功绩一笔抹杀,否定毛泽东的历史地位和毛泽东思想的科学价值。第二次是1983年前后的"精神污染"。"精神污染"的表现是散布形形色色的资产阶级、小资产阶级和其他剥削阶级腐朽没落的反动思想,散布对于社会主义、共产主义和共产党领导的不信任情绪,甚至有人不批评资本主义而批评社会主义。第三次是在1986年前

---

① 郭志明、任涛主编:《毛泽东论统一战线》,北京:中国文史出版社1988年版,第99—100页。

后，表现为从理论攻势到政治攻势、从理论探讨发展到学潮运动。1985年有个别学校发生了小规模的闹事，1986年底、1987年初发生了全国性的学潮运动。第四次是从学潮运动发展到1989年的政治风波。从1988年底开始，坚持资产阶级自由化的头面人物纷纷公开发表见解，并直接从事反对四项基本原则的政治运动。北京一些高校的所谓"民主沙龙""自由论坛"等各式各样的"研究会""讨论会""演讲会"纷纷出现。资产阶级自由化的泛滥，在1989年春夏之交达到了顶峰。党不得不采取果断的措施，坚决平息了这场政治风波。邓小平认为，"这场风波迟早要来。这是国际的大气候和中国自己的小气候所决定了的，是一定要来的，是不以人们的意志为转移的，只不过是迟早的问题，大小的问题。而现在来，对我们比较有利。最有利的是，我们有一批老同志健在，他们经历的风波多，懂得事情的利害关系，他们是支持对暴乱采取坚决行动的。"① 提出："四个坚持、思想政治工作、反对资产阶级自由化、反对精神污染，我们不是没有讲，而是缺乏一贯性，没有行动，甚至讲得都很少。不是错在四个坚持本身，而是错在坚持得不够一贯，教育和思想政治工作太差。"② 还说："过去两个总书记都没有站住……他们在根本问题上，就是在坚持四项基本原则的问题上犯了错误，栽了跟头。四个坚持中最核心的是党的领导和社会主义。四个坚持的对立面是资产阶级自由化。坚持四项基本原则，反对资产阶级自由化，这些年来每年我都讲了许多次，但是他们没有执行。"③ 他说："都是在反对资产阶级自由化的问题上栽跟头。这就不能让了。"④ 因而，反对资产阶级自由化"不够一贯""没有行动""没有执行"的状况出现，其思想社会根源就在于对资产阶级自由化的右倾严重危害性以及斗争的长期性、艰巨性，缺乏应有的认识。邓小平以其伟大无产阶级革命家、政治家的气魄，一再告诫全党：反对资产阶级自由化是一项长期、

---

① 《邓小平文选》第3卷，北京：人民出版社1993年版，第302页。
② 同上书，第305页。
③ 同上书，第324页。
④ 同上书，第380页。

艰巨的历史任务；我们整个改革开放和实现社会主义现代化的过程，都存在反对资产阶级自由化的问题。可见，邓小平在共产主义运动中对这种倾向性问题认识的深刻。对此，江泽民也有精当的论述。他说："各级领导干部一定要努力提高政治素质，在原则问题上一定要旗帜鲜明。要注意分清一些基本界限。比如，马克思主义同反马克思主义的界限，社会主义公有制为主体、多种经济成分共同发展同私有化的界限，社会主义民主同西方议会民主的界限，辩证唯物主义同唯心主义形而上学的界限，社会主义思想同封建主义、资本主义腐朽思想的界限，学习西方先进东西同崇洋媚外的界限，文明健康生活方式同消极颓废生活方式的界限，等等。在这样一些重大问题上，我们领导干部不能是非不辨、美丑不分，不能对那些同党的主张背道而驰的言论听之任之，不能让那些同党的宗旨和纪律不相容的歪风邪气滋长起来。"① 他强调："总结正反两方面的经验，全党同志一定要深刻认识到，在新的历史时期，党的思想政治工作必须从不断变化的实际出发大力加强和改进，而不可有丝毫放松和削弱。""党的思想政治工作，从根本上说就是做人的工作，做群众的工作，涉及人的思想、观点、意识等领域，也就是人们的精神生活。""实践证明，社会主义是指引世界上处于剥削制度压迫之下的无产阶级和劳动人民改变自己命运，获得社会解放、建设幸福生活的正确道路。新中国成立以来特别是改革开放以来，我国社会主义建设取得了举世瞩目的伟大成就，综合国力明显增强，人民生活水平不断提高。社会主义在中国蓬勃发展，显示出强大的生命力和创造力。广大人民群众衷心拥护建设有中国特色的社会主义建设。这为我们做好思想政治工作奠定了坚实的基础。"②

第二，列宁认为，"现在我们已经有相当丰富的国际经验，它十分明确地说明，我国革命的某些特点所具有的意义，不是局部地区的、一国特有的、仅限于俄国的意义，而是国际的意义。我这里所说的国际意

---

① 《江泽民文选》第1卷，北京：人民出版社2006年版，第500页。
② 《江泽民文选》第3卷，北京：人民出版社2006年版，第76—77页。

义不是按广义来说的，不是说：不仅我国革命的某些基本特点，而且所有基本特点和许多次要特点都具有国际意义，都对所有国家发生影响。不是的，我是按最狭义来说的，就是说，所谓国际意义就是指我国所发生过的事情在国际上具有重要性，或者说，具有在国际范围内重演的历史必然性，因此必须承认，具有国际意义的是我国革命的某些基本特点。"① 还说："政治是一门科学，是一种艺术，它不是从天上掉下来的，不费力是掌握不来的，无产阶级要想战胜资产阶级，就必须造就出自己的、无产阶级的'阶级的政治家'，而这些政治家同资产阶级的政治家比起来应该毫不逊色。"② 这就启示我们，在国际共产主义运动中，无论在革命和建设时期还是改革开放时期，统一战线都要坚持国际主义与爱国主义的有机统一，思维方式上要把原则性与灵活性辩证地结合起来。对此，毛泽东指出，"自从有历史以来，任何国家的关系，都不可能象社会主义国家间这样休戚与共，这样相互尊重和互相信任，这样互相援助和互相鼓舞。这是因为社会主义国家是完全新型的国家，是推翻了剥削阶级而由劳动人民掌握权力的国家。在这些国家间的互相关系中，实现着国际主义和爱国主义相统一的原则。共同的原则和共同的理想把我们紧紧地联结在一起。"③ 这方面，邓小平既是坚定的国际主义者，又是伟大的爱国主义者，并成功地将国际主义和爱国主义统一到由他创立的新时期统一战线理论和实践中。尤其是党的十一届三中全会以后，邓小平指出新时期的统一战线可以称为社会主义劳动者和爱国者的联盟，说明这一时期统一战线存在着两个联盟，即一个是大陆范围内的社会主义劳动者和拥护社会主义的爱国者的联盟，另一个是包括大陆以外的海外侨胞、港澳台同胞在内的爱国者的联盟。同时，邓小平深知无产阶级的解放是世界历史性的伟业，没有世界人民的大团结大联合是不可能实现的。这样，邓小平就把国际无产阶级解放事业与建设现代化的

---

① 《列宁全集》第39卷，北京：人民出版社1986年版，第1页。
② 同上书，第59页。
③ 郭志明、任涛主编：《毛泽东论统一战线》，北京：中国文史出版社1988年版，第313—314页。

社会主义强国和实现祖国统一的双重任务,在国际主义与爱国主义的旗帜下高度统一起来。

统一战线理论是一门政策性、实践性很强的独立科学。它的这一特性,决定了对这一理论的创立和运用离不开原则性和灵活性的有机辩证统一。毛泽东指出:"我们的原则性必须是坚定的,我们也要有为了实现原则性的一切许可的和必需的灵活性。""全党都要认真地、谨慎地做好统一战线工作。要在工人阶级领导下,以工农联盟为基础,把小资产阶级、民族资产阶级团结起来。民族资产阶级将来是要消灭的,但是现在要把他们团结在我们身边,不要把他们推开。我们一方面要同他们作斗争,另一方面要团结他们。要向干部讲明这个道理,并且拿事实证明,团结民族资产阶级、民主党派、民主人士和知识分子是对的,是必要的。"① 邓小平统一战线理论的提出和实际中的运用,也充分体现了原则性与灵活性辩证统一的要求。例如,"一国两制"是邓小平统一战线理论的主要内容之一,也是极富创造性的内容之一。在这一科学构想中,其原则性就是一个中国,灵活性就是两制。"一国两制"的实行,不仅体现了两种不同而且对立的社会制度在一个国家的范围内的共处,又是国际关系和平共处原则的灵活运用。邓小平在会见缅甸总统吴山友时说:"现在进一步考虑,和平共处的原则用之于解决一个国家内部的某些问题,恐怕也是一个好办法。根据中国自己的实践,我们提出'一个国家,两种制度'的办法来解决中国的统一问题,这也是一种和平共处。"② 因而,两种社会制度在一个国家内部和平共处,是中国特色社会主义的一个重要特色,也是对马克思列宁主义、毛泽东思想的一个坚持发展和重大创新。这种原则性和灵活性相统一的辩证思维方式,江泽民也经常倡导和弘扬。例如,他一再强调:"坚持党的基本路线一百年不动摇,包括坚持一个中心和两个基本点都不能动摇。如果认为以经济建设为中心,就可以忽视其他方面的工作,或者认为经济搞上去了,其

---

① 郭志明、任涛主编:《毛泽东论统一战线》,北京:中国文史出版社1988年版,第17页。

② 《邓小平文选》第3卷,北京:人民出版社1993年版,第96—97页。

他事业就会自然而然地上去,那就不对了。这样的想法和做法都是不符合实际的,都是片面和有害的。我们一定要学会辩证地认识和处理改革、发展、稳定的关系,经济同政治的关系,物质文明与精神文明的关系,生产力同生产关系、经济基础同上层建筑的关系。"①

　　第三,列宁认为,历史上封建制取代奴隶制、资本主义取代封建主义都是一种剥削制度取代另一种剥削制度,而社会主义代替资本主义是要建立社会主义公有制,消灭一切剥削制度,因而是人类历史上的一个根本变革,这种变革的实现将是一个更为长期和曲折的过程。他说:"为了推翻国际资产阶级而进行的战争,比国家之间通常进行的战争还要困难百倍,费事百倍,复杂百倍;进行这样的战争而事先拒绝采用机动办法,拒绝利用敌人之间利益上的矛盾(哪怕是暂时的矛盾),拒绝同多种可能的同盟者(哪怕是暂时的、不稳定的、动摇的、有条件的同盟者)通融和妥协,这不是可笑到了极点吗?这岂不是正像我们千辛万苦攀登一座未经勘察、人迹未到的高山,却预先拒绝有时要迂回前进,有时要向后折转,放弃已经选定的方向而试探着从不同的方向走吗?而那些如此缺乏觉悟、如此没有经验的人(如果这真是因为他们年轻,那还算好:上帝本来就让青年在一定的时间内说这类蠢话的),居然能得到荷兰共产党内某些党员的支持(不管是直接或间接的,公开或隐蔽的,完全或部分的支持,都是一样)!!"② 还说:"设想世界历史会一帆风顺、按部就班地向前发展,不会有时出现大幅度的跃退,那是不辩证的,不科学的,在理论上是不正确的。"③ 这就启示我们,在马克思主义统一战线视野中,不仅资本主义作为一个社会形态走向衰亡是一个复杂的长期过程、社会主义革命的胜利和巩固是一个艰巨而复杂的长期过程,就是社会主义制度的巩固和发展及其优越性的充分展现以及社会主义最终发展到共产主义,都是一个长期而复杂的艰巨过程。这一点,"马克思主义必定随着时代、实践和科学的发展而不断发展,不可能一

---

① 《江泽民文选》第 1 卷,北京:人民出版社 2006 年版,第 515 页。
② 《列宁全集》第 39 卷,北京:人民出版社 1986 年版,第 49—50 页。
③ 《列宁选集》第 2 卷,北京:人民出版社 1995 年版,第 694 页。

成不变，社会主义从来都是在开拓中前进的"①。

早在新民主主义革命时期，毛泽东就指出："完成中国资产阶级民主主义的革命（新民主主义的革命），并准备在一切必要条件具备的时候把它转变到社会主义革命的阶段上去，这就是中国共产党光荣的伟大的全部革命任务。每个共产党员都应为此而奋斗，绝对不能半途而废。有些幼稚的共产党员，以为我们只有在现在阶段的民主主义革命的任务，没有在将来阶段的社会主义革命的任务，或者以为现在的革命或土地革命即是社会主义的革命。应该着重指出，这些观点是错误的。每个共产党员须知，中国共产党领导的整个中国革命运动，是包括民主主义革命和社会主义革命两个阶段在内的全部革命运动；这是两个性质不同的革命过程，只有完成了前一个革命过程才有可能去完成后一个革命过程。民主主义革命是社会主义革命的必要准备，社会主义革命是民主主义革命的必然趋势。而一切共产主义者的最后目的，则是在于力争社会主义社会和共产主义社会的最后的完成。只有认清民主主义革命和社会主义革命的区别，同时又认清二者的联系，才能正确地领导中国革命。"② 由于历史发展的动态性、不平衡性，社会主义革命在经济文化比较落后的国家首先取得了成功。这些国家在建设起社会主义制度之后，由于本身没有经历资本主义充分发展的阶段，因而生产力发展水平与资本主义发达国家相比还有相当大的差距，还不能在与发达资本主义国家的对比中充分显示出优越性。正因为经济文化的落后，社会主义国家还需要一个特定的阶段通过发展商品经济来实现国家的现代化，在此过程中需吸收和借鉴人类社会创造的一切文明成果。在这些社会主义国家里，新建立起来的社会主义制度还处在巩固和发展的过程中，特别是20世纪末期，世界上第一个社会主义国家苏联及东欧一批社会主义国家，由于发生剧变使世界社会主义运动遭受了空前的挫折。可见，在社会主义和资本主义并存且激烈竞争的历史条件下，这些国家的社会主

---

① 《习近平谈治国理政》，北京：外文出版社2014年版，第23页。
② 郭志明、任涛主编：《毛泽东论统一战线》，北京：中国文史出版社1988年版，第4页。

义制度得到巩固并且赢得与资本主义相比较的优势是一个长期的艰难过程。正如邓小平指出的："我们搞社会主义才几十年，还处在初级阶段。巩固和发展社会主义制度，还需要一个很长的历史阶段，需要我们几代人、十几代人，甚至几十代人坚持不懈的努力奋斗，决不能掉以轻心。"① 胡锦涛也说："我们肩膀上的担子重、责任大。全党同志要牢记历史使命，永远保持谦虚、谨慎、不骄、不躁的作风，永远保持艰苦奋斗的作风，勇于变革、勇于创新，永不僵化、永不停滞，不动摇、不懈怠、不折腾，不为任何风险所惧，不被任何干扰所惑，坚定不移沿着中国特色社会主义道路奋勇并进，更加奋发有为地团结带领全国各族人民创造自己的幸福生活和中华民族的美好未来！"② 至于共产主义社会作为人类最崇高最美好的社会理想，它的实现则需要更长的历史过程。诚如江泽民所指出的："必须看到，实现共产主义是一个漫长的历史过程。"③

（三）列宁理论批判精神的当代启迪

在俄国伟大的十月革命胜利的影响下，世界各国的左派纷纷摆脱社会民主党的控制而建立起自己独立的政党，并在本国进行无产阶级革命运动。然而，这些新党往往存在成员比较年轻，虽有革命热情、要求学习俄国革命的经验，但普遍存在由于缺乏基本理论素养和现实斗争体验，不懂得阶级斗争规律和进行革命的战略、策略，不能把马克思主义的普遍真理同本国的具体实际相结合等不足；加之由于十月革命的胜利和世界革命运动高涨的鼓舞和推动，在欧美工人群众中也普遍存在着向左转的革命情绪和要求，在这种群众革命情绪高涨的形势下，无产阶级队伍中有些人在很多理论问题上表现出一些"左"的思想倾向，不利于国际共产主义运动的发展。基于这样的国际形势，列宁在国内事务极

---

① 《邓小平文选》第 3 卷，北京：人民出版社 1993 年版，第 379—380 页。
② 本书编写组：《胡锦涛在庆祝中国共产党成立 90 周年大会上重要讲话精神学习问答》，北京：党建读物出版社 2011 年版，第 27 页。
③ 《江泽民文选》第 3 卷，北京：人民出版社 2006 年版，第 293 页。

端繁忙、极端紧张的情况下，下决心撰写了《幼稚病》这本书。作为一部科学社会主义与国际共产主义运动方面的代表作，该书批判了国际共产主义运动中的"左"倾理论思潮，论述了布尔什维克党的马克思主义战略策略理论，其理论批判精神对建设当代中国特色社会主义也有重要思想启迪价值。

第一，批判空谈革命，倡导科学求实精神。十月革命后，党内有一些工作人员沉醉于十月革命初期所取得的辉煌胜利，沾染上了崇尚空谈革命的"左"倾习气。对此，列宁以无产阶级革命导师的大智大勇，坚持真理，力排众议，以科学求实精神同这股"左"倾思潮作了不屈不挠的斗争。列宁认为，坚持科学求实精神，就要敢于正视自己的困难和弱点，不能采取鸵鸟政策；决不能用感情代替政策，必须正确地估计国际革命形势，不能有任何主观随意性；同时，还要善于区分不同的国内外敌人，并对不同的敌人要采取不同的策略。列宁在《共产主义运动中的"左派"幼稚病》中指出："大概，现在差不多每个人都能看出，如果我们党没有极严格的真正铁的纪律，如果我们党没有得到整个工人阶级全心全意的拥护，就是说，没有得到工人阶级中所有一切善于思考、正直、有自我牺牲精神、有威信并且能带领或吸引落后阶层的人的全心全意的拥护，那么布尔什维克别说把政权保持两年半，就是两个半月也保持不住。"①

在我国社会主义革命和社会主义建设史上，空谈革命、头脑发热的"左"的倾向也是发生过的，甚至好像越"左"越革命，给社会主义革命和社会主义建设事业带来很大灾难。正确的做法应当是：在科学求实精神指引下，既把马克思列宁主义的理论应用于中国的具体环境，又使中国社会主义革命和中国特色社会主义建设丰富的实际马克思主义化，即要把中国社会主义革命和中国特色社会主义建设中丰富的实际经验升华为理论，形成中国化的马克思主义。正是在与这些错误倾向的斗争中，我们党不断总结经验，坚决排除干扰，坚持正确方向，坚决贯彻党

---

① 《列宁全集》第39卷，北京：人民出版社1986年版，第3—4页。

的基本路线，坚定不移地推进改革开放，坚定不移地坚持四项基本原则，聚精会神搞建设，一心一意谋发展，才使党的各项事业不断取得胜利。

第二，批判死板僵化，倡导具体情况具体分析。列宁认为，思想方法上的死板僵化，是共产主义运动中"左派"幼稚病的典型特征。用这样的思想方法来观察处理问题，就是片面性、绝对化、走极端，把一些正确的原则弄到荒谬的地步。这一思想方法的一个突出表现就是把真理与谬误简单地对立起来，以为一种策略或做法，好的就是绝对的好，坏的就是绝对的坏，好和坏在任何情况下永远是水火不相容的。在患有这种"左派"幼稚病的人看来，既然苏维埃政权优于资产阶级议会制度，那么，欧洲资本主义国家中的无产阶级政党就不应该再参加什么议会斗争；既然布尔什维克 1905 年抵制议会的行为是正确的，那么，各国无产阶级政党就应当不管在何种情况下都要毫无例外地采取抵制政策。他们不了解，世界上没有抽象的真理，真理都是具体的，任何真理性的认识都离不开一定的时间、地点和条件，都有它适用的范围和时域。由于"左派"共产主义者思维于抽象的对立之中，他们武断地把内容和形式绝对地对立起来，还否认原则性和灵活性的对立统一。毫无疑问，无产阶级政党首先要有革命的坚定性，要忠实代表无产阶级和广大人民并百折不挠地引导他们前进，决不能出卖他们的根本利益。但这并不仅仅意味着革命只能一股劲地向前和敌人硬拼，不允许任何退却和妥协。"左派"共产主义者把革命的道路看成是笔直的，是直线上升的，据此提出"不作任何妥协"和"不转折地前进"的口号，这显然是违反客观事物发展规律的。列宁指出，革命的内容和形式、原则性和灵活性是统一的，革命的机动、妥协和让步是革命策略的一个组成部分，"谁不懂得这一点，谁就是丝毫不懂得马克思主义，丝毫不懂得**现代的科学社会主义**。"① 在我国社会主义建设史上，在思想方法上也犯过与死板僵化类似的问题。例如，改革开放以前，就出现过所谓"宁要

---

① 《列宁选集》第 4 卷，北京：人民出版社 1995 年版，第 180 页。

社会主义的草、不要资本主义的苗""宁要穷的社会主义,不要富的资本主义"之类荒谬的假社会主义论调;改革开放之后,又有人受"左"倾思潮的影响,把我国的改革开放简单地说成是引进和发展资本主义,还有人甚至错误地认为吸收和借鉴资本主义就是放弃了社会主义方向去搞资本主义,就是要走资本主义的道路,把中国特色社会主义说成是"中国特色的资本主义"。实质上,这就是不能正确对待社会主义与资本主义的关系问题,是一种社会主义与资本主义动态关系上的死板僵化。列宁指出:"马克思主义的精髓,马克思主义的活的灵魂"是"对具体情况作具体分析"。①针对社会主义在经济文化相对落后国家首先建立的具体情况,列宁明确要求:必须利用现成的机构,因为不利用资本主义的有益遗产,就不能把社会主义建立起来。必须利用资本主义为反对我们而创造的一切文化珍品。……只有利用资本主义为反对我们而创造的材料,才能建立社会主义;我们应当利用这一切来建立社会主义,巩固社会主义。②改革开放以来,我们党遵照列宁这一光辉思想的引领,积极学习和利用资本主义的文明成果,开创了中国特色社会主义新局面,拓展、丰富和完善了中国特色社会主义道路、理论和制度,正是由于否定了思想方法上的死板僵化、正确处理好了社会主义和资本主义的关系使然。这一点,诚如邓小平所言:"我们要有计划、有选择地引进资本主义国家的先进技术和其他对我们有益的东西,但是我们决不学习和引进资本主义制度,决不学习和引进各种丑恶颓废的东西。"③"学习资本主义国家的某些好东西,包括经营管理方法,也不等于实行资本主义。这是社会主义利用这种方法来发展社会生产力。把这当作方法,不会影响整个社会主义,不会重新回到资本主义。"④认为"社会主义要赢得与资本主义相比较的优势,就必须大胆吸收和借鉴人类社会创造的一切文明成果,吸收和借鉴当今世界各国包括资本主义发达国家

---

① 《列宁选集》第4卷,北京:人民出版社1995年版,第213页。
② 《列宁全集》第35卷,北京:人民出版社1985年版,第416页。
③ 《邓小平文选》第2卷,北京:人民出版社1994年版,第167—168页。
④ 同上书,第236页。

的一切反映现代社会化生产规律的先进经营方式、管理方法"①。

第三,批判信念飘忽,倡导马克思主义指导思想不动摇。列宁在《幼稚病》中指出:"布尔什维主义是1903年在最坚固的马克思主义理论基础上产生的。而这个——也只有这个——革命理论的正确性,不仅为整个19世纪全世界的经验所证实,尤其为俄国革命思想界的徘徊和动摇、错误和失望的经验所证实。在将近半个世纪里,大约从上一世纪40年代到90年代,俄国进步的思想界在空前野蛮和反动的沙皇制度的压迫之下,曾如饥似渴地寻求正确的革命理论,专心致志地、密切地注视着欧美在这方面的每一种'最新成就'。俄国在半个世纪里,经受了闻所未闻的痛苦和牺牲,表现了空前未有的革命英雄气概,以难以置信的毅力和舍身忘我的精神去探索、学习和实验,经受了失望,进行了验证,参照了欧洲的经验,真是**饱经苦难才找到了**马克思主义这个唯一正确的革命理论。"② 实际上,不仅社会主义革命是如此,社会主义建设和改革也是如此。马克思主义作为"指导我们思想的理论基础",是我们立党立国的根本指导思想,也是中国特色社会主义的旗帜和导引。毋庸讳言,由于20世纪末国际共产主义运动遭受到严重挫折,在改革开放和发展社会主义市场经济的一定时期,马克思主义曾在一些人的心目中动摇乃至淡忘。然而,苏联社会主义的失败不能以为是社会主义的失败,马克思主义并不因此丧失其在推动全球文明发展的正确指引方向之意义。对于我们正在从事的中国特色社会主义建设事业而言,没有马克思主义作为强大的先进思想理论武器,必将因信念飘忽而走向歧途。从本质上看,所谓马克思主义的"全面退潮"只不过是一种暂时的现象。这一点,连美国马克思主义学者詹明信都认为:在"后冷战"时代,马克思主义与它唯一的研究和批判对象——资本主义一道重新获得了空前的问题性、活力和重要性。③ 倡导马克思主义指导思想不动摇,不是

---

① 《邓小平文选》第3卷,北京:人民出版社1993年版,第373页。
② 《列宁全集》第39卷,北京:人民出版社1986年版,第5—6页。
③ 〔美〕詹明信:《晚期资本主义的文化逻辑》,北京:生活·读书·新知三联书店1997年版,第2页。

一个可有可无的抽象口号。只有随着中国特色社会主义的发展而不断发展马克思主义，才是真正意义上的倡导和弘扬。当年毛泽东在读苏联《政治经济学教科书》时，就明确论述了坚持和发展马克思主义的关系。他说："马克思这些老祖宗的书，必须读，他们的基本原理必须遵守，这是第一。但是，任何国家的共产党，任何国家的思想界，都要创造新的理论，写出新的著作，产生自己的理论家，来为当前的政治服务，单靠老祖宗是不行的。"[①] 就此而言，建设中国特色社会主义，发展马克思主义、不断推出马克思主义中国化最新成果是其中首要的任务。新世纪新阶段，要推进中国特色社会主义建设，必须结合世情、国情和党情的实际，在回答哪些是必须长期坚持的马克思主义基本原理、哪些是需要结合新的实际加以丰富发展的理论判断、哪些是必须破除的对马克思主义的教条式的理解，哪些是必须澄清的附加在马克思主义名义下的错误观点的基础上，不断丰富和发展马克思主义，与时俱进、坚持不懈地用马克思主义中国化最新成果武装全党、教育人民、推动工作，才能逐步完善中国特色社会主义的道路、制度和理论体系。

第四，批判本本主义，倡导一切从实际出发。由于十月革命发生在俄国这样一个生产力发展相对落后、资本主义发展比较薄弱的国家里，因而新生的苏维埃政权在社会主义革命胜利后遇到了许多新的问题。布尔什维克正在做前人没有做过的事、走前人没有走过的路，他们不能从马克思主义书本上寻找各种解决具体问题的现成答案。在这种情况下，列宁特别指出一切从实际出发的观点，强调要根据丰富多彩、新鲜活泼的实践经验来充实和发展科学社会主义理论。他说："'事在人为'，工人和农民应当把这个真理牢牢记住。他们应当懂得，现在一切都在于实践，现在已经到了这样一个历史关头：理论在变为实践，理论由实践赋予活力，由实践来修正，由实践来检验"，工人农民的每一步实际行动，

[①] 《毛泽东文集》第8卷，北京：人民出版社1999年版，第109页。

"都比一打冠冕堂皇的关于社会主义的议论更重要"①。批判本本主义，倡导一切从实际出发，列宁一方面反对党内一些人，特别是一批"共产主义者"用本本主义的态度对待社会主义；另一方面也批判国际共产主义运动中的一些"左派共产主义者"把俄国某些经验绝对化的倾向。在讨论俄国为了解决向社会主义过渡而采取的每个新步骤、新做法时，列宁还注意引导党内外群众坚持从实际情况出发，而不能拘泥于书本字句。他认为，"对俄国来说，根据书本争论社会主义纲领的时代已经过去了"，"今天只能根据经验来谈论社会主义"②。在当时的俄国，社会主义既然已经深入到人们的日常生活之中，已经变成了活生生的有血有肉的现实，在这一背景下，如果两只眼睛还只是盯住书本，而对现实生活却不屑一顾，那就肯定会犯错误，甚至是大的错误。正是在批判本本主义，倡导一切从实际出发的意义上，列宁在《幼稚病》中告诫："共产主义者的任务，像在任何时候一样，也是要善于针对各阶级和各政党相互关系的特点，针对共产主义客观发展的特点来运用共产主义普遍的和基本的原则；要看到这种特点每个国家各不相同，应该善于弄清、找到和揣摩出这种特点。"③当前，中国特色社会主义正处于社会主义初级阶段，这个阶段是社会主义经济、政治、文化、社会和生态文明的基础已经建立但尚未进入实现了现代化的更高阶段的特定历史阶段，任何企图超越这一历史阶段的认识和实践都是违反中国特色社会主义客观发展规律和脱离中国国情的，是"左"倾错误理论的反映。所以，必须以史为鉴、资政育人、解放思想、与时俱进，正视不发达的这一基本"事实"，批判本本主义、遵循实践第一要求，不能超越这一特定的历史发展阶段。只有这样，才能真正抛弃共产主义运动中的"左"倾错误理论，彻底告别共产主义运动中的"左"倾幼稚病。当然，实践发展永无止境，认识真理也永无止境，理论创新更是永无止境。"社会主

---

① 《列宁选集》第3卷，北京：人民出版社1995年版，第381页。
② 《列宁全集》第34卷，北京：人民出版社1985年版，第466页。
③ 《列宁全集》第39卷，北京：人民出版社1986年版，第69页。

义从来都是在开拓中前进的。"① 中国特色社会主义因之必将在实践基础上、在党和人民的创造性实践中不断优化和拓展，中国特色社会主义道路、理论和制度也必将在从自身实际出发中不断完善和发展。

二、几种观点的述评

应该指出，由于世界历史发展的动态性、不平衡性，社会主义革命在经济文化比较落后的国家首先取得了成功是一个事实，但这些国家在建立起社会主义制度之后，"什么是社会主义、怎样建设社会主义"确实是一个崭新的问题。在这些社会主义国家里，新建立起来的社会主义制度还处在巩固和发展的探索过程中，也难免犯包括"左"倾这样那样的错误。这里介绍和分析几种有一定代表性的观点，有助于我们更好理解《幼稚病》的当代意蕴。

1. 中国为什么会犯20年的"左"倾错误？胡乔木在1989年3月至4月在美国访问时所作的学术讲演中提出的这个问题，确实是发人深省。他认为，1958—1978年的20年间，总起来说是中国经济的动荡和停滞时期，是犯了20年的"左"倾错误，算其原因主要有五个方面。应该说，这个分析是比较全面和深刻的，值得关注。

第一，企图以比第一个五年计划时期增长速度更高的超高速来推进中国经济。理由是：中国有共产党的领导，有几亿渴望摆脱贫困落后状态的人民，而现在又已经有了强有力的社会主义制度。中国社会主义改造的过早成功，特别是几亿农民以意想不到的速度参加了合作社，使连续成功地领导中国革命20年以上的毛泽东相信，社会主义制度加上群众运动将是万能的武器。于是，就产生了1958年的"大跃进"。公平地说，"大跃进"在个别领域确实促进了一些开创性事业，但是对于整个国民经济却造成了严重的混乱和挫折。"大跃进"继续了三年，使中国吃够了苦头，也使全党一致同意改变方向，实行调整。毛泽东承认对如

---

① 《习近平谈治国理政》，北京：外文出版社2014年版，第23页。

何进行经济建设知识很少,还有很大的盲目性,以后也较少过问经济建设。但是认为中国可以在社会主义制度下以超常速度发展的思想,至少在一部分领导人中并不那么容易消失。

第二,相信经济建设不能离开阶级斗争。中国20世纪50年代前半期确实充满了阶级斗争,贫下中农先是打倒了地主,后来又充当了合作化运动的先锋;资本主义工商业的改造虽然是和平的,但也是紧张的阶级斗争的结果。1956年共产党的"八大"曾经宣布阶级斗争基本结束,但是接着不久在东欧出现了匈牙利的事件;1957年中国也发生了大大扩大了的反右派斗争,这些都被认为是阶级斗争还没有过去的证明。1959年中苏关系的恶化使中国对反对修正主义的口号加上了新的含义。1962年这个口号开始应用到国内和党内,同时开展了社会主义教育运动,这一运动波及每一个农村、企业和经济机构,终于升级为全国范围的"文化大革命"运动。对于经济领域的口号,先是"政治统帅经济",后是"抓革命,促生产"。在这个方针之下,经济工作的目标、方法、管理、领导人员和工作人员的选择以至具体项目和指标的决定,都可以变成含有阶级斗争的意义。这种观念在今天看来是不可思议的,在当时居然可以被说得"顺理成章",而且能够形成并且在一定程度上为多数人所接受,至少在表面上接受,这不能不说是由于阶级斗争的思维惯性和行为惯性的影响。

第三,追求某种空想的社会主义目标。随着1958年的"大跃进",中国发生了对于共产主义理想的狂热。1958年出现的把工农商学兵、政治经济社会结合在一种组织内的农村人民公社,企图把乡村乌托邦化。农村人民公社曾被认为是向共产主义过渡的最好形式,而城市竟被置之度外,这个事实表明当时的共产主义理想是多么天真。人民公社实行的"供给制"和其他统一分配的方法虽被纠正了,但是公社这种政社合一的农村机构却直到20世纪80年代才被解散。同时,中国虽在1956年实行了等级工资制度,但受长期革命战争传统的影响,对物质利益原则在思想上一直采取抵制态度。人民公社的供给制的试验虽然失败,分配上的接近平均仍被当作基本信条。这些都带有自然经济的色彩，不利于商品经济的发展。而且，人民公社和"大跃进"都是依靠群众运动的方式来推进的。姑不论这种运动有多大程度的真正的群众性，它之不适宜于经济工作是显而易见的。直到"文化大革命"结束，群众运动的工作方式才逐渐被中国承认为并不是建设社会主义的必需品。1958年以后中国经济工作所追求的另一个和最重要的主题是革命化或不断革命。在1963年以后，经济工作和其他工作一样，以"反修""防修"，批判资产阶级、防止资产阶级复辟为中心，这种观念在"文化大革命"中发展为无产阶级专政下继续革命的理论。这样，虽然毛泽东始终没有放弃把国民经济搞上去和实现四个现代化的宏愿，但在事实上，以上所说的中国空想社会主义的目标，即平均主义、自给自足、不断发动群众运动和不断革命，却使经济建设在社会主义事业中的地位愈来愈低，遇到的人为障碍愈来愈多，"抓革命促生产"只能成为一句空话。

第四，1950年—1970年的国际环境恶化和对于国际环境的过火反应。在国际共产主义运动史上，"左"倾错误通常都是某种封闭状态的产物。美国对中国的封锁、包围和军事威胁，在长期内使中国处于备战状态；台湾反攻大陆的企图，加剧了中国的危机感。20世纪50年代后期中苏关系恶化，60年代后期苏联也对中国采取军事包围和威胁的战略。中国感觉全世界似乎都在打算围困和扼杀剩下的仅有的革命圣地。战争威胁迫使中国把经济建设放在服从于战备的地位，这就产生了全国范围的"三线建设"，包括"大三线"和"小三线"，而且选址要按照所谓"山、散、洞"的原则。这种状况，不但大大扰乱了中国建设的步伐，而且在很大程度上使中国的建设投资的分配和新的工业布局变得很不合理。但无论如何，作为世界最后的革命堡垒，中国国内必须高度革命化，并且承担各种国际主义革命义务。这种献身精神可以在一定范围内说明中国共产党和中国人民为什么能够忍受长期"左"的政策带来的困难。70年代，美国和其他西方国家对中国的政策发生了大幅度的改变，中国恢复了在联合国的席位，中国和外部世界的交流逐步增加，这就为中国70年代末期开始的改革创造了外部条件。

第五，中国文化的落后和民主的缺乏。新中国成立后的经济政策中有许多明显的幼稚病和极端性，这既是经济落后的表现又是文化落后的表现。经济贫困产生某种贫困的文化，其典型的表现是把"一穷二白"当作中国的优点，这种贫困的文化显然加重了消除贫困的困难。1958年的"大跃进"和人民公社以及1966—1976年的"文化大革命"，对于马克思、列宁学说和社会主义原则的误解，都表明了这一点。在革命战争的长期发展过程中，中国农民的直接贡献确实比知识分子大得多，大多数知识分子当时被认为是站在资产阶级和地主方面。加入共产党并在党内具有影响的知识分子，在1927年革命失败时有许多人对革命丧失信心，而在革命复兴的过程中又有一批人成为极端"左"倾的教条主义分子，使毛泽东和其他革命家的有成效的努力遭到严重损失。这种情况，使毛泽东和党的相当数量的干部形成对于知识分子以及教育、科学、文化和知识本身的长期的轻视和偏见。这就使文化和经济处在容易被摧残的境地。

当然，无论存在着发生"左"倾错误的多少原因，中国"左"倾错误尤其是极端形式的长时间错误是可以避免的，不是不可避免的。社会主义中国不是没有迅速发展经济和文化，远不是在发展经济和文化方面缺乏必要的指导人才和广泛的群众支持。在1956年以前，中国经济政策的"左"倾错误可以说不存在，至少不明显。这个时期中国的改革发展从总体上说是从实际出发，是得到人民支持的。中国共产党团结一致，党内也有正常的民主。在1957年以后，中国的革命任务已经完成，社会主义的主题需要由革命斗争转向和平建设。这时，党内的一种趋势是适应历史的变化，继续从实际出发，力求中国经济在新的制度下稳定发展，同时继续完善新的制度。这是党内和国内大多数人的愿望。另一种趋势却不能适应历史的变化，坚持要求沿着过去长期的革命轨迹前进。毛泽东虽曾在1959年上半年和1961—1962年上半年领导或支持对"左"倾错误的纠正，但是他作为第二种趋势的代表的作用却更为突出。这样，他就不可避免地脱离实际、脱离群众，不可避免地要求助于个人作用和威信，最后导致个人专断和个人崇拜。1966年开始的

"文化大革命"持续十年,只是愈来愈遭到群众的反感,1976年的天安门事件表明了群众的正确判断。① 因此,尽管中国人民和中国共产党在表现自己的意志的时候受到过种种条件的限制,有过种种迷惘、困惑和失误,但社会主义并不是跟"左"倾错误相联,而是跟经济进步、文化进步、社会进步、政治进步相联系的。这些阐述,迄今仍是有一定道理的。②

2. 中国在防"左"方面,关键是要注意接受历史教训、加强党内民主。这一点,李锐认为,防"左"的问题确实是我们党有史以来的一个大难题,必须从根本上彻底解决,否则今后还可能出现麻烦,甚至再走弯路。

一方面,认为历史上"左"造成的恶果甚多,其中整人是最大的恶果之一。江西时期从富田事变开始"肃反",打"AB团"、打"社会民主党""改组派""罗章龙派"等,直到长征结束才停止。新中国成立之后,肃反发展到以言治罪,以思想划阶级。1957年前后反胡风、反右派、反地方主义,尤其反右,整了当时十分之一的知识分子,其中多高级知识分子与精英人物。庐山会议后反右倾,伤及一片。"四清"运动,认为有多数基层组织不在我们手中;十年"文革"更是遍地敌情、如山冤案。1978年后,平反一切冤假错案,基本结束了自己整自己的漫长历史。

为什么会反复出现上述历史情况?其根本原因:一是思想问题。说得简单一点,两个时期都吃亏于"左"的教条主义的束缚,长期局限于阶级斗争和"消灭一切私有制"的框框。马克思主义是科学,科学是发展的,是不能停滞的(真理也是如此)。马克思主义的精髓是实事求是,可以说,每个时代有每个时代的有同有异的马克思主义。而且,社会主义在历史上是作为一种人类社会理想提出来的。西方早期社会主

---

① 这个事实表明,正确地纠正"左"倾错误不是轻而易举的,中国必须是既反"左"又防右。
② 参见胡乔木:《胡乔木文集》(第二卷),北京:人民出版社2012年版,第273—281页。

义者囿于小生产的狭隘眼光，只能从道德上抨击初期资本主义的丑恶现象，无法找到实现自己理想的物质基础。马克思继承了早期社会主义者追求社会公正的价值观，根据产业革命后资本主义工业的发展与社会两极分化，看出了实现社会主义的物质条件和力量所在，从而提出实现社会主义的前提是"消灭一切私有制"。他们对社会主义如何实现公有制，不可能做具体设想。列宁急于消灭私有制和过渡到共产主义碰了钉子后，改行新经济政策，而且认为过渡到社会主义将是长期的过程。斯大林没有继承列宁的路线，反而批判布哈林，认为只有采取国家所有制和集体所有制、完全的计划经济（消灭商品）才能实现社会主义。而我们经过长期的痛苦的弯路，终于认识清楚市场经济是人类社会历史上不可逾越的一个阶段，现代市场经济制度适用于不同的国家和社会，它利多害少、包容性强、效率较高、成本较低。只有通过市场经济才能建设好初级阶段的社会主义，这是邓小平理论的一个大突破。把社会主义的最大优越性规定为实现共同富裕，避免两极分化（追求社会公正），社会实践已证明邓小平理论的正确。当然，随着实践的发展，这一新的马克思主义理论还要继续发展。

二是体制问题，即我们"党和国家领导制度的改革"还没有做得很好，这就同民主化的问题有关。中国有一个长达两千多年的封建专制主义统治历史，从秦始皇到蒋介石，个人专断、家长制、迷信时有出现。这种传统也不免影响我们的党和我们的新中国。革命和战争年代，地下党与根据地的党，对敌斗争尖锐、战争环境、军事生活，需要高度集中统一的领导，党政不分顺理成章；但当年也还有某些值得回忆的民主生活。延安"整风"开始，广泛填写"小广播表"，就逐渐不敢随便说话了。新中国成立之后，战争年代的这些传统不仅继承下来，而且历次运动有所发展。因为敌人变成了资产阶级及其知识分子，是有文化的人，于是阶级斗争更转入思想意识领域。1980年8月31日，中央政治局通过了邓小平的极其重要的讲话《党和国家领导制度的改革》。指出："权力过分集中，妨碍社会主义民主制度和党的民主集中制的实行，妨碍社会主义建设的发展，妨碍集体智慧的发挥，容易造成个人专断，破坏集体领导，也是在新的条件下产生官僚主义的一个重要原因。"可见封建主义的残余影响、权力过分集中、家长制作风、特权思想、党政不分、以党代政、党内民主生活不正常、法制的不完善和很不受重视等方面，都还没有很好解决。

另一方面，提出应当总结这20年（1978—1998年）来的经验教训。认为要彻底弄清楚我们走过的道路以及世界整体发展的趋势。总结最主要的成功经验，更要记住最关键的错误教训，避免再走弯路，21世纪走上康庄大道。应当像总结前两个《历史决议》一样，作出我们党的第三个《历史决议》。当然，什么时候办这件大事，要由时机成熟而定。但这件事是非办不可的。要允许个人思考，也要让学术机构研究；是自发进行，还是组织领导？是内部"动态参考"，还是允许报刊讨论？研究历史，不能设禁区。前两个《历史决议》当年都进行过广泛深入的讨论，尤其第二个《历史决议》，全国4000人参加讨论，真正做到了知无不言，言无不尽。大家摆事实、讲道理，去掉一切个人恩怨，以党和国家的前途为重，指导思想还是"解放思想，实事求是，团结一致向前看"。相信这件事终能办好。

同时，还指出了中国今后的危险是什么的问题。认为要保证党今后少犯错误或不犯错误，使我国经济与社会生活更加顺利发展，考虑我们有哪些存在和潜在的危险，这仍是一个至关重要的大问题。① 这些忧国忧民的思想观念，应该说是很有参考意义的。

3. 湖南有专家主要从社会主义时期"左"倾思潮的表现形态、根源和克服途径等三个方面作出分析，确实是富有启迪价值。

（1）关于社会主义时期"左"倾思潮的表现形态问题。认为所谓"左"倾，就是对实事求是原则的背离，是共产主义运动内部的错误思潮。从这20年来"左"的发展过程来看，它具体地表现在以下六个方面：思想上主要表现为主观主义；经济上主要表现为急躁冒进；政治上

---

① 参见李锐：《接受历史教训　加强党内民主——关于防"左"的感想与意见》，见董郁玉、施滨海编：《政治中国：面向新体制选择的时代》，北京：今日中国出版社1998年版，第368—381页。

主要表现为革命狂热；组织上主要表现为宗派主义；策略上主要表现为两边开弓、四面出击；方法上主要表现为一窝蜂、一刀切。干什么事不因地制宜、不因事而别、不因人而异。贯彻方针政策、学习先进经验，不领会其精神实质、不结合本单位的实际情况、不分时间地点和条件，搞一刀切，结果不是走样、就只是热热闹闹一阵子。总之，过去"左"的错误在这几个主要方面都有程度不同的表现。当然，我们还应看到，在不同时期不同阶段，其特点和内容并不尽同。

（2）关于社会主义时期"左"倾思潮的根源问题。认为我国社会主义建设时期，曾长期存在如此严重的"左"倾思潮并不是一种偶然的现象，也不是个别人的过错，而有其深刻的多方面的根源。

一是历史根源。翻开国际共产主义运动的历史，我们可以看到，"左"倾思潮由来已久，特别是在农民和小资产阶级占多数的国家里，几乎是一种通病。由于共产国际建立以来较长时期内与右的机会主义作斗争，于是在人们的心目中造成一种错觉，似乎无产阶级革命主要是反右，而对逐渐滋长起来的"左"的情绪没有给予足够的注意。列宁总结历史经验，及时地提出了共产党人在反右的时候不能忘记防"左"。斯大林在社会主义建设时期则犯了比较严重的"左"的错误。我们党在新民主主义革命时期也屡次犯过"左"的错误。在土地革命时期连续出现的三次"左"倾错误，往往是纠正了一些已被实践证明是根本行不通的错误做法，却没有注意纠正党内普遍存在的"左"的指导思想和"左"的盲动情绪，而是过分追究个人责任。到了社会主义建设时期，对待每次"左"的错误在某些具体问题上，虽然也做过一些批评和纠正；但都没有从总体上剖析，没有从指导思想上进行认真清理。所以"左"倾错误在受到客观规律的惩罚以后在某些问题上也有所收敛；但一旦形势稍有好转，它又开始抬头，甚至表现为新的更严重的"左"倾错误。这就是"左"倾思潮存在的历史根源。

二是思想根源。唯物辩证法表明，一切事物都在一定的空间和时间中运动。人的思想和行动如果不以时间、地点和条件为转移，就会使主观和客观、认识和实践相脱离，陷入主观主义。当然，主观主义既可以导到"左"，也可以导致右，而在什么情况下可以成为"左"倾错误的思想根源呢？过去的传统观点把区分的界限，定在认识的时间顺序上是超越还是落后于客观实际这一点上。其实，并不尽然。需要具体情况具体分析。当人们把主观愿望当真理，把仅仅在将来才能实现的理想勉强放到现在来做的时候，思想认识就表现为超越客观实际。就拿无产阶级的奋斗目标来说，无产阶级和共产党人是为着人类最美好的理想——共产主义而奋斗的，因而我们的事业是有前途和希望的，这都是其他任何阶级所不可企及的。问题是要正确处理好长远奋斗目标和现实斗争任务的关系。而一般来说，人们都希望革命早日成功，早日进入共产主义社会，这是可以理解的；但是，共产主义运动是科学，科学就要求主观愿望与客观实际相符合，如果把这种主观愿望付之于实践、见诸于方针政策之中，势必导致"左"的错误。

（3）关于社会主义时期"左"倾思潮的克服途径问题。认为历史上"左"倾错误所造成的危害，可以说是触目惊心。为此，需要找到克服途径：

一是在理论上要分清是非并提高马克思主义理论水平。马克思主义者对待任何错误思潮都是十分注重理论分析的，从理论上毁掉它们的最后一个避难所。这里有四个问题需要弄清楚：如何看待小资产阶级的革命性；如何用历史唯物主义的观点看待资产阶级的问题；如何看待小资产阶级和资产阶级思想的问题；如何看待我国"左"与右的阶级根源问题等。

二是从思想上提高警惕并树立长期作战的思想。从历史上看，清算一种错误思潮、一条错误路线，都不是轻而易举的。我们要彻底清除在20世纪50年代后期开始形成而在"文化大革命"中又达到了十分完备的"左"倾错误，更非易事。因为这次"左"的错误，不仅时间之长、范围之广在党的历史上是空前的，而且理论形态之完备也是仅有的。所以我们不仅要清理指导思想上的问题，还要提高广大党员、干部和人民群众的思想觉悟和理论水平，而这些都需要有一个时间较长的过程才能做到；而且产生"左"倾错误的根源，由于国际国内的原因，在短期内也是不可以彻底铲除的。因此，它就有可能在新的条件下以新的面目重新表现出来。所有这一切都说明，彻底从"左"的思想影响下解放出来，不再重蹈"左"的错误，需要我们付出长期的努力并树立持久作战的思想；同时，还要善于作战即树立实事求是的态度，有"左"反"左"、有右反右，在反"左"的时候要注意防右、在反右的时候注意防"左"，防止一种倾向掩盖着另一种倾向。

三是在组织上要采取有效措施。列宁在反对错误思潮和派别斗争的过程中，注意分寸，区别哪种是需要割除的"坏疽"，哪种是可以医治而需要耐心处置的"病痛"。在我们队伍中犯"左"的错误一般也有两种情况：一种是"顽症状"，还有一种是"幼稚病"。因此，要克服这些问题，不仅要敢于反右，而且要敢于反"左"。只有从组织上采取有效措施，才能尽快地克服涣散状态。

四是要健全社会主义民主制、健全党和国家政治生活中的集体领导原则和民主集中制原则。长期以来，民主集中制原则没有得到充分地贯彻，有的时候甚至遭到破坏，以致人民管理国家事务的民主权利得不到充分发挥。对此，如果不从制度上去考察而仅仅追究个人的责任，那不是唯物史观，也不能吸取有益的教训。我们一定要继续努力，把我们党和国家的民主法制进一步健全和发展起来，绝不能让过去带血的教训重演！[①]

4. 有关联系当代中国实际特别是邓小平南方讲话的内容并结合《幼稚病》现实性的代表性分析的文章。

例如，杨春贵联系邓小平在南方讲话中说"中国要警惕右，但主要是防止'左'"的论断，认为这是对于我们党长期历史经验的科学总

---

① 参见周作翰：《求真思录》（增订本），长沙：湖南教育出版社2002年第2版，第188—200页。

结,对排除"左"和右的干扰、使我们始终沿着中国特色社会主义道路前进有重要而深远的意义,并从坚持党的基本路线要排除"左"右两种干扰、目前重点主要是防止"左"、在反对一种倾向的时候要注意可能掩盖的另一种倾向等三个方面作了具体分析。

又如,陈登才认为,邓小平南方讲话提出"中国要警惕右,但主要是防止'左'",这是对历史和现实两条战线斗争经验的科学总结,为我们全面贯彻"一个中心,两个基本点"的基本路线指明了方向。对此,他提出必须明确四个问题,即要警惕右、主要是防"左"体现了辩证唯物主义的两点论和重点论的精神;为什么"左"是根深蒂固的?邓小平用"根深蒂固"这个成语来形容"左"的东西,是非常准确的;"左"和右都可以葬送社会主义;"左"和右的根源是主观唯心主义。

再如,徐伟新认为,反"左"是一项长期而艰巨的任务,并着重展开谈了三点,即要深刻理解邓小平南方讲话精神并从"左"的禁锢中解放出来;"左"是改革开放的主要障碍;反"左"是一项长期的任务。①

应当说,这些分析和论证都不无道理,不能不引起我们的深思。

综上所述,1920年列宁为指导共产国际和各国共产党的建设、推进世界社会主义运动而撰写并发表的名著《幼稚病》,总结了俄国1905年、1917年2月、10月等三次革命和苏维埃国家成立初期的历史经验,揭示了无产阶级政党领导的重要性和坚持党的纪律的必要性,并就坚持党的正确的思想路线和策略原则等重要思想做了阐明;进一步发展了无产阶级政党和无产阶级专政的理论,阐述了马克思主义战略策略的基本原则,以及布尔什维克党争取群众的经验。全书充满了革命朝气和理论活力,反映了列宁领导的布尔什维克党的成熟,处处感人的是无产阶级政党的领导艺术,时时教人掌握的是革命的辩证法。近一百年来,不同

---

① 参见中共中央党校哲学教研部选编:《实现思想上再一次大解放》,北京:中共中央党校出版社1993年版,第235—263页。

国家、不同时期出版过不同的版本，展示出不同时期对该书的不同认识态度和思维脉络。分析、整理和研究这一著作的编译、传播和研究情况，在世情、国情、党情发生深刻变动的新的历史形势下，对于加强我们党的建设，深入推进中国特色社会主义事业和世界社会主义运动不断前进，具有重要的文献价值以及理论和实践意义。

第四部分　经典著作选编

列　宁

共产主义运动中的"左派"幼稚病

（1920年4—5月）

一　在什么意义上可以说俄国革命具有国际意义？

无产阶级在俄国夺取政权（1917年10月25日，即公历11月7日）后的最初几个月，人们可能觉得，由于落后的俄国同先进的西欧各国有巨大的差别，西欧各国的无产阶级革命同我国的革命将很少有相似之处。现在我们已经有相当丰富的国际经验，它十分明确地说明，我国革命的某些基本特点所具有的意义，不是局部地区的、一国特有的、仅限于俄国的意义，而是国际的意义。我这里所说的国际意义不是按广义来说的，不是说：不仅我国革命的某些基本特点，而且所有基本特点和许多次要特点都具有国际意义，都对所有国家发生影响。不是的，我是按最狭义来说的，就是说，所谓国际意义是指我国所发生过的事情在国际上具有重要性，或者说，具有在国际范围内重演的历史必然性，因此必须承认，具有国际意义的是我国革命的某些基本特点。

当然，要是夸大这个真理，说它不限于我国革命的某些基本特点，那是极大的错误。如果忽略另外一点，同样也是错误的，那就是：只要有一个先进国家的无产阶级革命取得了胜利，就很可能发生一个大变化，那时，俄国很快就不再是模范的国家，而又会成为落后的（在"苏维埃"和社会主义的意义上来说）国家了。

但在目前历史时期，情况正是这样：俄国这一模范向所有国家展示了它们在不久的将来必然会发生某些事情，而且是极重大的事情。各国先进工人早就懂得了这一点，而在更多的情况下，与其说是懂得了这一点，不如说是他们凭着革命阶级的本能而领悟到了这一点，感觉到了这一点。因此苏维埃政权以及布尔什维主义的理论原理和策略原理具有国际的"意义"（按狭义来说）。第二国际的"革命"领袖们，如德国的考茨基、奥地利的奥托·鲍威尔和弗里德里希·阿德勒之流不懂得这一点，因此他们成了反动分子，成了最坏的机会主义和背叛社会主义的行为的辩护人。例如，1919年维也纳出版的一本没有署名的小册子《世界革命》（《Weltrevolution》）（《社会主义丛书》伊格纳茨·勃兰德出版社版第11册），就异常清楚地表明了这些人的整个思路和整套思想，更确切些说，表明了他们的困惑、迂腐、卑鄙和对工人阶级利益的背叛，已经达到了无以复加的程度，而这一切又都是用"捍卫""世界革命"的思想作幌子的。

但是，对于这本小册子的详细评论，要等以后有机会时再说了。这里我们只想再指出一点：在很久以前，当考茨基还是一个马克思主义者而不是叛徒的时候，他曾经以一个历史学家的态度看问题，预见到可能会有一天，俄国无产阶级的革命精神将成为西欧的模范。这是1902年的事，当时考茨基在革命的《火星报》上写了一篇题为《斯拉夫人和革命》的文章。他是这样写的：

"现时〈与1848年不同〉可以认为，不仅斯拉夫人加入了革命民族的行列，而且革命思想和革命活动的重心也愈来愈移向斯拉夫人那里。革命中心正从西向东移。19世纪上半叶，革命中心在法国，有时候在英国。到了1848年，德国也加入了革命民族的行列……揭开新世纪序幕的一些事变使人感到，我们正在迎接革命中心的进一步转移，即向俄国转移……从西欧接受了这么多的革命首创精神的俄国，也许现在它本身已有可能成为西欧革命动力的源泉了。轰轰烈烈的俄国革命运动，也许会成为一种最强有力的手段，足以铲除在我们队伍中开始蔓延的萎靡不振的庸俗习气和鼠目寸光的政客作风，促使斗争的渴望和对我们伟大理想的赤诚重新燃起熊熊的火焰。俄国对于西欧来说早已不再是反动势力和专制制度的堡垒了。现在的情况也许恰恰相反。西欧正变成支持俄国反动势力和专制制度的堡垒……俄国的革命者如果不是同时必须跟沙皇的同盟者——欧洲资本作战，也许早就把沙皇打倒了。我们希望，这一次他们能够把这两个敌人一起打倒，希望新的'神圣同盟'比它的前驱垮得更快一些。但是不管俄国目前斗争的结局如何，那些在斗争中牺牲的烈士（不幸的是，牺牲的人会很多很多）所流的鲜血和所受的苦难，决不会是白费的。他们将在整个文明世界中培育出社会革命的幼苗，使它们长得更茂盛、更迅速。1848年时，斯拉夫人还是一股凛冽的寒流，摧残了人民春天的花朵。也许现在他们注定要成为一场风暴，摧毁反动势力的坚冰，以不可阻挡之势给各国人民带来新的幸福的春天。"（**卡尔·考茨基**《斯拉夫人和革命》，载于1902年3月10日俄国社会民主党的革命报纸——《火星报》第18号）

卡尔·考茨基在18年前写得多好啊！

二 布尔什维克成功的基本条件之一

大概，现在差不多每个人都能看出，如果我们党没有极严格的真正铁的纪律，如果我们党没有得到整个工人阶级全心全意的拥护，就是说，没有得到工人阶级中所有一切善于思考、正直、有自我牺牲精神、有威信并且能带领或吸引落后阶层的人的全心全意的拥护，那么布尔什维克别说把政权保持两年半，就是两个半月也保持不住。

无产阶级专政是新阶级对**更强大的**敌人，对资产阶级进行的最奋勇和最无情的战争。资产阶级的反抗，由于资产阶级被推翻（哪怕是在一个国家内）而**凶猛十倍**；资产阶级的强大不仅在于国际资本的力量，在于它的各种国际联系牢固有力，而且还在于**习惯的力量**，**小生产**的力量。这是因为世界上可惜还有很多很多小生产，而小生产是经常地、每日每时地、自发地和大批地**产生着**资本主义和资产阶级的。由于这一切原因，无产阶级专政是必要的，不进行长期的、顽强的、拼命的、殊死的战争，不进行需要坚持不懈、纪律严明、坚定不移、百折不挠和意志统一的战争，便不能战胜资产阶级。

再说一遍，俄国无产阶级专政取得胜利的经验向那些不善于思索或不曾思索过这一问题的人清楚地表明，无产阶级实现无条件的集中和极严格的纪律，是战胜资产阶级的基本条件之一。

人们时常议论这个问题。但是这到底是什么意思呢？这在什么情况下才是可能的呢？关于这些，他们却考虑得远远不够。在对苏维埃政权和布尔什维克欢呼的同时，是不是应该对布尔什维克为什么能够建立革命无产阶级所必需的纪律的原因**多作些极其认真的分析**呢？

布尔什维主义作为一种政治思潮，作为一个政党而存在，是从1903年开始的。只有布尔什维主义存在的**整个**时期的历史，才能令人满意地说明，为什么它能够建立为无产阶级胜利所必需的铁的纪律并能在最困难的条件下坚持住这种纪律。

这里首先发生这样一个问题：无产阶级革命政党的纪律是靠什么来维持的？是靠什么来检验的？是靠什么来加强的？第一，是靠无产阶级先锋队的觉悟和它对革命的忠诚，是靠它的坚韧不拔、自我牺牲和英雄气概。第二，是靠它善于同最广大的劳动群众，首先是同无产阶级劳动群众，**但同样也同非无产阶级**劳动群众联系、接近，甚至可以说在某种程度上同他们打成一片。第三，是靠这个先锋队所实行的政治领导正确，靠它的政治战略和策略正确，而最广大的群众根据**切身经验**也确信其正确。一个革命政党，要真正能够成为必将推翻资产阶级并改造整个社会的先进阶级的政党，没有上述条件，就不可能建立起纪律。没有这些条件，建立纪律的企图，就必然会成为空谈，成为漂亮话，成为装模作样。可是另一方面，这些条件又不能一下子就产生。只有经过长期的努力和艰苦的实践才能造成这些条件；正确的革命理论——而理论并不是教条——会使这些条件容易造成，但只有同真正群众性的和真正革命的运动的实践密切地联系起来，这些条件才能最终形成。

布尔什维主义所以能够建立并且在1917—1920年异常艰难的条件

下顺利地实现极严格的集中和铁的纪律，其原因仅仅在于俄国有若干历史特点。

一方面，布尔什维主义是 1903 年在最坚固的马克思主义理论基础上产生的。而这个——也只有这个——革命理论的正确性，不仅为整个 19 世纪全世界的经验所证实，尤其为俄国革命思想界的徘徊和动摇、错误和失望的经验所证实。在将近半个世纪里，大约从上一世纪 40 年代至 90 年代，俄国进步的思想界在空前野蛮和反动的沙皇制度的压迫之下，曾如饥如渴地寻求正确的革命理论，专心致志地、密切地注视着欧美在这方面的每一种"最新成就"。俄国在半个世纪里，经受了闻所未闻的痛苦和牺牲，表现了空前未有的革命英雄气概，以难以置信的毅力和舍身忘我的精神去探索、学习和实验，经受了失望，进行了验证，参照了欧洲的经验，真是**饱经苦难才找到了马克思主义这个唯一正确的革命理论**。由于人们在沙皇政府的迫害下侨居国外，俄国的革命者在 19 世纪下半叶同国际的联系相当广泛，对世界各国革命运动的形式和理论十分熟悉，这是世界上任何一国所不及的。

另一方面，在这个坚如磐石的理论基础上产生的布尔什维主义，有了 15 年（1903—1917 年）实践的历史，这段历史的经验之丰富是举世无比的。这是因为任何一个国家在这 15 年内，在革命经验方面，在各种运动形式——合法的和不合法的、和平的和激烈的、地下的和公开的、小组的和群众的、议会的和恐怖主义的形式——更替的迅速和多样性方面，都没有哪怕类似这样丰富的经历。任何一个国家都没有在这样一个短短的时期内，集中了现代社会**一切**阶级进行斗争的如此丰富的形式、特色和方法，而且由于俄国的落后和沙皇制度的残酷压迫，这个斗争成熟得特别迅速，它如饥如渴又卓有成效地吸取了欧美政治经验方面相宜的"最新成就"。

三　布尔什维主义历史的几个主要阶段

革命准备年代（1903—1905 年）。处处都感到大风暴即将到来。一切阶级都动了起来，准备应变。国外的侨民报刊，从理论上提出了革命的**一切**基本问题。三个主要阶级的代表，即自由主义资产阶级派、小资产阶级民主派（它挂着"社会民主"派和"社会革命"派的招牌）和无产阶级革命派这三个主要政治派别的代表，在纲领观点和策略观点上进行着十分激烈的斗争，预示着和准备着行将到来的公开的阶级斗争。1905—1907 年间以及 1917—1920 年间导致群众武装斗争的**一切**问题，都可以（而且应当）在当时报刊上找到它们的最初提法。自然，在这三个主要派别之间，还有无数中间的、过渡的、摇摆的派别。确切些说，在各机关报刊、各政党、各派别、各集团之间所展开的斗争中，逐渐形成真正代表阶级的各种思想政治派别；各阶级都在为未来的战斗锻造自己的思想政治武器。

革命年代（1905—1907 年）。一切阶级都公开登台了。一切纲领观点和策略观点都受到群众行动的检验。罢工斗争的广泛和激烈是世界上前所未见的。经济罢工发展为政治罢工，政治罢工又发展为起义。领导者无产阶级同动摇不定的被领导者农民之间的相互关系，受到了实际检验。苏维埃这种组织形式在自发的斗争进程中诞生了。当时关于苏维埃的意义的争论，就预示了 1917—1920 年间的伟大斗争。议会斗争形式和非议会斗争形式的更替，抵制议会活动的策略和参加议会活动的策略的更替，合法的斗争形式和不合法的斗争形式的更替，以及这些斗争形式的相互关系和联系——这一切都具有异常丰富的内容。这个时期的每一个月，就群众和领袖、阶级和政党所受的政治科学原理的训练来说，可以等于"和平""宪政"发展时期的整整一年。没有 1905 年的"总演习"，就不可能有 1917 年十月革命的胜利。

反动年代（1907—1910 年）。沙皇制度胜利了。一切革命党和反对党都失败了。消沉、颓丧、分裂、涣散、叛卖和色情代替了政治。追求哲学唯心主义的倾向加强了；神秘主义成了掩盖反革命情绪的外衣。但同时正是这一大失败给革命政党和革命阶级上了真正的和大有教益的一课，上了历史辩证法的一课，上了使它们懂得如何进行、善于进行和巧妙地进行政治斗争的一课。患难识朋友。战败的军队会很好地学习。

胜利了的沙皇制度，不得不加速破坏俄国资本主义以前的宗法制度残余。俄国资产阶级性质的发展突飞猛进。非阶级的、超阶级的幻想，认为可以避免资本主义的幻想，都破灭了。阶级斗争采取了完全新的、更加鲜明的形式。

革命政党应当补课。它们学习过进攻。现在必须懂得，除了进攻以外，还必须学会正确地退却。必须懂得——而革命阶级也正在从本身的痛苦经验中领会到——不学会正确的进攻和正确的退却，就不能取得胜利。在所有被击败的反对党和革命党中，布尔什维克退却得最有秩序，他们的"军队"损失得最少，骨干保存得最多，发生的分裂最小（就其深度和难于挽救的程度来说），颓丧情绪最轻，他们最广泛、最正确和最积极地去恢复工作的能力也最强。布尔什维克所以能够如此，只是因为他们无情地揭露了并且驱逐了口头革命家，这些人不愿意懂得必须退却，必须善于退却，必须学会在最反动的议会、最反动的工会、合作社、保险会等组织中进行合法工作。

高潮年代（1910—1914年）。高潮起初来得非常缓慢，1912年勒拿事件后，稍微快了一些。经过1905年，整个资产阶级看清了孟什维克是资产阶级在工人运动中的代理人，于是千方百计来支持他们反对布尔什维克，布尔什维克克服了闻所未闻的困难，才打退了他们。但是，如果布尔什维克不是运用了正确的策略，即既要进行不合法的工作，又必须利用"合法机会"，那他们是永远做不到这一点的。在最反动的杜马中，布尔什维克把整个工人选民团都争取过来了。

第一次帝国主义世界大战（1914—1917年）。在"议会"极端反动的条件下，合法的议会活动使布尔什维克这一革命无产阶级的政党获得了极大的益处。布尔什维克代表被流放到西伯利亚。社会帝国主义、社会沙文主义、社会爱国主义、不彻底的和彻底的国际主义、和平主义以及反对和平主义幻想的革命主张——所有这些形形色色的观点，都在我们的侨民报刊上充分反映出来了。第二国际中的书呆子和老懦夫，看到俄国社会主义运动内部"派别"繁多，斗争剧烈，都高傲地嗤之以鼻，可是战争把**一切**先进国家中夸耀一时的"合法性"夺去以后，他们甚至连近似俄国革命家在瑞士和其他一些国家里组织自由（秘密）交换意见和自由（秘密）探索正确观点这样的事情，都没有做到。正因为如此，各国公开的社会爱国主义者也好，"考茨基主义者"也好，都成了最恶劣的无产阶级叛徒。布尔什维主义所以能在 1917—1920 年间获得胜利，其基本原因之一，就是它从 1914 年底就开始无情地揭露社会沙文主义和"考茨基主义"（法国的龙格主义以及英国的独立工党首领、费边派和意大利的屠拉梯之流的见解，也同"考茨基主义"一样）的卑鄙龌龊和下流无耻，而群众后来根据自身的经验，也日益相信布尔什维克的观点是正确的。

俄国第二次革命（1917 年 2 月至 10 月）。沙皇制度的极端腐朽和衰败（加上极其痛苦的战争的打击和负担）造成了一种摧毁这个制度的极大力量。在几天之内，俄国就变成了比世界上任何国家都自由（在战争环境里）的资产阶级民主共和国。反对党和革命党的领袖，也同在最"严格的议会制"共和国内一样，出来组织政府；而且议会（尽管是反动透顶的议会）反对党领袖的身分，**使**这种领袖在革命中**容易**继续发挥作用。

孟什维克和"社会革命党人"在几个星期内就对第二国际的欧洲英雄们、内阁派以及其他机会主义渣滓的那套方法和手腕、那套论据和诡辩十分精通了。我们现在读到有关谢德曼和诺斯克之流、考茨基和希法亭、伦纳和奥斯特尔利茨、奥托·鲍威尔和弗里茨·阿德勒、屠拉梯和龙格、英国费边派及独立工党领袖等人的一切评述，总觉得是（事实上也是）旧调重弹，索然无味。所有这些我们已经在孟什维克那里见过了。历史真是开了个玩笑，竟使一个落后国家的机会主义者抢到许多先进国家机会主义者的前面去了。

如果说第二国际的一切英雄都破了产，他们在苏维埃和苏维埃政权的意义和作用这个问题上丢了脸，如果说现在脱离了第二国际的三个非常重要的政党（即德国独立社会民主党、法国龙格派的党和英国独立工党）的领袖们，在这个问题上也特别"光彩地"丢了脸而且变得糊涂透顶，如果说所有这些人都成了小资产阶级民主派偏见的奴隶（同1848年自命为"社会民主派"的小资产者一模一样），那么**这一切**我们已经在孟什维克身上看到了。历史开了这样的玩笑：1905年俄国产生了苏维埃；在1917年2月到10月间，孟什维克篡改了苏维埃，他们由于无法理解苏维埃的作用和意义而破产了；现在，苏维埃政权的思想已经**在全世界**诞生，并且正以空前未有的速度在各国无产阶级中间传播开来，而第二国际的老英雄们也像我国孟什维克一样，由于无法理解苏维埃的作用和意义而**到处**遭到破产。经验证明，在无产阶级革命某些非常重要的问题上，**一切**国家都必然要做俄国已经做过的事情。

布尔什维克发动反对议会制（实际上是）资产阶级共和国、反对孟什维克的胜利斗争，是极其审慎的，所作的准备也绝不像现在欧美各国所常常认为的那样简单。在这一时期的初期，我们**没有**号召去推翻政府，而是说明，**不**预先改变苏维埃的成分并且扭转苏维埃的情绪，是不能推翻政府的。我们没有宣布抵制资产阶级的议会，即立宪会议，而是说，并且从我们党的四月（1917年）代表会议起就用党的名义正式说，有立宪会议的资产阶级共和国要比没有立宪会议的好，而"工农"共和国即苏维埃共和国，则要比任何资产阶级民主共和国即议会制共和国好。没有这种谨慎的、周到的、细致的和长期的准备，我们就既不能取得1917年10月的胜利，也不能巩固住这个胜利。

四 布尔什维主义是在反对工人运动内部哪些敌人的斗争中成长、壮大和得到锻炼的？

首先是而且主要是在反对机会主义的斗争中。机会主义在1914年彻底变成社会沙文主义，彻底倒向资产阶级方面反对无产阶级。这自然是布尔什维主义在工人运动内部的主要敌人。现在这个敌人在国际范围内仍然是主要敌人。对于这个敌人，布尔什维主义过去和现在都给予极大的注意。布尔什维克在这方面的活动,现在就是国外也知道得很清楚。

关于布尔什维主义在工人运动内部的另一个敌人,就不能这样说了。国外还极少知道布尔什维主义是在同**小资产阶级革命性**作长期斗争中成长、成熟和得到锻炼的。这种革命性有些像无政府主义,或者说,有些地方照搬无政府主义;它在任何重大问题上,都背离无产阶级进行坚韧的阶级斗争的条件和要求。马克思主义者在理论上完全认定,并且欧洲历次革命和革命运动的经验也充分证实:小私有者,即小业主(这一社会类型的人在欧洲许多国家中都十分普遍地大量存在着),在资本主义制度下一直受到压迫,生活往往异常急剧地恶化,以至遭到破产,所以容易转向极端的革命性,却不能表现出坚韧性、组织性、纪律性和坚定性。被资本主义摧残得"发狂"的小资产者,和无政府主义一样,是一切资本主义国家所固有的一种社会现象。这种革命性动摇不定,华而不实,而且很容易转为俯首听命、消沉颓丧、耽于幻想,甚至转为"疯狂地"醉心于这种或那种资产阶级的"时髦"思潮——这一切都是人所共知的。可是革命政党光在理论上抽象地承认这些真理,还丝毫不能避免重犯旧错误,这种错误总是会由于意想不到的原因,以稍微不同一点的形式,以前所未见的打扮或装饰,在独特的(多少独特一点的)环境里重新表现出来。

无政府主义往往是对工人运动中机会主义罪过的一种惩罚。这两种畸形东西是互相补充的。如果说俄国的无政府主义在两次革命(1905年与1917年)及其准备时期的影响都比较小(尽管俄国居民中的小资产阶级成分大于西欧各国),那么毫无疑义,这不能不部分地归功于布尔什维主义一贯对机会主义进行了最无情最不调和的斗争。我所以说"部分地",是因为削弱俄国无政府主义势力的,还有另一个更重要的因素,这就是无政府主义在过去(19世纪70年代)曾盛极一时,从而彻底暴露了它是不正确的,不适合作革命阶级的指导理论。

布尔什维主义在1903年诞生时,便继承了同小资产阶级的、半无政府主义的(或者是迎合无政府主义的)革命性作无情斗争的传统;

革命的社会民主党向来就有这种传统,而在1900—1903年俄国革命无产阶级的群众性的政党奠基期间,这种传统在我们这里已特别巩固。布尔什维主义继承并继续了同表现小资产阶级革命性倾向最厉害的政党即"社会革命"党的斗争,这一斗争表现在下列三个主要之点上。第一,这个党否认马克思主义,顽固地不愿(说它不能,也许更确切一些)了解在采取任何政治行动之前必须对各种阶级力量及其相互关系作出极客观的估计。第二,这个党认为自己特别"革命"特别"左",因为它肯定个人恐怖、暗杀手段,而我们马克思主义者却坚决摒弃这种做法。我们摒弃个人恐怖,自然只是出于对这种手段是否适当的考虑,如果有人竟在"原则上"谴责法国大革命的恐怖行为,或者谴责已经获得胜利的革命政党在全世界资产阶级的包围下所采取的任何恐怖手段,那么这类人早在1900—1903年间,就已经受到当时还是马克思主义者和革命家的普列汉诺夫的嘲笑和唾弃了。第三,在"社会革命党人"看来,"左"就是嘲笑德国社会民主党内比较轻微的机会主义罪过,而在某些问题上,例如在土地问题或无产阶级专政问题上,却又效法这个党的极端机会主义者。

  附带说明一点,历史现在已经在广大的、世界历史的范围内证实了我们始终坚持的那个意见:**革命的**德国社会民主党(请注意,普列汉诺夫早在1900—1903年间就要求把伯恩施坦开除出党,后来布尔什维克始终继承这种传统,在1913年揭穿了列金的全部卑鄙、下流和叛卖行为)同革命无产阶级取得胜利所必需的那种政党**最相近**。现在1920年,在战争期间和战后最初几年中发生的一切可耻的破产和危机之后,可以清楚地看到,西欧各党中正是革命的德国社会民主党才产生了最优秀的领袖,并且比别的党更早地恢复了元气和健康,重新巩固了起来。无论在斯巴达克派那里,或在"德国独立社会民主党"左翼,即无产阶级一翼那里,都可以看到这种情形。这一翼正在对考茨基、希法亭、累德堡、克里斯平之流的机会主义和毫无气节进行坚定不移的斗争。如果我们现在大致回顾一下从巴黎公社到第一个社会主义苏维埃共和国这一十分完整的历史时期,那么,关于马克思主义对无政府主义的态度,便可以得到一个十分明确的毫不含糊的轮廓。归根到底马克思主义是正确的,虽然无政府主义者曾经正确地指出在多数社会党内所盛行的国家观是机会主义的,但是,第一,这种机会主义是同曲解甚至公然隐匿马克思的国家观(我在《国家与革命》一书中已经指出,恩格斯给倍倍尔的一封信,曾经异常鲜明、尖锐、直接、明确地揭穿了社会民主党内所流行的国家观是机会主义的,可是这封信竟被倍倍尔从1875年到1911年搁置了36年①)分不开的;第二,正是欧美社会党中最忠实于马克思主义的派别才最迅速最广泛地纠正了这种机会主义观点,承认了苏维埃政权及其对资产阶级议会制民主所具有的优越性。

布尔什维主义同自己党内"左"倾的斗争,有两次规模特别大:一次是1908年关于是否参加最反动的"议会"和是否参加受最反动法律限制的合法工人组织的问题;另一次是1918年(缔结布列斯特和约时)关于可否容许某种"妥协"的问题。

1908年,"左派"布尔什维克由于顽固地不愿意了解参加最反动的"议会"的必要性而被开除出党。那时"左派"——其中许多人是优秀的革命者,后来还光荣地成了(而且现在仍然是)共产党员——特别援引1905年抵制议会成功的经验作为论据。当1905年8月沙皇宣布召集咨议性的"议会"时,布尔什维克同一切反对党和孟什维克相反,曾经宣布抵制,而1905年的十月革命果然扫除了这个议会。那次抵制所以正确,并不是因为根本不参加反动议会是正确的,而是因为正确地估计到,当时的客观形势正在由群众罢工迅速转为政治罢工,进而转为革命罢工,再进而转为起义。而且当时的斗争内容是:让沙皇去召集第一个代表机构呢,还是设法把这个召集权从旧政权手中夺过来?后来情况不同,既然没有把握并且也不可能有把握断定是否存在着同样的客观形势,以及这种形势是否按照同样的方向和同样的速度向前发展,那么抵制便不再是正确的了。

1905年布尔什维克对"议会"的抵制,使革命无产阶级增加了非

---

① 见《列宁全集》第2版第31卷第61—63页。——编者注

常宝贵的政治经验，表明在把合法的同不合法的斗争形式、议会的同议会外的斗争形式互相配合的时候，善于放弃议会的斗争形式，有时是有益的，甚至是必要的。但是，如果在**不同的**条件下和**不同的**环境里盲目地、机械地、不加批判地搬用这种经验，那就大错特错了。1906年布尔什维克抵制"杜马"，虽然是一个不算大的、易于补救的错误①，但毕竟已经是一个错误。至于1907年、1908年以及以后几年中的抵制，就是极其严重而难于补救的错误了，因为当时一方面不能期望革命浪潮会非常迅速地高涨并转为起义，另一方面，资产阶级君主制度正在维新的整个历史环境，使我们必须把合法的工作同不合法的工作配合起来。现在如果回顾一下这个十分完整的历史时期（它同以后各时期的联系也已经完全显示出来了），就会特别清楚地看出：假使布尔什维克当时没有在最严酷的斗争中坚持**一定要**把合法的斗争形式同不合法的斗争形式结合起来，坚持**一定要**参加最反动的议会以及其他一些受反动法律限制的机构（如保险基金会等），那么他们就**决不可能**在1908—1914年间保住（更不用说巩固、发展和加强）无产阶级革命政党的坚强核心。

　　1918年事情没有弄到分裂的地步。那时"左派"共产主义者只是在我们党内形成了一个特殊集团，或者说"派别"，而且为时不久。"左派共产主义者"最有名的代表，如拉狄克同志、布哈林同志，在1918年这一年就已公开承认了自己的错误。他们原来认为，布列斯特和约是同帝国主义者的妥协，对于革命无产阶级政党说来，在原则上是不能容许的而且是有害的。这的确是同帝国主义者的妥协，但这种妥协在当时那种情况下恰恰是**必要的**。

　　现在当我听到人们，例如"社会革命党人"，攻击我们签订布列斯特和约的策略的时候，或者当兰斯伯里同志和我谈话，讲到"我们英国工联的领袖们说，既然布尔什维克可以妥协，那他们也可以妥协"的时候，我通常是先用一个简单的"通俗的"比喻来回答：

---

① 关于个人所说的话，作适当的修改，也适用于政治和政党。聪明人并不是不犯错误的人。不犯错误的人是没有而且也不可能有的。聪明人是犯的错误不太大同时又能容易而迅速地加以纠正的人。

假定您坐的汽车被武装强盗拦住了。您把钱、身分证、手枪、汽车都给了他们，于是您摆脱了这次幸遇。这显然是一种妥协。"Do ut des"①（"我给"你钱、武器、汽车，"是为了你给"我机会安全脱险）。但是很难找到一个没有发疯的人会说这种妥协"在原则上是不能容许的"，或者说实行这种妥协的人是强盗的同谋者（虽然强盗坐上汽车又可以利用它和武器再去打劫）。我们同德帝国主义强盗的妥协正是这样一种妥协。

而俄国的孟什维克和社会革命党人，德国的谢德曼派（考茨基派在很大程度上也是这样），奥地利的奥托·鲍威尔和弗里德里希·阿德勒（更不用说伦纳之流的先生们了），法国的列诺得尔和龙格之流，英国的费边派、"独立党人""工党分子"（"拉布分子"）等，在1914—1918年间以及1918—1920年间，同他们本国的资产阶级强盗，有时甚至同"盟国的"资产阶级强盗实行**妥协**，**反对**本国的革命无产阶级，所有这班先生才真是**强盗的同谋者**。

结论很清楚："原则上"反对妥协，不论什么妥协都一概加以反对，这简直是难于当真对待的孩子气。一个政治家要想有益于革命无产阶级，正是应当善于辨别出那种不能容许的、蕴涵着机会主义和**叛卖行为**的**具体的**妥协，并善于对**这种具体的**妥协全力展开批判，猛烈地进行无情的揭露和不调和的斗争，决不容许那班老于世故的"专讲实利的"社会党人和老奸巨猾的议员用泛谈"一般的妥协"来推卸和逃避责任。英国工联以及费边社和"独立"工党的"领袖"先生们，正是这样来推卸**他们实行叛卖所应负的**责任，推卸他们实行**那种**确实意味着最恶劣的机会主义、变节和叛卖的妥协所应负的责任。

有各种各样的妥协。应当善于分析每一个妥协或每一种妥协的环境和具体条件。应当学习区分这样的两种人：一种人把钱和武器交给强盗，为的是要减少强盗所能加于的祸害和便于后来捕获、枪毙强盗；另一种人把钱和武器交给强盗，为的是要入伙分赃。这在政治上决不总是

---

① 拉丁文，意为："我给（你）是为了你给（我）。"——编者注

像这个极其简单的例子那样容易分辨。但如果有人异想天开，要替工人们打一张包票，能包治百病，或者能保证在革命无产阶级的政治活动中不会遇到任何困难和任何错综复杂的情况，那他简直就是一个江湖骗子。

为了不给人留下曲解的余地，我想把一些基本情况提出来（即使是十分简要地），以便对具体的妥协进行分析。

通过签订布列斯特和约而同德帝国主义者实行妥协的党，从1914年底起就以行动履行自己的国际主义。它敢于提出使沙皇君主政府失败的主张，敢于痛斥在两伙帝国主义强盗的战争中"保卫祖国"。这个党的议会代表，宁愿流放到西伯利亚，也不愿走可以登上资产阶级政府大臣宝座的道路。革命在推翻了沙皇政府和建立了民主共和国以后，又使这个党受到了新的、极大的考验：它不同"本国的"帝国主义者实行任何妥协，而是作了推翻他们的准备，并且果真把他们推翻了。这个党取得政权以后，便彻底摧毁了地主和资本家的所有制。这个党一面公布和废除了帝国主义者缔结的秘密条约，一面向**各国**人民建议媾和，只是在英、法帝国主义者破坏了媾和而布尔什维克为加快德国和其他国家的革命已经做了力所能及的一切以后，它才屈服于布列斯特强盗的暴力。大家都愈来愈清楚地看到，这样的党在这样的情况下实行这样的妥协是完完全全正确的。

俄国孟什维克和社会革命党人（同1914—1920年间世界上第二国际的一切领袖一样），一开始就实行叛卖，直接间接地为"保卫祖国"即保卫**本国的**资产阶级强盗辩护。后来他们又进一步实行叛卖，同**本国的**资产阶级联合，同**本国的**资产阶级一起来反对本国的革命无产阶级。他们在俄国起初同克伦斯基和立宪民主党人结成同盟，后来又同高尔察克和邓尼金结成同盟，正如他们国外的同道者同**各自**国家的资产阶级结成同盟一样，都是倒向资产阶级一边反对无产阶级。**他们同帝国主义强盗的妥协，自始至终都表明他们已沦为帝国主义强盗的同谋者**。

五 德国"左派"共产党人。领袖、政党、阶级、群众间的相互关系

我们现在所要讲的那些德国共产党人,他们不是把自己叫作"左派",而是叫作——如果我没有记错的话——"原则上的反对派"。但是他们却完全具有"左派幼稚病"的症候,这从下面的阐述中可以清楚地看出。

有一本持这个反对派观点的小册子,叫作《德国共产党(斯巴达克联盟)的分裂》,是由"美因河畔法兰克福地方组织"出版的;这本小册子把这一反对派的观点的实质,叙述得极其鲜明、确切、清楚、扼要。我们只要从中引证几段,就足以使读者了解这一实质了。

"共产党是进行最坚决的阶级斗争的政党……"

"……从政治方面来看,这个过渡时期〈在资本主义和社会主义之间〉就是无产阶级专政时期……"

"……现在发生这样一个问题:谁应当是专政的执行者,**是共产党,还是无产阶级?**……**原则上**应该力求实现的是共产党的专政,还是无产阶级的专政?……"

(引文内的着重标记全录自原文。)

往下小册子的作者责难德国共产党"中央",说这个"中央"在寻求和**德国独立社会民主党结成联盟**的途径,说这个"中央"提出"**原则上承认**"斗争的"**一切政治手段**"(包括参加议会活动)"**的问题**",只是为了掩饰它想同独立党人结成联盟这一真正的和主要的意图。小册子接着说道:

"反对派选择了另一条道路。它认为共产党的统治和党的专政问题只是一个策略问题。不管怎样,共产党的统治是一切政党统治的最后形式。**原则上**应该力求实现无产阶级的专政。党的一切措施、党的组织、党的斗争形式、党的战略和策略,都应该适应这一目的。因此,凡是同其他政党妥协,凡是回头再去采用在历史上和政治上已经过时的议会制斗争形式,凡是实行机动和通融的政策,都应当十分坚决地拒绝。""无产阶级所特有的革命斗争方法应该大力加以强调。为了把那些应当

参加共产党领导的革命斗争的无产阶级各行业各阶层的最广大群众吸收进来，就必须在最广泛的基础上和最广大的范围内建立新的组织形式。这种汇集一切革命分子的场所，便是以工厂组织为基础而建立起来的**工人联合会**。凡是响应'退出工会！'这一口号的工人，都应当联合在这里。在这里，正在斗争的无产阶级组成最广大的战斗队伍。凡承认阶级斗争、苏维埃制度和专政的人，都可以加入。至于进一步对正在斗争的群众进行政治教育和在斗争中进行政治指导，则是站在工人联合会之外的共产党的任务……"

"……于是，现在有两个共产党彼此对立着：

一个是领袖的党，它力图从**上面**来组织和指挥革命斗争，不惜实行妥协和参加议会活动，以便造成一种形势，使他们可以参加掌握专政大权的联合政府。

另一个是群众的党，它等待革命斗争从**下面**高涨起来，为了进行这一斗争，它只知道并且只采用一个明确地引向目的的方法，而排斥任何议会方法和机会主义方法；这个唯一的方法就是无条件地**推翻资产阶级**，以便随后建立无产阶级的阶级专政来实现社会主义……"

"……那里是领袖专政，这里是群众专政！这便是我们的口号。"

这就是表明德国共产党内反对派观点的最重要的论点。

凡是自觉参加过或仔细观察过1903年以来布尔什维主义发展过程的布尔什维克，读了这些议论，一定会立刻说："这是多么熟悉的陈词滥调！这是多么'左的'孩子气！"

不过，我们还是来进一步考察一下这些议论吧。

"是**党**专政**还是**阶级专政？是领袖专政（领袖的党）**还是**群众专政（群众的党）？"——单是问题的这种提法就已经证明思想混乱到了不可思议的无可救药的地步。这些人竭力要**标新立异**，结果却弄巧成拙。谁都知道，群众是划分为阶级的；只有把不按照生产的社会结构中的地位区分的大多数同在生产的社会结构中占有特殊地位的集团对立时，才可以把群众和阶级对立起来；在通常情况下，在多数场合，至少在现代的文明国家内，阶级是由政党来领导的；政党通常是由最有威信、最有影响、最有经验、被选出担任最重要职务而称为领袖的人们所组成的比较稳定的集团来主持的。这都是起码的常识。这都是简单明了的道理。何必再另来一套胡说八道，另造一套新奇的沃拉皮尤克呢？一方面，大概是由于党的合法状态和不合法状态的迅速更替破坏了领袖、政党和阶级之间那种通常的、政党的和简单的关系，人们面对这种难于理解的情况，思想便发生了混乱。在德国，也像在欧洲其他国家那样，人们过分习惯于合法状态，习惯于由政党定期举行的代表大会自由地正常地选举"领袖"，习惯于通过议会选举、群众大会、报章杂志，通过工会和其他团体的情绪变化等方便办法来检验各政党的阶级成分。但是，由于革命的急剧发展和内战的展开，不得不放弃这种通常的办法，而迅速转为交替使用合法的和不合法的方式，结合使用这两种方式，采用"不方便的"和"非民主的"方法来推选或组成或保留"领导集团"，在这个时候，人们不知所措，开始臆想出一些荒谬绝伦的东西。大概荷兰共产党某些党员由于不幸生在一个具有特别优越和特别稳定的合法状态的传统和条件的小国，根本没有见过合法状态和不合法状态的相互更替，因此思想上发生了混乱而不知所措，助长了这种荒谬的臆想。

另一方面，很明显，这不过是未经很好考虑就胡乱使用"群众"和"领袖"这类当今"时髦"的字眼而已。这些人时常听到并切实学会了怎样攻击"领袖"，怎样把"领袖"同"群众"对立起来；但是他们却不能想一想究竟是怎么回事，不能把事情弄清楚。

在帝国主义战争末期和战后时期，在一切国家里，"领袖"和"群众"的分离表现得特别明显而突出。产生这种现象的基本原因，马克思和恩格斯在1852—1892年间曾以英国为例作过多次说明。① 英国的垄断地位使"群众"分化出一部分半市侩的机会主义的"工人贵族"。这种工人贵族的领袖们总是投靠资产阶级，直接间接地受资产阶级豢养。马克思所以光荣地被这班坏蛋痛恨，就是因为他公开地斥责他们是叛徒。现代（20世纪的）帝国主义造成了某些先进国家的垄断特权地位，正是在这个基础上，第二国际中纷纷出现了叛徒领袖、机会主义者、社会沙文主义者这样一种人，他们只顾自己这个行会的利益，只顾自己这个

---

① 见《马克思恩格斯全集》第18卷第724页；第22卷第320—325、377—382页；第28卷第146页；第29卷第344—345页；第33卷第521、526、637页；第35卷第18、353页；第37卷第314—316页。——编者注

工人贵族阶层的利益。于是机会主义的政党就脱离了"群众",即脱离了最广大的劳动阶层,脱离了大多数劳动者,脱离了工资最低的工人。不同这种祸害作斗争,不揭露这些机会主义的、背叛社会主义的领袖,使他们大丢其丑,并且把他们驱逐出去,革命无产阶级就不可能取得胜利;第三国际所实行的正是这样的政策。

为此竟把群众专政和领袖专政**根本**对立起来,实在是荒唐和愚蠢得可笑。尤其可笑的是,人们在"打倒领袖"这一口号掩饰下,实际上竟把一些胡说八道、满口谬论的**新领袖**拉出来代替那些对普通事物还能持常人见解的老领袖。德国的劳芬贝格、沃尔弗海姆、霍纳、卡尔·施勒德尔、弗里德里希·文德尔、卡尔·埃勒,就是这样的新领袖。① 埃勒企图使问题"深入一步",他宣称政党是根本不需要的,是"资产阶级性"的,这真是荒谬绝顶,简直使人啼笑皆非。如果坚持错误,深入一步地来为错误辩护,把错误"坚持到底",那就往往真要把小错铸成骇人听闻的大错了。

否定政党和党的纪律,——这就是反对派**得到的结果**。而这就等于完全解除无产阶级的武装而**有利于资产阶级**。这也恰恰就是小资产阶级的散漫、动摇、不能坚持、不能团结、不能步调一致,而这些一旦得到纵容,就必然断送无产阶级的任何革命运动。从共产主义的观点看来,否定政党就意味着从资本主义崩溃的前夜(在德国)跳到共产主义的最高阶段而不是进到它的低级阶段和中级阶段。我们在俄国(推翻资产阶级后的第三年)还刚处在从资本主义向社会主义即向共产主义低级阶段过渡的最初阶段。阶级还存在,而且在任何地方,**在无产阶级夺取政**

---

① 《共产主义工人报》(1920年2月7日汉堡出版的该报第32号所载**卡尔·埃勒**《论解散政党》一文)上说:"工人阶级不消灭资产阶级民主,就不能摧毁资产阶级国家,而不摧毁政党,它就不能消灭资产阶级民主。"

罗马语国家的工团主义者和无政府主义者中间头脑最糊涂的人物可以"心满意足"了,因为那些显然以马克思主义者自居的庄重的德国人(卡·埃勒和克·霍纳通过在上述报纸上发表的文章特别庄重地证明,他们认为自己是庄重的马克思主义者,可是同时他们又极其可笑地说出一些荒谬绝伦的话,暴露出他们连马克思主义的起码知识都没有),竟也发表出这种极不恰当的议论。只承认马克思主义还不能保证不犯错误。这一点俄国人特别清楚,因为马克思主义在我国曾特别经常地成为"时髦的东西"。

权之后都还要存在**好多年**。也许，在没有农民（但仍然有小业主！）的英国，这个时期可能会短一些。消灭阶级不仅意味着要驱逐地主和资本家，——这个我们已经比较容易地做到了——而且意味着要**消灭小商品生产者**，可是这种人**不能驱逐**，不能镇压，**必须**同他们**和睦相处**；可以（而且必须）改造他们，重新教育他们，这只有通过很长期、很缓慢、很谨慎的组织工作才能做到。他们用小资产阶级的自发势力从各方面来包围无产阶级，浸染无产阶级，腐蚀无产阶级，经常使小资产阶级的懦弱性、涣散性、个人主义以及由狂热转为灰心等旧病在无产阶级内部复发起来。要抵制这一切，要使无产阶级能够正确地、有效地、胜利地发挥自己的组织作用（而这正是它的**主要**作用），无产阶级政党的内部就必须实行极严格的集中和极严格的纪律。无产阶级专政是对旧社会的势力和传统进行的顽强斗争，流血的和不流血的，暴力的和和平的，军事的和经济的，教育的和行政的斗争。千百万人的习惯势力是最可怕的势力。没有铁一般的在斗争中锻炼出来的党，没有为本阶级一切正直的人们所信赖的党，没有善于考察群众情绪和影响群众情绪的党，要顺利地进行这种斗争是不可能的。战胜集中的大资产阶级，要比"战胜"千百万小业主容易千百倍；而这些小业主用他们日常的、琐碎的、看不见摸不着的腐蚀活动制造着资产阶级所需要的，使资产阶级得以**复辟**的**那种恶果**。谁哪怕是把无产阶级政党的铁的纪律稍微削弱一点（特别是在无产阶级专政时期），那他事实上就是在帮助资产阶级来反对无产阶级。

除了领袖、政党、阶级、群众间的相互关系问题外，还必须提出"反动"工会的问题。但是先让我根据我们党的经验讲几句话来结束前一问题。在我们党内，对于"领袖专政"的攻击**是一直都有的**。我记得这样的攻击最早是在1895年，那时党还没有正式成立，但是彼得堡的中心小组已经开始形成，并且就要负起领导该城各区小组的责任。在我们党的第九次代表大会（1920年4月）上，有一个小小的反对派，也声言反对"领袖专政"，反对"寡头政治"等等。所以德国"左派共产党人"的"幼稚病"是毫不足怪的，既没有什么新东西，也没有什么可怕的地方。这种病没有什么危险，一经治愈，机体甚至会更加强壮。另一方面,合法工作和不合法工作的迅速更替,正是要求我们特别要把总指挥部,把领袖们"藏起来",隐蔽起来,这有时就使我们党内产生十分危险的现象。最糟糕的就是1912年奸细马林诺夫斯基混进了布尔什维克中央委员会。他断送了几十个上百个极优秀极忠实的同志,使他们去服苦役,并使其中许多人过早去世。他所以没有能够造成更大的祸害,是因为我们的合法工作和不合法工作配合得正确。为了取得我们的信任,马林诺夫斯基作为党中央委员和杜马代表,曾不得不帮助我们创办合法的日报,这些日报即使在沙皇制度下也能进行反对孟什维克机会主义的斗争,并且能采用适当的隐蔽方式宣传布尔什维主义的原理。马林诺夫斯基一只手把几十个上百个极优秀的布尔什维克活动家送去服苦役,使他们丧生,另一只手又不得不通过合法报刊来帮助培养成千上万个新的布尔什维克。对于这个事实,那些必须学会在反动工会里进行革命工作的德国同志(以及英国、美国、法国、意大利的同志),不妨好好地考虑一下。①

在许多国家里,包括最先进的国家在内,资产阶级无疑正在派遣而且今后还会派遣奸细到共产党里来。对付这种危险,办法之一就是把不合法的工作同合法的工作巧妙地结合起来。

六 革命家应当不应当在反动工会里做工作?

德国"左派"认为对这个问题无疑应当作绝对否定的回答。他们以为只要对"反动的"和"反革命的"工会慷慨陈词,怒气冲冲地叫嚷一番(克·霍纳在这方面干得特别"庄重",也特别笨拙),就足以"证明",革命家、共产党人不需要甚至不容许在黄色的、社会沙文主义的、妥协主义的、列金派的、反革命的工会里做工作。

---

① 马林诺夫斯基后来在德国被俘。他在布尔什维克掌握政权时回到俄国,立即被送交法庭审判,由我们的工人枪决了。孟什维克特别恶毒地攻击我们竟让一个奸细混进了我们党中央的这个错误。可是当我们在克伦斯基执政时期要求逮捕杜马主席罗将柯并且将他提交法庭审判(因为他在战前就知道马林诺夫基的奸细活动,**却没有把这事告知**杜马中的劳动派和工人)时,同克伦斯基一起执政的孟什维克和社会革命党人都没有支持我们的要求,因此罗将柯得以逍遥法外,自由自在地投奔邓尼金去了。

不管德国"左派"怎样确信这种策略是革命的，但实际上这种策略是根本错误的，它只是几句空话，毫无内容。

为了说明这一点，我根据本文总的意图，先从我国的经验说起，因为本文的目的就是要把布尔什维主义历史上和当今策略上普遍适用的、具有普遍意义和必须普遍遵循的原则应用到西欧去。

领袖、政党、阶级、群众间的相互关系，以及无产阶级专政和无产阶级政党同工会的关系，现时在我国具体表现如下。专政是由组织在苏维埃中的无产阶级实现的，而无产阶级是由布尔什维克共产党领导的。根据最近一次党的代表大会（1920年4月）的统计，我们党有党员611000人。无论十月革命前还是十月革命后，党员人数的起伏都很大；以前，甚至在1918年和1919年，党员人数比现在少得多。我们担心党过分扩大，因为那些只配枪毙的野心家、骗子手一定会想方设法钻进执政党里来。最近一次我们敞开党的大门（仅仅是对工农），是在1919年冬尤登尼奇离彼得格勒只有几俄里、而邓尼金攻占了奥廖尔（距莫斯科约350俄里）的时候，也就是苏维埃共和国危在旦夕的时候，这时候冒险家、野心家和骗子手以及一切不坚定的人，决不可能指望靠加入共产党飞黄腾达（倒可能预料到会因此上绞架或受拷打）。我们党每年召开一次代表大会（最近一次代表大会，每1000个党员选代表1人参加），由大会选出19人组成中央委员会领导全党，而且在莫斯科主持日常工作的则是更小的集体，即由中央全会选出的所谓"组织局"和"政治局"，各由5名中央委员组成。这样一来，就成为最地道的"寡头政治"了。我们共和国的任何一个国家机关没有党中央的指示，都不得决定任何一个重大的政治问题或组织问题。

党直接依靠**工会**来进行自己的工作。根据最近一次工会代表大会（1920年4月召开）的统计，现有会员已经超过400万。工会形式上是一种**非党的**组织，而实际上大多数工会的领导机构，首先当然是全俄总工会的中央机构或常务机构（全俄工会中央理事会），都由共产党员组成，执行党的一切指示。总之，这是一个形式上非共产党的、灵活而较为广泛的、极为强大的无产阶级机构。党就是通过这个机构同**本阶级**和

群众保持密切联系的；**阶级专政**就是通过这个机构在党的领导下实现的。如果没有同工会的极密切的联系，没有工会的热烈支持，没有工会不仅在经济建设方面，**而且在军事**建设**方面**奋不顾身的工作，那么别说我们能管理国家和实行专政两年半，就是两个半月也不成。自然，要建立这种极密切的联系，实际上就要进行很复杂的各种各样的工作：进行宣传和鼓动，及时地和经常地与工会领导者以至一切有影响的工会工作者举行会议，还要跟孟什维克作坚决的斗争，因为孟什维克直到现在还有一些信徒（虽然人数不多），直到现在还在教唆他们进行各种反革命勾当，从在思想上维护**资产阶级**民主，鼓吹工会"独立"（不受无产阶级国家政权约束而独立！），直到暗中破坏无产阶级纪律，如此等等。

我们认为通过工会来联系"群众"还是不够的。在我们的革命进程中，实践创造了一种机构，这就是**非党工农代表会议**，我们正在全力支持、发展和推广这种机构，以便考察群众的情绪，接近群众，答复群众的要求，从群众当中提拔优秀的人才来担任公职等等。最近颁布的关于把国家监察人民委员部改组为"工农检查院"的法令中，有一项法令就授权这种非党的代表会议选出国家监察委员来担任各种检查工作等等。

其次，党的全部工作当然都是通过不分职业而把劳动群众团结在一起的苏维埃来进行的。县苏维埃代表大会这种民主机构，就是在资产阶级世界最好的民主共和国里也是前所未见的；通过这种代表大会（党对这种代表大会极为关注），以及通过经常把觉悟工人派往乡村担任各项职务的办法，来实现无产阶级对农民的领导作用，实现城市无产阶级的专政，即对富有的、资产阶级的、进行剥削和投机的农民展开经常的斗争等等。

"从上面"来看，从实现专政的实践来看，无产阶级国家政权总的结构就是这样。相信读者一定会明白，为什么在俄国布尔什维克看来，在熟悉这种结构、观察过它是怎样在25年内从一些不合法的地下小组发展起来的布尔什维克看来，什么"从上面"**还是**"从下面"，什么领袖专政**还是**群众专政等等议论不能不是一派幼稚可笑的胡说，犹如争辩究竟是左脚还是右手对人更有用处一样。

至于德国左派谈论什么共产党人不能而且不应该在反动工会里工作，说什么可以放弃这种工作，说什么应该退出工会，必须另外创立一种崭新的、极纯的、由极其可爱的（也许大部分是极其年轻的）共产党人臆想出来的"工人联合会"等等，这种煞有介事的、非常深奥的和极端革命的论调，在我们看来也不能不是一派同样幼稚可笑的胡说。

资本主义必然遗留给社会主义的，一方面是工人中间旧有的、长期形成的工种和行当的差异；另一方面是各工种的工会，它们只有十分缓慢地、经过许多年才能发展成为而且一定会发展成为规模较广而行会气味较少的产业工会（包括整个生产部门，而不仅是包括同行、同工种、同行当），然后经过这种产业工会，进而消灭人与人之间的分工，教育、训练和培养出**全面发展的**和受到**全面训练的人**，即**会做一切工作的人**。共产主义正在向这个目标前进，必须向这个目标前进，并且**一定能达到**这个目标，不过需要经过许多岁月。如果目前就企图提前实现将来共产主义充分发展、完全巩固和形成、完全展开和成熟的时候才能实现的东西，这无异于叫四岁的小孩去学高等数学。

我们可以（而且必须）利用资本主义遗留下来的人才，而不是利用虚构的和我们特别造就的人才来着手建设社会主义。这当然是很"困难的"，不过，想用其他任何办法来完成这项任务都是异想天开，简直不值一提。

在资本主义发展初期，建立工会是工人阶级的一大进步，使工人由散漫无助的状态过渡到了**初步**的阶级联合。当无产者的阶级联合的**最高形式**，即**无产阶级的革命政党**（要是这个党不学会把领袖和阶级、领袖和群众结成一个整体，结成一个不可分离的整体，它便不配拥有这种称号）开始成长的时候，工会就不可避免地暴露出**某些**反动色彩，如某种行会的狭隘性，某种不问政治的倾向以及某些因循守旧的积习等等。但是除了通过工会，通过工会同工人阶级政党的协同动作，无产阶级在世界上任何地方从来没有而且也不能有别的发展道路。无产阶级夺取政权是无产阶级这个阶级向前迈出的一大步,这时候党更需要用新的方法而不单纯靠旧有的方法去对工会进行教育和领导,同时不应当忘记,工会现在仍然是、将来在一个长时期内也还会是一所必要的"共产主义学校"和无产者实现其专政的预备学校,是促使国家整个经济的管理职能逐渐转到工人**阶级**(而不是某个行业的工人)手中,进而转到全体劳动者手中所必要的工人联合组织。

上面所说的工会的**某种**"反动性",在无产阶级专政时期是**难免的**。不懂得这一点,就是完全不懂得从资本主义向社会主义**过渡**的基本条件。害怕**这种**"反动性",企图**避开**它,跳过它,是最愚蠢不过的了,因为这无异是害怕发挥无产阶级先锋队的作用,即训练、启发、教育工人阶级和农民中最落后的阶层和群众并吸引他们来参加新生活。另一方面,如果把无产阶级专政推迟到没有一个工人抱狭隘的行业观念、没有一个工人抱行会偏见和工联主义偏见的那一天才去实现,那错误就更加严重了。政治家的艺术(以及共产党人对自己任务的正确理解)就在于正确判断在什么条件下、在什么时机无产阶级先锋队可以成功地取得政权,可以在取得政权过程中和取得政权以后得到工人阶级和非无产阶级劳动群众十分广大阶层的充分支持,以及在取得政权以后,能够通过教育、训练和争取愈来愈多的劳动群众来支持、巩固和扩大自己的统治。

其次,在那些比俄国先进的国家里,毫无疑义,工会的某种反动性显得比俄国严重得多,这也是必然的。在我国,孟什维克过去在工会中所以得到支持(今天在很少数的工会中,也还得到部分支持),正是由于存在着行会的狭隘性、职业上的利己主义和机会主义。西欧的孟什维克在工会里的"地盘"巩固得多,那里形成的"**工人贵族**"阶层比我国的强大得多,他们**抱有行业的、狭隘的观念,只顾自己,冷酷无情,贪图私利,形同市侩,倾向于帝国主义,被帝国主义收买,被帝国主义腐蚀**。这是无可争辩的。同龚帕斯之流,同西欧的茹奥、韩德逊、梅尔黑姆、列金之流的先生们作斗争,要比同我国的孟什维克作斗争困难得多。他们**完全**是同一个社会类型和政治类型的人。但是必须无情地进行这种斗争，必须像我们过去所做的那样把斗争进行到底，直到一切不可救药的机会主义和社会沙文主义领袖丢尽了丑，从工会中被驱逐出去为止。这种斗争没有进行到**一定的**程度，就不能夺取政权（而且也不应该去作夺取政权的尝试）。不过在不同的国家和不同的情况下，这个"**一定的程度**"**是不一样的**；只有每个国家的深谋远虑、经验丰富、熟悉情况的无产阶级政治领导者才能正确地估计这种程度。（顺便提一下，在1917年10月25日无产阶级革命后几天，即1917年11月间所举行的立宪会议选举，就是衡量我国进行这种斗争胜负的尺度。在这次选举中，孟什维克一败涂地，只获得70万票，加上外高加索的票数，一共只有140万票，而布尔什维克却获得了900万票。见《共产国际》第7—8期合刊上我写的《立宪会议选举和无产阶级专政》① 一文。）

但是，我们同"工人贵族"作斗争，是代表工人群众进行的，是为了把工人群众争取过来；我们同机会主义和社会沙文主义的领袖们作斗争，是为了把工人阶级争取过来。如果忘记这个最浅显最明白的道理，那是愚蠢的。而德国"左派"共产党人做的正是这种蠢事，他们**由于工会上层分子**反动反革命，竟得出结论要……退出工会！！拒绝在工会中工作！！建立新的**臆想出来的**工人组织形式！！这真是不可宽恕的愚蠢行为，这无异是共产党人给资产阶级帮大忙，因为我们的孟什维克正像一切机会主义的、社会沙文主义的、考茨基主义的工会领袖那样，无非都是"资产阶级在工人运动中的代理人"（我们一向都是这样称呼孟什维克的），或者，按美国丹尼尔·德莱昂派使用的一个绝妙的极其中肯的说法，是"资本家阶级的工人帮办"（labor lieutenants of the capitalist class）。不在反动工会里工作，就等于抛开那些还不够十分成熟的或落后的工人群众，听凭他们接受反动领袖、资产阶级的代理人、工人贵族或"资产阶级化了的工人"（参看恩格斯1858年写给马克思的论英国工人的信②）的影响。

---

① 见《列宁全集》第2版第38卷第1—25页。——编者注
② 见《马克思恩格斯全集》第29卷第344—345页。——编者注

正是这种主张共产党人不参加反动工会的荒谬"理论"最清楚不过地说明,这些"左派"共产党人在对待影响"群众"的问题上所采取的态度是多么轻率,说明他们在高喊"群众"时是如何滥用这个字眼的。要想善于帮助"群众",赢得"群众"的同情、爱戴和支持,就必须不怕困难,不怕那些"领袖"对我们进行挑剔、捣乱、侮辱和迫害(这些机会主义者和社会沙文主义者多半都直接或间接地同资产阶级和警察有勾结),**哪里有群众**,就一定到**哪里去工作**。应该善于作出一切牺牲,克服极大的障碍,在一切有无产阶级群众或半无产阶级群众的机关、社团和协会(哪怕这些组织是最反动不过的)里有步骤地、顽强地、坚定地、耐心地进行宣传和鼓动。而工会和工人合作社,恰恰就是(后者至少有时是)这种有群众的组织。据瑞典《人民政治日报》1920年3月10日所刊登的材料,英国工联会员,从1917年底到1918年底,已经由550万人增加到660万人,即增加了19%。1919年底,已达750万人。我手头没有法、德两国的有关材料,但是证明这两国工会会员也有大量增加的事实,是丝毫不容置疑的,是人所共知的。

这些事实同其他千百件事实一样,也最清楚不过地证明,正好是无产阶级群众、"下层"群众、落后群众的觉悟程度正在提高,要求组织起来的愿望日益迫切。当英、法、德各国的几百万工人**第一次**摆脱完全无组织的状态,进入初步的、低级的、最简单的、最容易接受的(对那些满脑子资产阶级民主偏见的人说来)组织形式即工会的时候,那班虽然革命但不明智的左派共产党人却站在一旁,空喊"群众","群众"!并且**拒绝在工会内部进行工作**!!借口工会的"反动性"而拒绝去工作!!臆想出一种崭新的、纯洁的以及没有沾染资产阶级民主偏见、没有行会习气和狭隘行业观念的"工人联合会",一种将会(将会!)具有广泛性而只要(只要!)"承认苏维埃制度和专政"(见前面引文)就可以加入的"工人联合会"!!

很难想象谁还会比"左派"革命家更不明智,给革命带来更大的危害!即使现时在俄国,在我们对本国和协约国的资产阶级取得空前胜利的两年半之后的今天,如果我们提出"承认专政"作为加入工会的条件，那我们也是在做蠢事，破坏自己对群众的影响，帮助孟什维克。这是因为共产党人的全部任务，就是要善于说服落后分子，善于**在**他们**中间**进行工作，而不是臆想出一些幼稚的"左的"口号，**把自己**同他们**隔离开来**。

毫无疑义，龚帕斯、韩德逊、茹奥、列金之流的先生们是非常感谢这样一些"左派"革命家的，因为后者像德国的"原则上的"反对派（上帝保佑我们摆脱这种"原则性"吧！）或美国的"世界产业工人联合会"的某些革命者一样，鼓吹退出反动工会，拒绝在那里进行工作。毫无疑义，机会主义的"领袖"先生们一定会使用各种资产阶级的外交手腕，借助资产阶级政府、神父、警察和法庭的力量，来阻止共产党人进入工会，千方百计地把他们从工会中排挤出去，尽量使他们在工会中工作不顺心，并且对他们进行侮辱、攻击和迫害。我们应当善于对付这一切，不怕任何牺牲，必要时甚至可以采用各种巧妙的计谋和不合法的手段，可以保持缄默，掩饰真情，只求打入工会，留在工会里，想尽方法在那里进行共产主义工作。在沙皇制度下，1905年以前，我们不曾有过任何"合法机会"，但是当暗探祖巴托夫为了追捕革命者、同革命者进行斗争而召开黑帮工人会议、组织黑帮工人团体时，我们就派遣我们的党员到这种会议上和团体中去（我个人还记得其中有彼得堡的优秀工人巴布什金同志，他在1906年被沙皇的将军们枪杀了），同群众建立联系，巧妙地进行鼓动，使工人不致受祖巴托夫分子①的影响。当然，在西欧，由于合法偏见、立宪偏见和资产阶级民主偏见根深蒂固，进行这种工作要更为困难。但是这种工作能够进行而且必须进行，并且要经常不断地去进行。

我个人认为，第三国际执行委员会应当公开谴责并建议共产国际下次代表大会也来谴责不参加反动工会的政策（详细说明这种不参加反动工会的政策是不明智的，是对无产阶级革命事业有极大害处的），还要

---

① 龚帕斯、韩德逊、茹奥、列金之流，也就是祖巴托夫式的人物，他们和我国的祖巴托夫所不同的只是穿着欧洲的服装，具有欧洲的风度，在推行自己的无耻政策时采用一些文明、精巧和民主的粉饰手段。

谴责荷兰共产党的某些党员支持（不管是直接或间接地、公开或隐蔽地、完全或部分地支持，都是一样）这种错误政策的行动路线。第三国际应当同第二国际的策略决裂，对于难以解决的迫切问题不应回避、掩盖，而要直截了当地提出来。我们已经把全部真理公开地告诉了"独立党人"（德国独立社会民主党）①，我们也应当把全部真理公开地告诉"左派"共产党人。

七　参加不参加资产阶级议会？

德国"左派"共产党人以极端鄙视又极端轻率的态度对这个问题作了否定的回答。他们的论据是什么呢？我们在前面的引文中已经看到：

"……凡是回头再去采用在历史上和政治上已经过时的议会制斗争形式……都应当十分坚决地拒绝。"

这话说得狂妄到了可笑的地步，而且显然是错误的。"回头再去采用"议会制！莫非在德国已经建立了苏维埃共和国？恐怕还没有吧！那么，怎么说得上"回头再去采用"呢？难道这不是一句空话吗？

议会制"在历史上已经过时了"。就宣传意义上来说，这是对的。但谁都知道，从宣传到**实际**战胜议会制，还相距很远。早在几十年前，就可以而且完全有理由宣布资本主义"在历史上已经过时了"，但是决不能因此就说不必要**在**资本主义**基地上**进行很长期很顽强的斗争。就**世界历史**来说，议会制"在历史上已经过时了"，这就是说，资产阶级议会制**时代**已经告终，无产阶级专政**时代已经开始**。这是毫无疑义的。但是世界历史的尺度是以数十年为单位来衡量的。早10—20年或迟10—20年，这用世界历史的尺度来衡量，是算不得什么的，这从世界历史的角度来看，是微不足道的，甚至是无法大致估计在内的。正因为如此，拿世界历史的尺度来衡量实际政策问题，便是绝对不能容忍的理论

---

① 见《列宁全集》第2版第38卷第61—68页。——编者注

错误。

议会制"在政治上已经过时了"吗？这是另外一回事。如果真是如此，那么"左派"的立场就是稳固的了。不过，这需要十分严肃认真的分析来加以证明，而"左派"连这样做的门径都还摸不着。在《共产国际驻阿姆斯特丹临时办事处公报》第 1 期（《Bulletin of the Provisional Bureau in Amsterdam of the Communist International》，1920 年 2 月）上登载了一篇《关于议会活动的提纲》，这篇提纲显然是反映了荷兰左派或右派荷兰人的意向，其中的分析也是十分拙劣的，这一点，我们在下面就可以看到。

第一，大家知道，同罗莎·卢森堡和卡尔·李卜克内西这样一些卓越的政治领导者的见解相反，德国"左派"早在 1919 年 1 月就认为议会制"在政治上已经过时了"。大家知道，"左派"是错了。单单这一点就立刻从根本上推翻了议会制"在政治上已经过时了"的论断。"左派"应该证明，为什么他们那时的不容争辩的错误，现在却不成其为错误了。他们没有拿出也不可能拿出丝毫的证据来。一个政党对自己的错误所抱的态度，是衡量这个党是否郑重，是否**真正履行它对本阶级**和劳动**群众**所负义务的一个最重要最可靠的尺度。公开承认错误，揭露犯错误的原因，分析产生错误的环境，仔细讨论改正错误的方法——这才是一个郑重的党的标志，这才是党履行自己的义务，这才是教育和训练**阶级**，进而又教育和训练**群众**。德国的（以及荷兰的）"左派"没有履行自己的这一义务，没有极仔细地认真地严肃地研究自己明显的错误，这恰恰证明他们不是**阶级的党**，而是一个小组，不是**群众的党**，而是知识分子和沾染了知识分子恶习的少数工人的一个小团体。

第二，在"左派"的法兰克福组织出版的同一本小册子里，除了上面详细摘引的言论之外，我们还可以读到：

"……数百万的仍旧跟着中央党〈天主教'中央'党〉政策走的工人是反革命的。农村无产者正在提供众多的反革命军队。"（上述小册子第 3 页）

这些话显然说得太随便、太夸大了。但是这里所叙述的基本事实却是不容争辩的;"左派"既然承认这个事实,便特别明显地证实了他们的错误。既然"数百万的"和"众多的"无产者,不仅仍旧赞成议会制,而且简直是"反革命的",那怎么能说"议会制在政治上已经过时了"呢!?显然在德国,议会制在政治上还没有过时。显然是德国"左派"把**自己的愿望**,把自己思想上政治上的态度,当作了客观现实。这对革命家是最危险的错误。在俄国,沙皇制度的压迫异常野蛮、异常残暴,从而在一个特别长的时期里,通过多种多样的形式造就了各种派别的革命家,造就了无限忠诚、热情、英勇和坚强的革命家;在俄国,我们曾经对革命家所犯的这种错误,作过特别真切的观察、特别仔细的研究,我们对这种错误特别熟悉,所以对别人身上的这种错误也看得特别清楚。对于德国共产党人来说,议会制当然"在政治上已经过时了",可是问题恰恰在于**不能认为对于我们**已经过时的东西,**对于阶级、对于群众**也已经过时。正是在这一点上我们又一次看到,"左派"不善于作为阶级的党、作为**群众**的党来判断事理、处理事情。你们决不应该把自己降低到群众的水平,降低到本阶级中落后阶层的水平。这是毫无疑义的。你们应该对他们说不中听的真话。你们应该把他们的资产阶级民主偏见和议会制偏见叫作偏见。但是同时你们也应该**清醒地**注意到正是整个阶级的(而不仅是它的共产主义先锋队的)、正是全体劳动**群众**的(而不仅是他们的先进分子的)觉悟和准备的**实际状况**。

即使不是"数百万的"和"众多的",而是只有相当数量的**少数**产业工人跟着天主教神父走,只有相当数量的**少数**农业工人跟着地主和富农(Großbauern)走,那么根据这一点也可以**毫无疑义地**得出结论说,在德国,议会制在政治上**还没有**过时,革命无产阶级的政党**必须**参加议会选举,参加议会讲坛上的斗争,其目的**正是**在于教育**本阶级**的落后阶层,正是在于唤醒和启发水平不高的、备受压抑的和愚昧无知的农村**群众**。当你们还无力解散资产阶级议会以及其他类型的任何反动机构的时候,你们就**应该**在这些机构内部工作,**正是**因为在那里还有受神父愚弄的、因身处穷乡僻壤而闭塞无知的工人;不然,你们就真有成为空谈家的危险。

第三,"左派"共产党人说了许许多多称赞我们布尔什维克的好话。有时我不禁要说:你们还是少称赞我们几句,多研究研究布尔什维克的策略,多熟悉熟悉这些策略吧!1917年9—11月间,我们参加了俄国资产阶级议会即立宪会议的选举。我们当时的策略是否正确呢?如果是不正确的,那就应该明确地说出来,并且加以证明,因为这样做是国际共产主义运动制定正确策略所必需的。如果是正确的,那就应该由此作出一定的结论。当然,不能把俄国的条件和西欧的条件等量齐观。但是在专门谈"议会制在政治上已经过时了"这个概念究竟是什么意思的时候,就必须准确地估计到我国的经验,因为不估计到具体经验,这类概念就很容易流为空谈。我们俄国布尔什维克在1917年9—11月间,岂不是比西方任何一国的共产党人都**更**有理由认为议会制在俄国在政治上已经过时了吗?当然是这样,因为问题不在于资产阶级议会存在时间长短,而在于广大劳动群众对于采用苏维埃制度、解散(或容许解散)资产阶级民主议会的**准备**(思想上、政治上、实践上),达到了什么程度。至于1917年9—11月间,由于种种特殊条件,俄国的城市工人阶级、士兵和农民对于采用苏维埃制度和解散当时最民主的资产阶级议会已经有了非常充分的准备,这是**丝毫不容争辩的**、明明白白的历史事实。虽然如此,布尔什维克还是**没有**抵制立宪会议,而是在无产阶级夺取政权以前**和以后**都参加了立宪会议的选举。这次选举收到了非常可贵的(对于无产阶级极为有益的)政治效果,我想,这一点我在前面提到的那篇详尽分析俄国立宪会议选举材料的文章①中已经证明了。

由此可以得出一个**丝毫不容争辩**的结论:经验证明,甚至在苏维埃共和国胜利以前的几个星期里,甚至**在胜利以后**,参加资产阶级民主议会,不仅对革命无产阶级没有害处,反而会使它易于向落后群众**证明**为什么这种议会应该解散,**易于**把这种议会解散,**易于**促使资产阶级议会制"在政治上过时"。不重视这种经验,同时却希望留在必须**以国际的观点**来制定策略(不是狭隘的或片面的一国的策略,而正是国际的策

---

① 见《列宁全集》第2版第38卷,第1—25页。——编者注

略)的共产**国际**,那就是犯极大的错误,那就恰恰是口头上承认国际主义,行动上背弃国际主义。

我们现在来看看"荷兰左派"主张不参加议会的论据。下面就是刚才提到的"荷兰人的"提纲中最重要的一条即第4条的译文(译自英文):

"在资本主义的生产体系已经崩溃而社会已处于革命状态的时候,议会活动同群众本身的行动比较起来,便逐渐失去意义。在这种条件下,议会正在变成反革命的中心和反革命的机构,而另一方面,工人阶级正在建立自己的政权工具即苏维埃;这时候,拒绝以任何方式参加议会活动,甚至可能是必要的。"

头一句话显然就错了,因为群众的行动,例如大罢工,**任何时候都**比议会活动重要,决不是仅仅在革命时期或在革命形势下才如此。这种显然站不住脚的、从历史上和政治上来看都是错误的论据,只是特别清楚地表明,提纲作者们既绝对没有考虑到全欧洲的经验(法国1848年、1870年革命前的经验,德国1878—1890年的经验等等),也绝对没有考虑到俄国的经验(见上面),没有考虑到把合法斗争和不合法斗争**配合起来**的重要性。这个问题,一般说来,或是就特定的情况说来,都具有极其重大的意义,因为在**一切**文明的先进的国家内,由于无产阶级和资产阶级之间的国内战争日益成熟和逼近,由于百般侵犯合法性的共和制政府以及所有资产阶级政府疯狂迫害共产党人(只要看看美国的例子就够了),等等,革命无产阶级的政党愈来愈有必要(有些地方早已有必要)把合法斗争和不合法斗争配合起来的时刻正在迅速到来。荷兰人以至一切左派对这个极为重要的问题却根本不懂。

第二句话,首先从历史上来看就是错误的。我们布尔什维克参加过极端反革命的议会,而且经验表明:正是在俄国第一次资产阶级革命(1905年)之后,这样做对于革命无产阶级的政党准备第二次资产阶级革命(1917年2月),以及后来准备社会主义革命(1917年10月),不但是有益的,而且是必要的。其次,这句话说得极其不合逻辑。既然议会正在变成反革命的机构和反革命的"中心"(附带说一句,实际上议会从来没有成为而且也不可能成为"中心"),而工人正在创立自己的政权工具即苏维埃,那么由此得出的结论自然是:工人必须作好准备(在思想上、政治上、技术上作好准备),去开展苏维埃反对议会的斗争,用苏维埃去解散议会。然而决不能由此得出结论说,**在**反革命的议会**内部**有拥护苏维埃的反对派,会使解散议会变得困难或者变得不那么方便。当我们胜利地进行反对邓尼金和高尔察克的斗争时,我们从来没有认为,他们那里有拥护苏维埃的反对派即无产阶级反对派这一点,对我们获得胜利是无关紧要的。我们十分清楚,反革命立宪会议内部有布尔什维克这样彻底的拥护苏维埃的反对派和左派社会革命党人这样不彻底的拥护苏维埃的反对派,这对于我们在1918年1月5日解散立宪会议,不是造成了困难,而是提供了方便。提纲的作者们陷入了混乱,他们忘记了多次革命甚至是所有革命的一条经验,而这条经验证明,在革命时期,把反动议会外的群众行动和议会内部同情革命的(如果是直接支持革命的,那就更好)反对派的活动**配合起来**,是特别有益的。荷兰人以至一切"左派"在这方面的言论活像空谈革命的学理主义者,他们从来没有参加过真正的革命,或者从来没有深入探讨过革命史,或者天真地以为主观上"否定"某种反动机构,便算是实际上用许多客观因素合成的力量把这种机构破坏了。使一种新的政治思想(不仅是政治思想)声誉扫地,受到损害,最有效的方法就是以维护为名,把它弄到荒谬绝伦的地步。这是因为任何真理,如果把它说得"过火"(如老狄慈根所说的那样),加以夸大,把它运用到实际适用的范围之外,便可以弄到荒谬绝伦的地步,而且在这种情形下,甚至必然会变成荒谬绝伦的东西。荷兰和德国的左派给予苏维埃政权比资产阶级民主议会优越这一新的真理的,正是这种熊的帮忙。自然,谁要是按照老套套笼统地说,在任何条件下都不可以拒绝参加资产阶级议会,那也是不对的。我不想在这里来说明在哪些条件下抵制议会才是有利的,因为本文的任务要小得多,只是结合国际共产主义策略中的几个迫切问题来考察俄国的经验。俄国的经验告诉我们,布尔什维克的抵制一次是成功的、正确的(1905年),另一次则是错误的(1906年)。我们分析一下第一次抵制的情形,便可以看到,那一次所以能够**使**反动政权**召开不了**反动议会,是因为当时群众的议会外的(尤其是罢工的)革命行动正在异常迅速地发展,无产阶级和农民中任何一个阶层都不会给反动政府以任何支持,而革命无产阶级通过罢工斗争和土地运动保证了自己对广大落后群众的影响。十分明显,在欧洲目前的条件下**这个**经验是不适用的。根据上述理由,同样十分明显,荷兰人和"左派"为拒绝参加议会的主张辩护(哪怕是有条件的辩护),是根本错误的,对于革命无产阶级的事业是有害的。

在西欧和美国,议会已经成为工人阶级中先进革命分子深恶痛绝的东西。这是不容争辩的。这是完全可以理解的,因为很难想象还有什么比大多数社会党议员和社会民主党议员战时和战后在议会中的所作所为更卑鄙无耻,更具有叛卖性了。但是,如果在解决应当**怎样**去同这一公认的祸害作斗争的问题时,竟任凭这种情绪来支配,那就不仅不明智,而且简直是犯罪了。在西欧许多国家里出现革命情绪,目前可以说是件"新鲜事",或者说是"稀罕事",人们盼望这种情绪太久、太失望、太焦急了,或许正因为这个缘故,人们才这样容易为情绪所支配。当然,没有群众的革命情绪,没有促使这种情绪高涨的条件,革命的策略是不能变为行动的,但是,俄国过于长久的惨痛的血的经验,使我们确信这样一个真理:决不能只根据革命情绪来制定革命策略。制定策略,必须清醒而极为客观地估计到本国的(和邻国的以及一切国家的,即世界范围内的)**一切**阶级力量,并且要估计到历次革命运动的经验。仅仅靠咒骂议会机会主义,仅仅靠否认参加议会的必要,来显示自己的"革命性",这是非常容易的,但是正因为太容易了,所以不是完成困难的、极其困难的任务的办法。在欧洲各国议会里,建立真正革命的议会党团,要比在俄国困难得多。这是不言而喻的。然而这只是说出了全部真理的一部分,而全部真理是:俄国在1917年那种历史上非常独特的具体形势下,**开始**社会主义革命是容易的,而要把革命**继续下去**,把革命进行到底,却要比欧洲各国困难。我还在1918年年初就指出了这个情况,此后两年来的经验也完全证实了这种看法是正确的。俄国当时的特殊条件是：（1）有可能把苏维埃革命同结束（通过苏维埃革命）给工农带来重重灾难的帝国主义战争联结起来；（2）有可能在一定时期内利用称霸世界的两个帝国主义强盗集团之间的殊死斗争，当时这两个集团不能联合起来反对苏维埃这个敌人；（3）有可能坚持比较长期的国内战争，其部分原因是俄国幅员广大和交通不便；（4）当时农民中掀起了非常深刻的资产阶级民主革命运动，无产阶级政党就接过了农民政党（即社会革命党，他们多数党员是激烈反对布尔什维主义的）的革命要求，并且由于无产阶级夺取了政权而立即实现了这些要求。这些特殊条件，目前在西欧是没有的，而且重新出现这样的或类似的条件也不是很容易的。除其他一些原因外，这也是西欧**开始**社会主义革命比我国困难的一个原因。要想"避开"这种困难，"跳过"利用反动议会来达到革命目的这个难关，那是十足的孩子气。你们要建立新社会吗？可是你们又害怕困难，不去在反动议会内建立一个由坚定、忠诚、英勇的共产党人组成的优秀的议会党团！难道这不是孩子气吗？德国的卡尔·李卜克内西和瑞典的塞·霍格伦甚至在得不到来自下面的群众支持的情况下，尚且能够树立以真正的革命精神利用反动议会的榜样，难道一个迅速发展着的群众性的革命政党，处在战后群众大失所望、愤怒异常的环境中，反而不能在那些最可恶的议会里**锻造出**一个共产党党团来吗？！正因为西欧工人中的落后群众，尤其是小农中的落后群众，受资产阶级民主偏见和议会制偏见的熏染比俄国的要厉害得多，所以共产党人**只有**从资产阶级议会这种机构内部，才能（并且应该）进行长期的、顽强的、百折不挠的斗争，来揭露、消除和克服这些偏见。

德国"左派"抱怨他们党的那些"领袖"不好，因此悲观失望，以至于采取"否定""领袖"的可笑态度。然而处在常常必须把"领袖"秘密隐藏起来的条件下，要**造就**可以信赖的、久经考验的和享有威望的好"领袖"是特别困难的事情；要顺利地克服这些困难，就非把合法工作和不合法工作配合起来，**使"领袖"受到考验不可，其中包括议会斗争的考验**。批评，而且是最尖锐、最无情和最不调和的批评，不应该是针对议会斗争或议会活动，而应该是针对那些不善于尤其是**不**

愿意以革命精神、以共产主义精神来利用议会选举和议会讲坛的领袖。只有这种批评（当然同时也要驱逐不称职的领袖，而代之以称职的领袖）才是既有益处又有实效的革命工作，才能一方面教育"领袖"，使他们无愧于工人阶级和劳动群众，另一方面又教育群众，使他们学会正确地分析政治形势，了解在这种政治形势下产生出来的往往是非常错综复杂的任务。①

八 不作任何妥协吗？

我们从上面引自法兰克福出版的小册子的那段话里，已经看到"左派"何等坚决地提出"不作任何妥协"的口号。这些无疑是以马克思主义者自居并且愿意做马克思主义者的人，竟忘记了马克思主义的基本真理，这实在使人感到可悲。请看看1874年恩格斯反驳33个布朗基派公社战士的宣言时说的话吧（恩格斯同马克思一样，都属于那种少见的和极少见的著作家，能做到每一巨著中的每一句话含义都极为深刻）：

"'……〈布朗基派公社战士的宣言中说〉我们所以是共产主义者，是因为我们要达到自己的目的，不在中间站停留，不作妥协，因为妥协只会推迟胜利到来的日子，延长奴隶制的时期。'

---

① 我很少有机会了解意大利"左派"共产主义者。博尔迪加同志及其"共产主义者抵制派"（Comunista astensionista）维护不参加议会的主张无疑是不对的。可是，根据两号他主编的《苏维埃报》（1920年1月18日和2月1日《苏维埃报》第3号和第4号）、四期塞拉蒂同志主编的出色的《共产主义》杂志（1919年10月1日—11月30日《共产主义》第1—4期）以及我所能读到的几份零散的意大利资产阶级报纸看来，我以为他有一点是对的。那就是说，博尔迪加同志和他那一派人对塞拉蒂及其同伙的抨击是正确的，因为后者依然留在一个承认苏维埃政权和无产阶级专政的政党里，依然当议员，并继续奉行危害极大的机会主义的老政策。塞拉蒂同志和整个意大利社会党容忍这种现象，当然是一个错误，这种错误也会像在匈牙利那样带来很大的害处和危险，匈牙利的屠拉梯之流的先生们就是从内部暗中破坏党和苏维埃政权的。对机会主义的议员采取这种错误的、不彻底的或软弱的态度，一方面促成"左派"共产主义者的出现，另一方面又在**一定程度上**证明"左派"共产主义者的存在是对的。塞拉蒂同志指责议员屠拉梯"不彻底"（《共产主义》第3期）显然是不对的，其实不彻底的正是意大利社会党，它容忍了屠拉梯之流这样的机会主义的议员。

德国共产主义者所以是共产主义者,是因为他们通过一切不是由他们而是由历史发展进程造成的中间站和妥协,清楚地看到并始终不懈地追求最后目的:消灭阶级和建立不再有土地私有制和生产资料私有制的社会制度。33个布朗基主义者所以是共产主义者,是因为他们以为,只要**他们**愿意跳过各个中间站和各种妥协,那就万事大吉了,只要——他们确信如此——日内'干起来',政权落到他们手中,那么后天'就会实行共产主义'。因此,如果这不能立刻办到,那他们也就不是共产主义者了。

把自己的急躁当作理论上的论据,这是何等天真幼稚!"(**弗·恩格斯**《公社的布朗基派流亡者的纲领》①,载于德国社会民主党的报纸《人民国家报》1874年第73号,引自《1871—1875年论文集》俄译本1919年彼得格勒版第52—53页)

恩格斯在这篇论文中对瓦扬深表敬意,说瓦扬有"不容争辩的功绩"(瓦扬和盖得一样,在1914年8月背叛社会主义以前是国际社会主义运动影响极大的领袖)。但是,恩格斯对他的明显的错误却没有放过,而作了详尽的剖析。当然,在年纪很轻、没有经验的革命者看来,以及在甚至岁数很大、经验很多的小资产阶级革命者看来,好像"容许妥协"是异常"危险的",是不可理解和不正确的。而许多诡辩家(那班十二分"有经验的"政客)也正像兰斯伯里同志所提到的那些英国机会主义领袖那样,议论什么"既然布尔什维克可以作某种妥协,为什么我们不可以作任何妥协呢?"但是,在多次罢工(我们只拿阶级斗争的这一种表现来说)中受到教育的无产者,对恩格斯所阐明的这一极深刻的(哲学上的、历史上的、政治上的、心理学上的)真理通常都能很好地领会。每个无产者都经历过罢工,都同可恨的压迫者和剥削者作过"妥协",那就是,在自己的要求完全没有达到,或者只得到部分的满足时,也不得不去上工。每个无产者由于处在群众斗争和阶级对立急剧尖锐化的环境里,都看到了下列两种妥协之间的差别:一种是为客观条

---

① 见《马克思恩格斯全集》第18卷第585—586页。——编者注

件所迫（罢工者的基金告竭，没有外界援助，陷于极端饥饿和苦难的境地）而作的妥协，这种妥协丝毫不会削弱实行这种妥协的工人对革命的忠诚和继续斗争的决心；另一种是叛徒的妥协，他们贪图私利（工贼也实行"妥协"！），怯懦畏缩，甘愿向资本家讨好，屈从于资本家的威胁、利诱、劝说、捧场（这种叛徒的妥协，在英国工人运动史上，英国工联领袖作得特别多，然而所有国家的几乎所有的工人都见到过这种或那种形式的类似现象），却把原因推给客观。

当然，有时也可以遇到异常困难复杂的个别情况，要花极大的气力，才能正确断定某一"妥协"的真实性质，——正像有些杀人案件，很难断定这些杀人行为是完全正当的、甚至是必要的（例如正当防卫），或者是不可原谅的疏忽，或者甚至是经过精心策划的谋害。当然，在政治上有时由于各阶级和各政党之间的（国内的和国际的）相互关系异常错综复杂，有许多情况判断起来，要远比判断什么是罢工中的合理"妥协"，什么是工贼、叛徒领袖等等的叛卖性"妥协"，更为困难。如果要开一张包治百病的丹方，或者拟订一个适用于一切情况的一般准则（"不作任何妥协"！），那是很荒谬的。为了能够弄清各个不同的情况，应该有自己的头脑。党组织的作用和名副其实的党的领袖的作用，也正在于通过本阶级一切肯动脑筋的分子①所进行的长期的、顽强的、各种各样的、多方面的工作，获得必要的知识、必要的经验、必要的（除了知识和经验之外）政治嗅觉，来迅速而正确地解决各种复杂的政治问题。

幼稚而毫无经验的人们以为，只要一承认容许**妥协**，就会抹杀机会主义（我们正同它并且必须同它进行不调和的斗争）和革命马克思主义或共产主义之间的任何界限。假使这些人还不懂得，无论自然界还是社会中，**一切**界限都是变动的，而且在一定程度上都是有条件的，那么

---

① 每个阶级，即使是在最文明的国家里，即使它是最先进的阶级，并且由于当前的形势，它的一切精神力量得到最高度发挥，其中也总会有一些分子**不**动脑筋和不会动脑筋，而且只要阶级还存在，只要无产阶级的社会还没有在自己的基础上完全加强、巩固和发展起来，就必然**还会有**这样一些分子。否则，资本主义便不成其为压迫群众的资本主义了。

除了通过长期的训练、培养和教育，让他们取得政治经验和生活经验以外，就没有别的办法可以帮助他们。重要的是在每个个别的或特殊的历史关头，要善于从实际政治问题中识别哪些问题上表现出某种最主要的而且是不能容许的、叛卖性的、危害革命阶级的机会主义的妥协，并且要竭尽全力揭露这种妥协，同它进行斗争。在两个同样进行抢劫、进行掠夺的国家集团间进行帝国主义战争（1914—1918年）时，这样的最主要的、基本的一种机会主义，就是社会沙文主义，也就是主张"保卫祖国"，在**这样一场**战争中"保卫祖国"，实际上就等于保卫"本国"资产阶级的强盗利益。在大战以后，保卫掠夺性的"国际联盟"；保卫同本国资产阶级订立的直接或间接的联盟而反对革命无产阶级和"苏维埃"运动；保卫资产阶级民主制和资产阶级议会制而反对"苏维埃政权"——这些就是不能容许的叛卖性妥协的最主要表现，这些妥协合在一起就是危害革命无产阶级及其事业的机会主义。

德国左派在法兰克福出版的小册子里写道：

"……凡是同其他政党妥协……凡是实行机动和通融的政策，都应当十分坚决地拒绝。"

也真奇怪，这些左派既抱着这种见解，却没有坚决地斥责布尔什维主义！德国左派不会不知道在布尔什维主义全部历史中，无论在十月革命前或十月革命后，都**充满着**对其他政党包括对资产阶级政党实行机动、通融、妥协的事实！

为了推翻国际资产阶级而进行的战争，比国家之间通常进行的最顽强的战争还要困难百倍，费时百倍，复杂百倍；进行这样的战争而事先拒绝采用机动办法，拒绝利用敌人之间利益上的矛盾（哪怕是暂时的矛盾），拒绝同各种可能的同盟者（哪怕是暂时的、不稳定的、动摇的、有条件的同盟者）通融和妥协，这岂不是可笑到了极点吗？这岂不是正像我们千辛万苦攀登一座未经勘察、人迹未到的高山，却预先拒绝有时要迂回前进，有时要向后折转，放弃已经选定的方向而试探着从不同的方向走吗？而那些如此缺乏觉悟、如此没有经验的人（如果这真是因为他们年轻,那还算好:上帝本来就让青年在一定的时间内说这类蠢话的),居然能得到荷兰共产党内某些党员的支持(不管是直接或间接的,公开或隐蔽的,完全或部分的支持,都是一样)!!

在无产阶级进行了第一次社会主义革命之后,在一国内推翻了资产阶级之后,这个国家的无产阶级**在很长时期内**,依然要比资产阶级**弱**,这只是因为资产阶级有很广泛的国际联系,还因为在这个推翻了资产阶级的国家里,小商品生产者自发地、经常地使资本主义和资产阶级复活和再生。要战胜更强大的敌人,就必须尽最大的努力,同时**必须**极仔细、极留心、极谨慎、极巧妙地一方面利用敌人之间的一切"裂痕",哪怕是最小的"裂痕",利用各国资产阶级之间以及各个国家内资产阶级各个集团或各种类别之间利益上的一切对立,另一方面要利用一切机会,哪怕是极小的机会,来获得大量的同盟者,尽管这些同盟者可能是暂时的、动摇的、不稳定的、不可靠的、有条件的。谁不懂得这一点,谁就是丝毫不懂得马克思主义,丝毫不懂得**现代的科学社会主义**。谁要是没有在相当长的时期内和在各种相当复杂的政治形势下,在实践上证明他确实会运用这个真理,谁就还没有学会帮助革命阶级去进行斗争,使全体劳动人类从剥削者的压榨下解放出来。以上所说的一切,对于无产阶级夺取政权**以前**和**以后**的时期,都是同样适用的。

马克思和恩格斯说过,我们的理论不是教条,而是**行动的指南**①;卡尔·考茨基、奥托·鲍威尔这类"正宗的"马克思主义者的最大错误和最大罪恶,就是他们不懂得这一点,不善于在无产阶级革命最紧要的关头按此行事。马克思以前时期的俄国伟大的社会主义者尼·加·车尔尼雪夫斯基常说:"政治活动并不是涅瓦大街的人行道。"(涅瓦大街是彼得堡一条笔直的主要街道,它的人行道清洁、宽阔而平坦。)从车尔尼雪夫斯基那时以来,俄国革命家由于忽视或忘记了这个真理,遭受过无数的牺牲。我们无论如何要使西欧和美国的左派共产党人和忠于工人阶级的革命家,**不至于**像落后的俄国人那样,为领会这个真理付出**如**

---

① 参看《马克思恩格斯全集》第36卷第566页。——编者注

此昂贵的代价。

在沙皇制度被推翻以前,革命的俄国社会民主党人曾经多次利用资产阶级自由派的帮助,那就是说,同他们作过多次实际的妥协;在1901—1902年间,在布尔什维主义产生之前,旧《火星报》编辑部(当时参加这个编辑部的有普列汉诺夫、阿克雪里罗得、查苏利奇、马尔托夫、波特列索夫和我)就曾同资产阶级自由派政治领袖司徒卢威结成正式的政治联盟(时间固然不长),同时却善于不间断地在思想上和政治上同资产阶级自由主义及其在工人运动内部反映出来的任何最微小的影响作最无情的斗争。布尔什维克一直奉行这个政策。从1905年起,他们一贯坚持工农联盟,反对自由派资产阶级和沙皇制度,同时从来也不拒绝支持资产阶级去反对沙皇制度(例如在第二级选举或在复选时),从来也没有在思想上和政治上停止对农民的资产阶级革命党,即对"社会革命党人"作最不调和的斗争,而是揭露他们的面目,揭露他们是冒充社会主义者的小资产阶级民主派。1907年,在杜马选举中,布尔什维克曾同"社会革命党人"结成短期的正式政治联盟。1903—1912年期间,我们不止一次地和孟什维克形式上同处在一个统一的社会民主党内,每次都有好几年,但是**从来没有**在思想上和政治上停止跟他们这些对无产阶级散布资产阶级影响的人和机会主义者作斗争。在大战期间,我们同"考茨基派"即左派孟什维克(马尔托夫)以及一部分"社会革命党人"(切尔诺夫、纳坦松)作过某些妥协,同他们在齐美尔瓦尔德和昆塔尔一起开过会,发表过共同宣言,但是我们从来没有在思想上和政治上停止和削弱对"考茨基派"、对马尔托夫和切尔诺夫的斗争(纳坦松死于1919年;他当时已是一个非常靠拢我们、跟我们意见几乎完全一致的民粹派"革命共产党人")。正当十月革命的时候,我们同小资产阶级的农民结成了一个非正式的、但又非常重要的(而且是非常成功的)政治联盟,我们未作任何修改就**全盘**接受了**社会革命党**的土地纲领,也就是说,我们作了一次明显的妥协来向农民证明,我们并不想用多数票压他们,而是愿意同他们妥协。同时,我们曾经向"左派社会革命党人"建议结成(而且不久就实现了)正式的政治联盟，请他们参加政府；但是在缔结布列斯特和约以后，他们破坏了这个联盟，到1918年7月甚至举行了武装暴动，继而又进行武装斗争来反对我们。

因此，很明显，德国左派因为德国共产党中央想跟"独立党人"（"德国独立社会民主党"，即考茨基派）结成联盟，便加以攻击，在我们看来是极不严肃的，而且这种攻击明显地证明"左派"是错误的。我们俄国也有过同德国谢德曼之流类似的右派孟什维克（他们参加过克伦斯基政府）和反对右派孟什维克而同德国考茨基派类似的左派孟什维克（马尔托夫）。1917年，我们明显地看到工人群众逐渐离开孟什维克而转向布尔什维克：在1917年6月举行的全俄苏维埃第一次代表大会上，我们只占代表总数的13％，社会革命党人和孟什维克占大多数；在苏维埃第二次代表大会（俄历1917年10月25日）上，我们已占代表总数的51％。为什么德国工人有**同样的**、完全**相同的**从右向左的转变趋势，却没有立即增强共产党人的力量，而首先增强了中间政党——"独立"党（虽然这个党从来没有过任何独立的政见和任何独立的政策，而只是摇摆于谢德曼之流和共产党人之间）的力量呢？

很明显，原因之一就是德国共产党人采取了**错误的**策略，德国共产党人必须大胆地老老实实地承认这个错误，并且学会纠正这个错误。这个错误就是否认有必要参加反动的资产阶级议会和反动的工会，这个错误就是以多种形式表现出来的"左派"幼稚病，这种病症现在已经暴露出来，这就可以更好更快地把它治好，对于机体会更有益处。

德国"独立社会民主党"内部，显然是不一致的：其中除那些已经证明不能理解苏维埃政权和无产阶级专政的意义，不能领导无产阶级革命斗争的机会主义老领袖（如考茨基、希法亭，看来克里斯平、累德堡等在很大程度上也是如此）以外，还有一个左翼，即无产阶级一翼已经形成，并且正在非常迅速地发展着。该党数十万无产者党员（党员总数似为75万）正在离开谢德曼而迅速靠拢共产党人。这个无产阶级一翼已经在"独立党人"莱比锡代表大会（1919年）上提议无条件地立即加入第三国际。如果害怕同该党的这一翼"妥协"，那简直是可笑的。恰恰相反，共产党人**必须**寻找**而且必须找到**一种同他们妥协的适当形式，这种妥协一方面可以促进和加速共产党人同这一翼实现必要的完全融合，另一方面丝毫不妨碍共产党人对"独立党人"机会主义右翼进行思想上和政治上的斗争。要找到这样一种适当的形式，大概是不容易的，然而只有骗子才会向德国工人和德国共产党人许诺一条"容易"致胜的道路。

如果"纯粹的"无产阶级没有被介于无产者和半无产者（一半依靠出卖劳动力来获得生活资料的人）之间、半无产者和小农（以及小手艺人、小手工业者和所有的小业主）之间、小农和中农之间等等为数众多的形形色色的中间类型所包围，如果无产阶级本身没有分成比较成熟的和比较不成熟的阶层，没有乡土、职业、有时甚至宗教等等的区分，那么资本主义便不成其为资本主义了。由于这一切原因，无产阶级的先锋队，无产阶级的觉悟部分，即共产党，就必须而且绝对必须对无产者的各种集团，对工人和小业主的各种政党采取机动、通融、妥协的办法。全部问题在于要**善于**运用这个策略，来提高无产阶级的觉悟性、革命性、斗争能力和致胜能力的**总**的水平，而不是降低这种水平。顺便应当指出：布尔什维克为了战胜孟什维克，不仅在1917年十月革命以前，**就是在此以后也**需要采取机动、通融、妥协的策略，自然，我们所采取的这种策略是靠削弱孟什维克来促进、增进、巩固和加强布尔什维克的。小资产阶级民主派（包括孟什维克在内）必然要动摇于资产阶级和无产阶级之间，动摇于资产阶级民主制度和苏维埃制度之间，动摇于改良和革命之间，动摇于喜爱工人和畏惧无产阶级专政之间等等。共产党人的正确策略，应该是**利用**这种动摇，决不是忽视这种动摇；既然要利用这种动摇，那就得对那些转向无产阶级的分子，在他们转向无产阶级的时候，实行让步，看他们转的程度，来决定让步的程度；同时要同那些转向资产阶级的分子作斗争。由于我们运用了正确的策略，我国孟什维主义已经而且还在日益瓦解，顽固的机会主义领袖陷于孤立，优秀的工人和小资产阶级民主派中的优秀分子，都转入我们的阵营。这是一个长期的过程，所以"不作任何妥协，不实行任何机动"这种操之过急的"决定",只会有害于加强革命无产阶级影响和扩大革命无产阶级力量的事业。

最后,德国"左派"十分固执地坚持不承认凡尔赛和约,这也是他们的一个明显的错误。这种观点表述得愈"庄重"、愈"神气"、愈"坚决"、愈武断(像克·霍纳所表达的那样),结果就显得愈不明智。在现时国际无产阶级革命的条件下,仅仅唾弃"民族布尔什维主义"(劳芬贝格等人的)那种竟然主张同德国资产阶级结盟对协约国作战的荒谬立场,是不够的。应当认识到,苏维埃德国(如果苏维埃德意志共和国不久就可以成立的话)在一定的时期内必须承认和服从凡尔赛和约,不容许这样做的策略是根本错误的。当然不能由此得出结论说,当谢德曼之流还呆在政府里、匈牙利苏维埃政权还没有被推翻、维也纳的苏维埃革命尚有可能去援助苏维埃匈牙利的时候,**在当时这样的条件之下**,"独立党人"提出签订凡尔赛和约的要求是正确的。"独立党人"当时实行的机动和灵活是很不好的,因为他们多少替叛徒谢德曼之流分担了责任,多少离开了同谢德曼之流进行无情的(和十分冷静的)阶级战争的观点,而滑到了"非阶级的"或"超阶级的"观点上去。

然而,现在的局势却显然是这样的:德国共产党人不应当束缚自己的手脚,不应当许诺,共产党人一旦取得胜利,就一定废除凡尔赛和约。这是愚蠢的。应该说:谢德曼之流和考茨基之流干了一系列的叛卖勾当,阻碍了(就某种程度上说简直是断送了)同苏维埃俄国和苏维埃匈牙利结成联盟的事业。我们共产党人则要采取一切办法**去促成**和**准备**实现这个联盟,至于凡尔赛和约,我们完全没有必要一定而且立刻加以废除。能不能顺利地废除这个和约,不仅取决于苏维埃运动在德国的胜利,而且取决于苏维埃运动在国际上的胜利。谢德曼之流和考茨基之流阻碍了这个运动,而我们却要帮助这个运动。这就是问题的本质所在,这就是根本的差别所在。既然我们的阶级敌人、剥削者、他们的走狗谢德曼之流和考茨基之流,放过了加强德国及国际苏维埃运动、加强德国及国际苏维埃革命的许多机会,那么,这种罪责就应该由他们来承担。德国的苏维埃革命会加强国际苏维埃运动,而国际苏维埃运动则是反对凡尔赛和约、反对整个国际帝国主义的最强大的堡垒（而且是唯一可靠的、不可战胜的、威震全球的堡垒）。硬要迫不及待地把摆脱凡尔赛和约一事放在第一位，放在使**其他**被帝国主义压迫的国家摆脱帝国主义压迫的**问题之上**，这就是市侩的民族主义（很合乎考茨基、希法亭、奥托·鲍威尔之流的身分），而不是革命的国际主义。在欧洲任何一个大国，其中包括德国，推翻资产阶级将是国际革命的一大胜利，为了这种胜利，如果有必要，可以而且应当容忍**凡尔赛和约存在一个较长的时期**。既然俄国一国为了革命的利益能够忍受几个月布列斯特和约，那么苏维埃德国在同苏维埃俄国结成联盟的情况下，为了革命的利益在更长一段时间里忍受凡尔赛和约决不是不可能的。

法、英等国帝国主义者挑动德国共产党人，给他们设下圈套："你们说你们不在凡尔赛和约上签字吧。"而左派共产党人不善于随机应变，同诡计多端而且目前比他们强大的敌人周旋，不会回答敌人说："现在我们要在凡尔赛和约上签字了"，却像小孩子一样上了这个圈套。事先就束缚住自己的手脚，公开告诉那个目前武装得比我们好的敌人，我们是否要同他作战、什么时候同他作战——这是愚蠢行为，而不是革命行为。当应战显然对敌人有利而对自己不利的时候，却去应战，那就是犯罪；革命阶级的政治家如果不善于实行"机动、通融、妥协"，以避免显然不利的战斗，这样的政治家是毫无用处的。

九 英国"左派"共产主义者

英国现在还没有共产党，但是工人中间出现了一种崭新的、广泛的、强大的、迅速增长的、令人感到极有希望的共产主义运动；有几个政党和政治组织（"英国社会党""社会主义工人党""南威尔士社会主义协会""工人社会主义联盟"）希望成立共产党，并且正在就这个问题进行谈判。在"工人社会主义联盟"的机关报《工人无畏舰》周刊（1920年2月21日第6卷第48期）上刊载了该刊主编西尔维娅·潘克赫斯特同志的一篇文章：《向建立共产党的目标前进》。这篇文章叙述了上述四个组织谈判的经过，谈判的内容是：在加入第三国际、承认苏维埃制度（而不是议会制）和无产阶级专政的基础上建立统一的共产党。原来，不能立刻成立统一的共产党的主要障碍之一，是它们之间发生了意见分歧，分歧在于要不要参加议会以及新成立的共产党要不要加入旧的、行业性的（大半由工联组成的）、机会主义和社会沙文主义的"工党"。"工人社会主义联盟"以及"社会主义工人党"① 都反对参加议会选举，反对参加议会，反对加入"工党"，在这方面它们和英国社会党全体党员或多数党员意见不一致，在它们看来英国社会党是英国"各共产主义政党中的右翼"（西尔维娅·潘克赫斯特的上述文章，第5页）。

这样看来，基本的分野同德国是一样的，虽然分歧的表现形式（同英国比较起来，德国的表现形式更接近"俄国的"表现形式）以及其他许多情况有很大差别。现在让我们来看一下"左派"的论据。

关于参加议会问题，西尔维娅·潘克赫斯特同志引证了同一期周刊上威·加拉赫（W. Gallacher）同志的一篇文章，加拉赫同志以格拉斯哥"苏格兰工人委员会"的名义写道：

"本委员会明确反对议会制度，而且得到了各种政治组织的左翼的支持。我们是苏格兰革命运动的代表，这个运动力求在全国产业部门〈在各个生产部门内〉建立革命组织，并且以各社会委员会为基础建立共产党。长期以来我们同官方的议员们进行争论。我们过去认为没有必要向他们公开宣战，而他们也**害怕**向我们展开进攻。

然而这种状况不会长久继续下去。我们正在全线节节胜利。

苏格兰独立工党的广大党员对议会愈来愈反感，几乎所有地方组织都赞成Soviets〈俄语"苏维埃"一词的英语音译〉或工人苏维埃。当然，这对于那些把政治视为谋生手段〈视为职业〉的先生来说，是极其严重的事情，因此他们用尽一切办法来说服他们的党员重新投入议会制度的怀抱。革命的同志们**不应当**〈所有黑体都是原作者用的〉支持这伙匪帮。我们在这方面的斗争将是很艰巨的。在这场斗争中，最糟糕的就是那些关心个人利益胜过关心革命的人将会叛变。对于议会制度的任何支持，都只会有助于使政权落到我们不列颠的谢德曼和诺斯克之流的手里。

---

① 看来，"社会主义工人党"反对加入"工党"，但不是全体党员都反对参加议会。

韩德逊和克林兹（Clynes）之流已经反动透顶。正式的独立工党愈来愈处于资产阶级自由党人的支配之下，资产阶级自由党人在麦克唐纳和斯诺登之流的先生们的阵营中找到了精神上的安乐窝。正式的独立工党极端仇视第三国际，而群众则支持第三国际。无论用什么方法来支持机会主义的议员，都不过是为上述这些先生效劳。英国社会党在这方面不起任何作用……这里需要一个健全的革命的产业〈工业〉组织和根据清楚的、明确的、科学的原则去行动的共产党。如果我们的同志能够帮助我们建立这两种组织，我们会欣然接受他们的帮助；如果不能帮助，而又不愿意靠着支持反动派来出卖革命，那么，看在上帝的份上，就请千万不要干预此事；这些反动分子正热心猎取'光荣的'（？）〈问号是原作者加的〉议员称号，正渴望证明他们**能够**像'主子'那个阶级的政治家一样有成效地**实行统治**。"

据我看，这封给编辑部的信出色地表达了年轻的共产主义者或刚刚开始接受共产主义的做群众工作的工人的情绪和观点。这种情绪是极其可喜、极其可贵的；应当善于珍视和支持这种情绪，因为没有这种情绪，英国以及任何其他国家的无产阶级革命的胜利是没有希望的。对于善于表达群众的这种情绪、善于激发群众的这种（往往是朦胧的、不自觉的、下意识的）情绪的人，应该爱护，应该关切地给以种种帮助。但同时应该直言不讳地告诉他们：在伟大的革命斗争中，**单凭**情绪来领导群众是不够的；即使是对革命事业无限忠诚的人所要犯的或正在犯的这样那样的错误，也会给革命事业带来危害。从加拉赫同志给编辑部的这封信中，无疑可以看到德国"左派"共产党人目前所犯的和俄国"左派"布尔什维克在1908年和1918年犯过的那**种种**错误的苗头。

写信人对资产阶级的"阶级的政治家"满怀着最崇高的无产阶级的憎恨（这不仅是无产者，而且是一切劳动者，即德国人所说的一切"小人物"都能理解和有同感的一种憎恨）。被压迫被剥削群众的代表所表达的这种憎恨，实在是"一切智慧之本"，是一切社会主义运动和共产主义运动及其成功的基础。可是，写信人看来没有考虑到：政治是一门科学，是一种艺术，它不是从天上掉下来的，不费力是掌握不了的；无产阶级要想战胜资产阶级，就必须造就出**自己的**、无产阶级的"阶级的政治家"，而这些政治家同资产阶级的政治家比起来应该毫不逊色。

写信人透彻地了解到，达到无产阶级目的的工具不是议会，而只能是工人苏维埃，凡是至今还不了解这点的人，哪怕他是最有学问的人、最有经验的政治家、最真诚的社会主义者、最渊博的马克思主义者、最诚实的公民和家庭成员，他也必定是一个最恶毒的反动派。然而写信人甚至没有提出，更没有想到有必要提出这样一个问题：如果不让"苏维埃的"政治家**进入**议会，不从**内部**去瓦解议会制度，不从议会内部去准备条件，使苏维埃能够顺利完成它所面临的解散议会的任务，那么，要使苏维埃战胜议会是否可能呢？而同时写信人却提出了一种完全正确的意见，他说英国共产党必须根据**科学**原则来行动。而科学首先要求估计到其他国家的经验，特别是其他同样是资本主义的国家正在经历或不久前曾经经历过的那种非常类似的经验；其次，它要求估计到在本国内部现有的**一切**力量、集团、政党、阶级和群众，要求决不能仅仅根据一个集团或一个政党的愿望和见解、觉悟程度和斗争决心来确定政策。

说韩德逊、克林兹、麦克唐纳、斯诺登之流已经反动透顶了，这是对的。说他们想把政权抓到自己手里（其实，他们宁愿同资产阶级联合执政），说他们想按照资产阶级的那一套老规矩来"实行统治"，说他们一旦当权，就一定会跟谢德曼之流和诺斯克之流一样行事，这也是对的。所有这些全都不错。但由此得出的结论，决不是说支持他们就是背叛革命，而是说工人阶级的革命家为了革命利益，应该在议会方面给这些先生以一定的支持。我现在拿英国目前的两个政治文件来说明这个意思：（1）劳合-乔治首相1920年3月18日的演说（根据1920年3月19日《曼彻斯特卫报》的报道）；（2）"左派"共产主义者西尔维娅·潘克赫斯特同志在她的上述文章中所发表的议论。

劳合-乔治在他的演说中同阿斯奎斯（此人曾接到出席会议的特别邀请，但他拒绝了），同那些不愿意跟保守党人联合而想接近工党的自由党人进行了论战。（在加拉赫同志给编辑部的信中，我们也看到他指出了自由党人转入独立工党的事实。）劳合-乔治证明自由党人必须同保守党人联合起来，而且要**紧密地**联合起来，否则，工党——劳合-乔治"喜欢称之为"社会党——就会取得胜利,而这个党是力求实现生产资料"集体所有制"的。这位英国资产阶级的领袖向他的听众,向那些至今大概还不了解这点的自由党议员通俗地解释道:"这在法国叫作共产主义,在德国叫作社会主义,在俄国叫作布尔什维主义。"劳合-乔治说,这是自由党人所根本不能接受的,因为自由党人从根本上说是拥护私有制的。这位演讲人声称:"文明正处在危险之中",因此自由党人同保守党人必须携起手来……

劳合-乔治说:"……如果你们到农业地区去,我相信你们一定会看到,那里党派的划分仍然保持着原样。那里离危险还远。那里还没有什么危险。可是,事态一旦发展到了农业地区,那里的危险也会同今天的某些工业地区一样大。我国居民五分之四从事工商业,而从事农业的几乎不到五分之一。这是我每想到将来我们会遇到的危险时始终不忘的一种情况。法国的居民大都从事农业,在那里,确定的观念有着牢固的基础,这种基础不会变动得很快,也不太容易受到革命运动的激荡。我国的情况则不然。我国比世界上其他任何一个国家都容易颠覆;如果它一开始动摇,那么,由于上述原因,它将比其他国家崩溃得更厉害。"

读者从这里可以看出,劳合-乔治先生不仅是一个很聪明的人,而且他还从马克思主义者那里学到了不少东西。我们不妨也向劳合-乔治学习学习吧。

我们还想指出劳合-乔治演讲之后在讨论过程中发生的如下一个插曲:

"华莱士(Wallace)先生问:现在产业工人中间有很多是自由党人,我们从他们那里得到了很多支持,请问首相,您认为您在工业地区对这些产业工人所采取的政策会得到什么结果?可能的结果会不会使目前真心帮助我们的工人转过去大大加强工党的势力?

首相答:我的看法完全相反。自由党人互相倾轧这一事实,无疑使很多自由党人感到绝望而倒向工党方面,现在已经有为数不少的很能干的自由党人参加了工党,他们在破坏政府的威信。结果无疑是社会上同情工党的情绪大大增强。现时社会舆论不是支持工党外的自由党人,而是支持工党,这是最近几次部分改选所表明了的。"

附带说说，这段议论特别表明，连资产阶级中最聪明的人物也弄糊涂了，不能不干出无法补救的蠢事来。就凭这一点也会把资产阶级断送的。尽管我们的人也会做蠢事（自然，条件是这些蠢事不很大，而且能及时得到改正），但是他们终究会成为胜利者。

另外一个政治文件是"左派"共产主义者西尔维娅·潘克赫斯特同志的下述一段议论：

"……英克平同志〈英国社会党书记〉把工党叫作'工人阶级运动的主要组织'。英国社会党的另一个同志在第三国际代表会议上把该党的观点表述得更加明确，他说：'我们把工党看作组织起来的工人阶级。'

我们不赞同对工党的这种看法。工党党员虽然非常多，但很大一部分是无所作为和不关心政治的。这就是那些加入工联的男女工人，他们之所以加入工联，是因为他们厂里的工友都是工联会员，是因为他们想领取补助金。

但是我们认为工党所以拥有这样多的党员也是由这样一个事实造成的：工党是英国工人阶级的多数还没有摆脱的一种思潮的产物，虽然在人民的头脑里正酝酿着巨大的变化，人民很快就要改变这种情况……"

"……英国工党同其他国家的社会爱国主义组织一样，在社会的自然发展过程中，必然要上台执政。共产主义者的任务就是要聚集力量，以便推翻这些社会爱国主义者，我们在英国既不应当拖延这种活动，也不应当犹豫不决。

我们不应当分散自己的精力去增加工党的力量；工党上台执政是不可避免的。我们必须集中力量创立起一个共产主义运动来战胜工党。工党很快就要组成政府；拥护革命的反对派必须准备好冲击这个政府……"

总之，自由派资产阶级正在放弃那种历史上被数百年来的经验奉若神明的、对剥削者异常有利的"两党"制（剥削者的"两党"制），而认为必须联合两党的力量同工党作斗争。一部分自由党人好像覆舟时的老鼠，纷纷跑到工党方面去。左派共产主义者认为政权转到工党手中是不可避免的，并且承认现在多数工人都拥护工党。他们由此得出一个奇怪的结论，这个结论由西尔维娅·潘克赫斯特同志表示如下：

"共产党不应当实行妥协……它必须保持自己学说的纯洁，保持自己的独立性，不为改良主义所玷污；共产党的使命是勇往直前，中途不停顿，不转弯，径直走向共产主义革命。"

恰恰相反，既然英国多数工人现在还跟着英国的克伦斯基之流或谢德曼之流走，既然他们还没有取得跟这批人组成的政府打交道的经验，而俄国和德国的工人所以大批转向共产主义，正是因为取得了这种经验，那么毫无疑义，由此应该得出结论说，英国共产主义者必须参加议会活动，必须**从议会内部**帮助工人群众在事实上认清韩德逊和斯诺登政府所造成的结果，必须帮助韩德逊和斯诺登之流去战胜联合起来的劳合-乔治和邱吉尔。不这样做，就会增加革命事业的困难，因为工人阶级多数人的观点如果不转变，进行革命是不可能的，而要实现这种转变，必须由群众取得政治经验，单靠宣传是永远不能奏效的。既然现在显然无力的少数工人知道（或者至少应当知道），要是韩德逊和斯诺登战胜了劳合-乔治和邱吉尔，多数工人经过一个很短的时间，就会对自己的领袖感到失望，转而拥护共产主义（或者至少会对共产主义者保持中立，而且多半是善意的中立），那么这少数工人提出"不妥协，不转弯地前进"这样的口号，就显然是错误的。这很像1万名兵士跟5万名敌兵交战，在应当"停顿""转弯"、甚至实行"妥协"以等待不能立即出动的10万援兵的情况下，却要去同敌人硬拼。这是知识分子的孩子气，而不是革命阶级的郑重的策略。

一切革命，尤其是20世纪俄国三次革命所证实了的一条革命基本规律就是：要举行革命，单是被剥削被压迫群众认识到不能照旧生活下去而要求变革，还是不够的；要举行革命，还必须要剥削者也不能照旧生活和统治下去。只有"**下层**"**不愿**照旧生活而"**上层**"也**不能照旧**维持下去的时候，革命才能获得胜利。这个真理的另一个说法是：没有全国性的（既触动被剥削者又触动剥削者的）危机，进行革命是不可能的。这就是说，要举行革命，第一，必须要多数工人（或至少是多数有觉悟、能思考、政治上积极的工人）充分认识到革命的必要性，并有为革命而牺牲的决心；第二，必须要统治阶级遭到政府危机，这种危机甚至把最落后的群众都卷入政治活动（一切真正的革命的标志，就是在以前不关心政治的被压迫劳动群众中，能够进行政治斗争的人成十倍以至成百倍地迅速增加），削弱政府的力量，使革命者有可能很快地推翻它。

顺便提一下，正是从劳合-乔治的演说中可以看到，在英国，这两个可以使无产阶级革命成功的条件显然正在成熟。左派共产主义者的错误目前之所以特别危险，正是因为有些革命者对这两个条件都抱着一种不够认真、不够重视、不够自觉、不够慎重的态度。既然我们不是一个革命的小团体，而是一个革命**阶级**的政党，既然我们要把**群众**争取过来（不这样，我们就有成为不折不扣的空谈家的危险），那么，第一，我们就必须帮助韩德逊或斯诺登去打倒劳合-乔治和邱吉尔（更确切点甚至可以这样说，必须迫使前者去打倒后者，因为前者**不敢去争取胜利**！）；第二，我们就必须帮助工人阶级的多数根据切身经验确信我们是正确的，也就是确信韩德逊和斯诺登之流是毫不中用的，确信他们具有小资产阶级的和叛卖的本性，确信他们必然要遭到破产；第三，我们就必须促使这样一种时机迅速到来，即**由于**多数工人对韩德逊之流感到失望，可以有很大的成功把握一举推翻韩德逊之流政府，因为那个极其精明老练的、不是小资产阶级而是大资产阶级的劳合-乔治尚且表现得十分惊慌，并且由于他昨天同邱吉尔"摩擦"，今天又同阿斯奎斯"摩擦"而不断削弱自己（以及整个资产阶级）的力量，那么韩德逊之流的政府就一定会更加惊慌失措了。

现在我来更具体地谈一谈。在我看来，英国共产主义者应当根据第三国际的原则，在**必须参加议会**的条件下，把自己的四个党派（四个党派都很弱，其中有的非常非常弱）合并成一个共产党。由共产党向韩德逊和斯诺登之流提议达成"妥协"，达成竞选协议：共同反对劳合-乔治和保守党人的联盟，按照工人投给工党和共产党的票数（不是选票，而是另行投票）来分配议席，并保留各自进行鼓动、宣传和政治活动的**最充分的自由**。没有最后这个条件，当然就不能同他们结成同盟，否则就是背叛了；英国共产主义者绝对必须保持和坚持揭露韩德逊和斯诺登之流的最充分的自由，如同俄国布尔什维克曾经保持（1903—1917年

的 **15 年内**）和坚持了揭露俄国的韩德逊和斯诺登之流，即揭露孟什维克的最充分的自由一样。

如果韩德逊和斯诺登之流同意根据这些条件跟我们结成同盟，那我们就得到好处了，因为议席的多少，对我们完全无关紧要，我们并不追求这个，在这一点上我们尽可以让步（而韩德逊之流，尤其是他们的新朋友们，也可以说是他们的新主子们，即那些转入独立工党的自由党人，对于猎取议席却最起劲）。我们所以得到好处，是因为正当劳合-乔治**自己**把群众"挑动起来"的时候，我们能够在**群众**中展开**我们的**鼓动工作，并且我们不仅能够帮助工党更快地组织起他们的政府，而且还能够帮助群众更快地了解我们的全部共产主义宣传，我们将毫无保留、毫不隐讳地去进行这种宣传来反对韩德逊之流。

如果韩德逊和斯诺登之流拒绝根据这些条件跟我们结成同盟，我们就会得到更大的好处，因为我们可以立即向**群众**指明（请注意，甚至在纯粹孟什维主义的和十足机会主义的独立工党内部，**群众**也是赞成苏维埃的）：韩德逊之流宁愿**自己**靠近资本家，而不愿使一切工人联合起来。那时我们就可以立即得到**群众**的支持，因为这些群众特别在听了劳合-乔治的一番精彩的、高度正确的、高度有益的（对于共产主义者来说）说明之后，都会支持全体工人联合起来去反对劳合-乔治和保守党人的联盟。我们所以能够立即得到好处，还因为我们可以向群众表明，韩德逊和斯诺登之流害怕战胜劳合-乔治，害怕单独取得政权，力求**暗中**得到劳合-乔治的支持，而劳合-乔治却**公开**伸出手去帮助保守党人反对工党。应当指出，布尔什维克在我们俄国 1917 年 2 月 27 日（俄历）革命之后所进行的反对孟什维克和社会革命党人（即俄国的韩德逊和斯诺登之流）的宣传，也正是由于同样的情况而得到好处的。那时我们对孟什维克和社会革命党人说：请你们撇开资产阶级而掌握全部政权吧，因为你们在苏维埃中占多数（在 1917 年 6 月召开的全俄苏维埃第一次代表大会上，布尔什维克总共只占代表总数的 13%）。但是俄国的韩德逊和斯诺登之流却害怕撇开资产阶级而单独掌握政权；资产阶级很清楚，立宪会议一定会使社会革命党人和孟什维克（这两个政党结成了紧密的政治联盟，实际上它们只代表小资产阶级民主派）获得多数①，因而一再拖延立宪会议选举，这时，社会革命党人和孟什维克却不能毅然决然地同这种拖延行为斗争到底。

要是韩德逊和斯诺登之流拒绝同共产主义者结成同盟，那么共产主义者就可以立刻博得群众的同情，并使韩德逊和斯诺登之流威信扫地，即使我们因此而失去几个议席，那也完全无关紧要。我们只在极少数绝对有把握的选区内，即在我们提出候选人时不至于使自由党人战胜"拉布分子"（工党党员）的选区内，才提出我们的候选人。我们将进行竞选鼓动，散发宣传共产主义的传单，并且在没有我们的候选人的**一切**选区内，吁请选民**投票选举"拉布分子"，不选资产者**。如果西尔维娅·潘克赫斯特同志和加拉赫同志认为这样便是背叛共产主义，或者是放弃对社会主义叛徒的斗争，那他们就错了。恰恰相反，共产主义革命事业无疑会因此得到好处。

现在英国共产主义者甚至要接近群众，要群众听他们讲话，往往都是很困难的。如果我以共产主义者的身分出来讲话，请他们投票选举韩德逊而不选劳合-乔治，那他们一定会听我讲的。那时我不仅可以向他们通俗地说明，为什么苏维埃比议会好，无产阶级专政比用资产阶级"民主"作招牌的邱吉尔专政好，而且还可以说明：我要投票支持韩德逊，这就像用绳索吊住被吊者一样；只要韩德逊之流很快地组织起他们的政府，那就会证实我是正确的，就会使群众转到我这方面来，就会加速韩德逊和斯诺登之流在政治上的死亡，这正像他们的俄国和德国的同伙所遭遇的一样。

如果有人反驳我，说这种策略太"难以捉摸"，太复杂，不能为群众所了解，它会分散和分裂我们的力量，妨碍我们集中力量去进行苏维埃革命等等，那我便要回答这些"左派"反驳者说：请不要把自己的学理主义强加给群众吧！俄国群众的文化程度大概不比英国群众高，而

---

① 俄国1917年11月立宪会议的选举，据悉有3600多万选民投票，结果布尔什维克得票占25%，地主和资产阶级的各个政党得票占13%，小资产阶级民主派即社会革命党和孟什维克以及同类的各小团体得票共占62%。

是比英国群众低。可是他们却理解了布尔什维克；布尔什维克在苏维埃革命的**前夜**，即在1917年9月，曾提出参加资产阶级议会（立宪会议）的候选人名单，而**在**苏维埃革命后的**第二天**，即在1917年11月，又参加了立宪会议的选举，这种情况不但没有妨碍布尔什维克，反而帮助了他们，1918年1月5日他们就把这个立宪会议解散了。

关于英国共产主义者之间的第二种意见分歧，即是否要加入工党的问题，我在这里不能多谈。关于这个问题，我手头的材料太少，而这个问题又特别复杂，因为英国"工党"的情况异常独特，它本身的结构和欧洲大陆上通常的政党大不相同。不过，第一，毫无疑义，即使在这个问题上，要是有人认为"共产党必须保持自己学说的纯洁，保持自己的独立性，不为改良主义所玷污；共产党的使命是勇往直前，中途不停顿，不转弯，径直走向共产主义革命"，并且根据这一类原则来制定革命无产阶级的策略，那么他必然要犯错误，因为提出这一类原则无非是重犯法国布朗基派公社战士在1874年宣布"否定"任何妥协和任何中间站的错误。第二，毫无疑义，即使在这个问题上，共产主义者的任务，像在任何时候一样，也是要善于针对各阶级和各政党相互关系的特点，针对共产主义客观发展的特点来运用共产主义普遍的和基本的原则；要看到这种特点每个国家各不相同，应该善于弄清、找到和揣摩出这种特点。

但是讲到这一点就不能仅仅联系到英国一国的共产主义运动，还必须联系到同一切资本主义国家的共产主义运动发展有关的共同结论。现在我们就来讲这个问题。

十 几点结论

1905年的俄国资产阶级革命显示了世界历史上的一个异常独特的转变：在一个最落后的资本主义国家里，罢工运动范围之广和力量之大在世界上第一次达到了空前未有的程度。**单单1905年头一个月**的罢工人数就等于以往十年（1895—1904年）平均**每年**罢工人数的十倍，而且从1905年1月到10月，罢工还在不断和急剧地发展。由于许多完全特殊的历史条件，落后的俄国第一个向世界不仅表明了被压迫群众在革命时的主动精神的飞跃增长（在一切大革命中都是如此），而且表明无产阶级的作用大大超过了它在人口中所占的比例，表明经济罢工怎样和政治罢工结合，而政治罢工又怎样变成武装起义，表明受资本主义压迫的各阶级怎样创造出了苏维埃这种群众斗争和群众组织的新形式。

1917年的二月革命和十月革命使苏维埃在全国范围内得到了全面的发展，后来又使它在无产阶级社会主义革命中获得了胜利。不到两年功夫就显示出：苏维埃具有国际性质，这种斗争形式和组织形式已经扩展到全世界的工人运动，苏维埃的历史使命是充当资产阶级议会制以及整个资产阶级民主制的掘墓人、后继人和接替人。

不仅如此，工人运动的历史现在表明：在一切国家中，工人运动都必然（而且已经开始）经历一种斗争，即正在成长、壮大和走向胜利的共产主义运动首先而且主要是同**各自的**（对每个国家来说）"孟什维主义"，也就是同机会主义和社会沙文主义的斗争；其次是同"左倾"共产主义的斗争（这可以说是一种补充的斗争）。第一种斗争看来已经毫无例外地在一切国家内展开了，这就是第二国际（目前事实上它已被击溃）和第三国际之间的斗争。第二种斗争则存在于德国、英国、意大利、美国（至少"世界产业工人联合会"和无政府工团主义各派还有相当**一部分人**在坚持左倾共产主义的错误，虽然他们几乎普遍地、几乎绝对地承认苏维埃制度）和法国（如一部分过去的工团主义者对于政党及议会活动采取不正确态度，虽然他们也承认苏维埃制度），也就是说，毫无疑义，这种斗争不仅在国际这个组织范围内存在，而且在全世界范围内都存在。

然而，每个国家的工人运动在取得对资产阶级的胜利之前虽然都要预先经过本质上相同的锻炼，但这一发展过程又是**按各自的方式**来完成的。在这条道路上，先进的资本主义大国走得比布尔什维主义**快得多**；布尔什维主义在历史上用了15年时间才使它这个有组织的政治派别作好夺取胜利的准备。第三国际在短短一年的时间里就取得了决定性的胜利，击溃了黄色的社会沙文主义的第二国际；而第二国际仅仅在几个月以前，还远比第三国际强大，还显得坚强有力，还得到全世界资产阶级各方面的，即直接和间接的、物质上（部长的肥缺、护照、报刊）和思想上的帮助。

　　现在全部问题就是要使每个国家的共产党人十分自觉地既考虑到同机会主义以及"左倾"学理主义进行斗争这个主要的基本任务，又考虑到这种斗争由于各国经济、政治、文化、民族构成情况（例如爱尔兰等）、所属殖民地以及不同宗教信仰等方面的特征而具有的并且必然具有的**具体特点**。现在到处都可以感到对第二国际的不满，这种不满正在蔓延和增长，这既是由于它推行机会主义，又是由于它不善于或没有能力建立一个真正集中的、真正能进行指导的中心，一个能在革命无产阶级为建立世界苏维埃共和国而进行的斗争中指导无产阶级的国际策略的中心。必须清楚地认识到，这样的领导中心无论如何不能建立在斗争策略准则的千篇一律、死板划一、彼此雷同之上。只要各个民族之间、各个国家之间的民族差别和国家差别还存在（这些差别就是无产阶级专政在全世界范围内实现以后，也还要保持很久很久），各国共产主义工人运动国际策略的统一，就不是要求消除多样性，消灭民族差别（这在目前是荒唐的幻想），而是要求运用共产党人的**基本**原则（苏维埃政权和无产阶级专政）时，把这些原则**在某些细节上正确地加以改变**，使之正确地适应于民族的和民族国家的差别，针对这些差别正确地加以运用。在每个国家通过**具体的**途径来完成**统一**的国际任务，战胜工人运动内部的机会主义和左倾学理主义，推翻资产阶级，建立苏维埃共和国和无产阶级专政的时候，都必须查明、弄清、找到、揣摩出和把握住民族的特点和特征，这就是一切先进国家（而且不仅是先进国家）在目前历史时期的主要任务。争取工人阶级的先锋队，使它转向苏维埃政权而反对议会制度，转向无产阶级专政而反对资产阶级民主，在这方面主要的（当然这还远远不是一切，然而是主要的）事情已经做到了。现在要把一切力量、一切注意力都集中在**下一个**步骤上，也就是说，要找到**转向**或**走向**无产阶级革命的形式；这个步骤看来似乎比较次要，并且从某种观点上说，也的确比较次要，但是在实践上却更接近于实际完成任务。

无产阶级的先锋队在思想上已经被争取过来了。这是主要的。没有这一点,那就连走向胜利的第一步都迈不出去。可是,这离胜利还相当远。单靠先锋队是不能胜利的。当整个阶级,当广大群众还没有采取直接支持先锋队的立场,或者还没有对先锋队采取至少是善意的中立并且完全不会去支持先锋队的敌人时,叫先锋队独自去进行决战,那就不仅是愚蠢,而且是犯罪。要真正使整个阶级,真正使受资本压迫的广大劳动群众都站到这种立场上来,单靠宣传和鼓动是不够的。要做到这一点,还需要这些群众自身的政治经验。这是一切大革命的一条基本规律,现在这条规律不仅在俄国,而且在德国都得到了十分有力而鲜明的证实。不仅没有文化、大都不识字的俄国群众,而且文化程度高、个个识字的德国群众,都必须亲身体验到第二国际骑士们的政府怎样懦弱无能、毫无气节、一筹莫展、对资产阶级奴颜婢膝、卑鄙无耻,亲身体验到,不是无产阶级专政,就必然是极端反动分子(俄国的科尔尼洛夫、德国的卡普之流)的专政,然后才能坚决转到共产主义运动方面来。

国际工人运动中觉悟的先锋队,即各个共产主义政党、小组和派别的当前任务就是要善于**引导**广大的(现在大半还是沉睡、消沉、因循守旧、尚未觉醒的)群众采取这种新的立场,确切一点说,就是**不仅**要善于领导自己的党,而且要善于在这些群众走向和转向新立场的过程中领导他们。如果说从前不在思想上和政治上彻底战胜机会主义和社会沙文主义,就不能完成第一个历史任务(把觉悟的无产阶级先锋队争取到苏维埃政权和工人阶级专政方面来),那么,现在不肃清左倾学理主义,不彻底克服和摆脱左倾学理主义的错误,也就不能完成已经提到日程上来的第二个任务,即善于引导**群众**采取能够保证先锋队取得革命胜利的新立场。

以前的问题是(而现在在很大程度上也还是)把无产阶级先锋队争取到共产主义运动方面来,因而宣传工作就提到了第一位;这时候甚至那些带有小组习气种种弱点的小组,也是有益的,也能做出成绩来。但是现在是群众实际行动的时候了,是部署(假使可以这样说的话)百万大军,配置当今社会的**一切**阶级力量,进行**最后的斗争**的时候了,这时候单凭宣传的本领，单靠重复"纯粹"共产主义的真理，是无济于事的。这时候已不能像还没有领导过群众的小组的宣传员实际上所做的那样，以千来计算群众；这时候要以百万、千万来计算了。这时候我们不仅要问自己，我们是不是已经把革命阶级的先锋队说服了，而且要问，当今社会**一切**阶级（必须是一切阶级，一无例外）的起历史作用的力量是不是已经部署就绪，以至决战时机已经完全成熟，也就是说：（1）一切与我们敌对的阶级力量已经陷入困境，它们彼此进行混战，而力不胜任的斗争已经使它们疲惫不堪；（2）一切犹豫动摇、不坚定的中间分子，即和资产阶级不同的小资产阶级、小资产阶级民主派，已经在人民面前充分暴露了自己，由于在实践中遭到破产而丑态毕露；（3）在无产阶级中，群众支持采取最坚决、最奋勇的革命行动来反对资产阶级，这种情绪已经开始产生并且大大高涨起来。那时候，革命就成熟了；那时候，如果我们正确地估计到上面所指出的、所粗略勾画的一切条件，并且正确地选定了时机，我们的胜利就有保证了。

邱吉尔之流和劳合-乔治之流（这种政治类型的人**各**国都有，只是依国家不同而稍有差别）的分歧以及韩德逊之流和劳合-乔治之流的另一种分歧，从纯粹共产主义，即抽象共产主义，也就是从还没有成熟到采取实际的、群众性的政治行动的共产主义的观点来看，完全是无关紧要、无足轻重的。但是从群众这种实际行动的观点来看，这些分歧却是极其极其重要的。一个共产党人如果不仅想做一个觉悟的、信仰坚定的、思想先进的宣传家，而且想在革命中做一个**群众**的实际领导者，那他的全部工作、全部任务就是要估计到这些分歧，确定这些"朋友"之间不可避免的、使**所有这些"朋友"一齐**削弱的冲突完全成熟的时机。应当把对共产主义思想的无限忠诚同善于进行一切必要的实际的妥协、机动、通融、迂回、退却等等的才干结合起来，以加速韩德逊之流（如果不指名道姓的话，那就是第二国际的英雄们，即自称为社会党人的小资产阶级民主派的代表们）的政权的建立和倒台；加速他们在实践中的不可避免的破产，从而启发群众接受我们的观点，转到共产主义运动方面来；加速韩德逊之流、劳合-乔治之流、邱吉尔之流相互之间

（即孟什维克和社会革命党人、立宪民主党人、君主派之间，谢德曼之流、资产阶级、卡普派之间，等等）不可避免的摩擦、争吵、冲突和彻底分裂；并且正确地选择这些"神圣私有制的支柱"分崩离析的时机，来发起无产阶级坚决的进攻，把它们全部打垮，把政权夺过来。

全部历史，特别是历次革命的历史，总是比最优秀的政党、最先进阶级的最觉悟的先锋队所想象的更富有内容，更形式多样，更范围广阔，更生动活泼，"更难以捉摸"。这是不言而喻的，因为最优秀的先锋队也只能体现几万人的意识、意志、热情和想象；而革命却是在人的一切才能高度和集中地调动起来的时刻，由千百万被最尖锐的阶级斗争所激发的人们的意识、意志、热情和想象来实现的。由此可以得出两个很重要的实际结论：第一，革命阶级为了实现自己的任务，必须善于毫无例外地掌握社会活动的**一切**形式或方面（在夺取政权以后，有时还要冒着巨大的风险和危险去做它在夺取政权以前没有做完的工作）；第二，革命阶级必须准备最迅速最突然地用一种形式来代替另一种形式。

一支军队不准备掌握敌人已经拥有或可能拥有的一切斗争武器、一切斗争手段和方法，谁都会认为这是愚蠢的甚至是犯罪的。但是，这一点对于政治比对于军事更为重要。在政治上更难预先知道，将来在这种或那种条件下，究竟哪一种斗争手段对于我们是适用的和有利的。倘若我们不掌握一切斗争手段，当其他阶级的状况发生了不以我们的意志为转移的变化，从而把我们特别没有把握的一种活动形式提到日程上来的时候，我们就会遭到巨大的有时甚至是决定性的失败。如果我们掌握了一切斗争手段，哪怕当时情况不容许我们使用对敌人威胁最大、能最迅速地给予致命打击的武器，我们也一定能够胜利，因为我们代表着真正先进、真正革命的阶级的利益。由于资产阶级经常（尤其是在"平静"时期，非革命时期）用合法斗争手段欺骗和愚弄工人，没有经验的革命者往往就以为合法斗争手段是机会主义的，而不合法斗争手段才是革命的。然而，这是不对的。至于1914—1918年那样的帝国主义战争时期，当时最自由民主的国家的资产阶级采取闻所未闻的蛮横无耻的手段欺骗工人、禁止人们说这场战争具有掠夺性这一真理，有些政党和领袖却不善于或不愿意(不要说"我不能",还是说"我不想"吧)采用不合法斗争手段,在这种情况下说他们是机会主义者,是工人阶级的叛徒,那是对的。但是那些不善于把不合法斗争形式和**一切**合法斗争形式结合起来的革命家,是极糟糕的革命家。在革命已经爆发、已经热火朝天的时候,什么人都来参加革命,有的是由于单纯的狂热,有的是为了赶时髦,有的甚至是为了个人飞黄腾达,在这种时候做一个革命家是不难的。而在这以后,在胜利以后,无产阶级要"摆脱"这种糟透了的革命家却要费极大气力,可以说要历尽千辛万苦。要在**还没有**条件进行直接的、公开的、真正群众性的、真正革命的斗争的时候,善于做一个革命家,要在非革命的、有时简直是反动的机构中,在非革命的环境里,在不能立刻了解必须采取革命的行动方法的群众中,善于捍卫革命的利益(通过宣传、鼓动和组织),那就困难得多,因而也可贵得多。善于找到、善于探索到和正确判定能够**引导**群众去作真正的、决定性的、最后的伟大革命斗争的具体道路或事变的特殊转变关头——这就是西欧和美国目前共产主义运动的主要任务。

拿英国来说吧。我们无法知道,而且任何人也无法预先断定,什么时候那里将要爆发真正的无产阶级革命,**什么缘由**最能唤醒、激起和推动目前还在沉睡的非常广大的群众去进行斗争。所以我们必须做好我们的全部准备工作,把四只脚都钉上马掌(正如已故的普列汉诺夫在他还是马克思主义者和革命家的时候所爱说的那样)。能"冲开缺口""打破坚冰"的也许是议会危机,也许是由极端错综复杂、日益恶化和日益尖锐的殖民地的矛盾和帝国主义的矛盾所引起的危机,也许是什么别的,等等。我们谈的不是哪一种斗争将**决定**英国无产阶级革命命运的问题(这个问题,任何一个共产主义者都不会发生疑问,这个问题对于我们大家来说,已经解决,并且彻底解决了),我们谈的是什么**缘由**将唤起目前还在沉睡的无产阶级群众行动起来,并且把他们一直引向革命的问题。我们不要忘记,譬如资产阶级的法兰西共和国,当时无论从国际或国内环境来说,革命形势都不及现在的百分之一,但是,只要有反动军阀千万次无耻行径中的一次(德雷福斯案件),只要有这样一个"意外的""小小的"缘由,就足以把人民径直引向国内战争!

在英国,共产主义者必须坚持不断、始终不渝地利用议会选举,利用不列颠政府的爱尔兰政策、殖民地政策和全球性的帝国主义政策所遇到的波折,利用社会生活中其他一切领域、一切部门和一切方面,并且要在所有这些方面,用新的方式,用共产主义的方式,照第三国际那样而不是照第二国际那样来进行工作。在这里,我没有时间也没有篇幅来叙述"俄国式的""布尔什维克式的"参加议会选举和议会斗争的方法,但是我可以肯定地告诉外国的共产党人说,这和通常的西欧议会活动是完全不同的。人们往往由此得出结论说:"是啊,那是在你们俄国,我们这里,议会活动却是另一个样子。"这个结论是不正确的。世界上所以要有共产党人,第三国际在各国的拥护者,正是要在各个系统,在生活的各个领域里,把旧的、社会党的、工联主义的、工团主义的议会工作,**改造成新的**、共产主义的议会工作。过去在我国的选举中,机会主义的和纯粹资产阶级的、专讲实利的、资本主义招摇撞骗的情况也是屡见不鲜的。西欧和美国的共产主义者必须学会创造一种新的、不寻常的、非机会主义的、不贪图禄位的议会活动,使共产党能够提出自己的口号,使真正的无产者能在没有组织的、备受压抑的贫民的帮助下传送和散发传单,走访工人住所,走访农村无产者和穷乡僻壤(好在欧洲大陆的穷乡僻壤比俄国要少得多,英国就更少)农民的茅舍,走进最下层的平民酒馆,进入真正的平民会社、团体,参加他们的临时集会,不用学者口吻(也不要太带议会腔)跟人民说话,丝毫也不追求议会的"肥缺",而是到处启发思想,发动群众,抓住资产阶级说过的话,利用资产阶级设立的机构,利用它规定的选举以及它向全体人民发出的号召,并使人民了解布尔什维主义,而在资产阶级统治下,除了选举期间,是从来没有这种机会的(大罢工当然例外,因为在大罢工时期,**这样的**全民鼓动机构在我国曾经更紧张地工作过)。在西欧和美国,要做这些事情是很困难的,是万分困难的,但这是可以做到而且应该做到的,因为共产主义运动的一切任务不花气力都是无法完成的,而气力必须花在完成日益多样化的、日益涉及社会生活各部门的、**从资产阶级手**

中逐一**夺取**各个部门、各个领域的**实际**任务上。

在英国,还应当在军队中,在"**本**"国被压迫的、没有平等权利的民族(如爱尔兰和各殖民地)中,按新的方式(不是按社会党的方式,而是按共产主义的方式,不是用改良办法,而是用革命办法)来进行宣传、鼓动和组织工作。要知道,在整个帝国主义时代,尤其是在战后的今天,当各国人民受尽战争的煎熬而迅速地擦亮眼睛,认清了真相(真相就是:几千万人死亡和残废只是为了解决应由英国强盗还是德国强盗掠夺更多的国家这样一个问题)的时候,社会生活的所有这些领域都布满了易燃物,可以触发冲突和危机、激发阶级斗争的机会也特别多。目前在世界性经济危机和政治危机的影响下,在一切国家中都有无数火星从各方面迸发出来,我们不知道而且也无法知道,哪点星星之火能燃起熊熊之焰,就是说,能够彻底唤醒群众,因此我们必须本着我们新的、共产主义的原则,去"耕耘"一切园地,甚至包括最陈腐的、臭气熏人的、看来毫无指望的园地,不然我们就将肩负不起自己的任务,不能照顾到各个方面,不能掌握一切种类的武器,既不能准备好去战胜资产阶级(资产阶级过去按自己的方式安排了各方面的社会生活,现在又按它自己的方式把它们破坏了),也不能准备好在战胜资产阶级之后按共产主义的方式去改造全部生活。

俄国无产阶级革命之后,这个革命在国际范围内取得了出乎资产阶级和庸人们意料的若干胜利之后,全世界现在已经变了样,各处的资产阶级也都变了样。资产阶级被"布尔什维主义"吓坏了,对它恨得咬牙切齿,正因为如此,资产阶级一方面在加速事态的发展,另一方面把注意力集中在用暴力镇压布尔什维主义上,因而削弱了自己在其他许多方面的阵地。一切先进国家的共产党人在自己的策略中应当估计到这两种情况。

俄国立宪民主党人和克伦斯基在对布尔什维克发动疯狂攻击(特别是从1917年4月起,而到6月和7月就更加猖狂)的时候,做得"太过火了"。发行数百万份的资产阶级报纸用各种腔调痛骂布尔什维克,这就帮助了群众来认识布尔什维主义;正是由于资产阶级的"热心",

不但是报纸，而且整个社会生活都充满了就布尔什维主义进行的争论。现在各国百万富豪在国际范围内的所作所为，使我们不能不对他们衷心感谢。他们正同过去克伦斯基之流一样，全力恶毒攻击布尔什维主义；他们同克伦斯基一样，在这方面也做得"太过火了"，同样也**帮助了**我们。法国资产阶级把布尔什维主义当作竞选鼓动的中心问题，责骂比较温和的或动摇不定的社会党人，说他们倾向布尔什维主义；美国资产阶级则完全丧失了理智，以涉嫌布尔什维主义为理由把成千成万的人抓起来，并到处散布关于布尔什维克阴谋的消息，造成人心惶惶的气氛；世界上"最老练的"英国资产阶级，尽管它很有头脑，很有经验，却也干着难以置信的蠢事，建立各种经费充足的"反布尔什维主义协会"，出版专门抨击布尔什维主义的书报，增雇很多学者、鼓动家、神父来同布尔什维主义作斗争，——为此我们应该对这些资本家先生鞠躬致谢。他们在为我们效劳。他们在帮助我们使群众对布尔什维主义的实质和意义问题发生兴趣。他们现在也不可能有别的做法，因为要用"缄默"来扼杀布尔什维主义他们**已经**办不到了。

但是同时，资产阶级看到的几乎只是布尔什维主义的一个方面：起义、暴力、恐怖；因此资产阶级特别在**这一**方面极力准备进行反击和抵抗。在个别场合，在个别国家，在某些短时期内，资产阶级也许能够得逞，我们必须估计到这种可能性；然而，即使它能得逞，对我们来说也决没有什么可怕的。共产主义确实正在从社会生活的各个方面"生长出来"，它的幼芽确实到处可见，"传染病"（这是资产阶级及其警察很喜欢用的最"得意的"比喻）已经深深侵入机体并且感染了整个机体。即使煞费苦心，"堵住"一处，"传染病"也会从另一处，有时甚至是最意外的一处冒出来。生活总是会给自己开辟出道路的。就让资产阶级疯狂挣扎，暴跳如雷，肆意横行，干出许多蠢事来吧！让它对布尔什维克杀一儆百，错杀（在印度、匈牙利、德国等国）几百、几千以至几十万个明天的或昨天的布尔什维克吧！资产阶级这样做，正和历史上一切注定要灭亡的阶级所做的一样。共产党人应当知道，未来终究是属于他们的，因此我们可以（而且应当）把进行伟大革命斗争的最大的热情同对资产阶级的疯狂挣扎的最冷静最清醒的估计结合起来。1905年，俄国革命被残酷地镇压下去了；1917年7月，俄国布尔什维克也遭到过镇压；谢德曼和诺斯克伙同资产阶级和君主派将军们用巧妙的挑拨手段和狡诈的阴谋诡计杀害了15000多个德国共产党人；芬兰和匈牙利的白色恐怖十分猖獗。然而无论在什么情况下，在所有的国家里，共产主义运动都在经受锻炼和日益发展；它已经如此根深蒂固，种种迫害削弱不了它，损害不了它，反而加强了它。我们要更有信心、更坚定地向胜利前进，现在只缺一点，这就是一切国家的一切共产党人要普遍而彻底地认识到必须使自己的策略具有最大的**灵活性**。特别是先进国家中蓬勃发展着的共产主义运动，目前缺少的就是这种认识，就是在实践中运用这种认识的本领。

考茨基、奥托·鲍威尔等等这样通晓马克思主义和曾经忠于社会主义的第二国际领袖们的经历可以（而且应当）作为有益的教训。他们完全认识到必须采取灵活的策略，他们自己学习过并向别人传授过马克思的辩证法（他们在这方面的著作，有许多东西永远是社会主义文献中有价值的成果），但是他们在**运用**这种辩证法的时候，竟犯了这样的错误，或者说，他们在实践中竟成为这样的**非**辩证论者，竟成为这样不会估计形式的迅速变化和旧形式迅速注入了新内容的人，以致他们的下场比海德门、盖得和普列汉诺夫好不了多少。他们破产的根本原因就在于他们只是"死盯着"工人运动和社会主义运动发展的某一形式，而忘记了这个形式的片面性，他们不敢正视由于客观条件的改变而必然发生的急剧变化，而继续重复那种简单的、背熟了的、初看起来是不容争辩的真理：三大于二。然而政治与其说像算术，不如说像代数，与其说像初等数学，不如说更像高等数学。实际上，社会主义运动的一切旧形式中都已注入了新内容，因此在数字前面出现了一个新符号即"负号"，可是我们那些圣哲仍然（现在还在）固执地要自己和别人相信："负三"大于"负二"。

应该设法使共产党人不再犯"左派"共产党人所犯的同样的、不过是从另一方面犯的错误，确切一点说，要较早地纠正，较快地、使机体较少受损害地消除这**一同样的**、不过是从另一方面犯的**错误**。不仅右倾学理主义是一种错误，左倾学理主义也是一种错误。当然，目前共产主义运动中左倾学理主义错误同右倾学理主义（即社会沙文主义和考茨基主义）错误比较起来，其危害性和严重性不及后者的千分之一，然而这只不过是由于左倾共产主义是一种刚刚产生的还很年轻的思潮。只是因为这个缘故，这种病症在一定条件下容易治好，但是必须用最大的努力去医治。

旧形式破裂了，因为旧形式里面的新内容，即反无产阶级的反动的内容有了过度的发展。现在我们工作的内容（争取苏维埃政权、争取无产阶级专政），从国际共产主义运动的发展看来，是这样扎实，这样有力，这样宏大，它能够**而且应该**在任何形式中，不论新的或旧的形式中表现出来，能够而且应该改造、战胜和驾驭一切形式，不仅是新的，而且是旧的形式，——这并不是为了同旧形式调和，而是为了能够把一切新旧形式都变成使共产主义运动取得完全的、最终的、确定无疑和不可逆转的胜利的手段。

共产党人要竭尽全力来指导工人运动以及整个社会发展沿着最直最快的道路走向苏维埃政权在全世界的胜利，走向无产阶级专政。这是无可争辩的真理。然而，只要再多走一小步，看来像是朝同一方向多走了一小步，真理就会变成错误。只要像德国和英国的左派共产主义者那样，说我们只承认一条道路，一条笔直的道路，说我们不容许机动、通融和妥协，这就犯了错误，这种错误会使共产主义运动受到最严重的危害，而且共产主义运动部分地已经受到或正在受到这种危害。右倾学理主义固执地只承认旧形式，而不顾新内容，结果彻底破产了。左倾学理主义则固执地绝对否定某些旧形式，看不见新内容正在通过各种各样的形式为自己开辟道路，不知道我们共产党人的责任，就是要掌握一切形式，学会以最快的速度用一种形式去补充另一种形式，用一种形式去代替另一种形式，使我们的策略适应并非由我们的阶级或我们的努力所引起的任何一种形式的更替。

惨绝人寰、卑鄙龌龊的帝国主义世界战争和它所造成的绝境，极其有力地推动和加速了世界革命,这场革命向广度和深度的发展如此迅猛,更替的形式如此丰富,在实践上对一切学理主义的驳斥如此富有教益,使人有充分的理由指望能够迅速而彻底地把国际共产主义运动中的"左派"共产主义者的幼稚病医治好。

1920 年 4 月 27 日

增 补

全世界帝国主义者为了对无产阶级进行报复，把我国劫掠一空，并且不顾对本国工人许下了怎样的诺言，继续实行掠夺和封锁，因此直到我国出版机构已经把这本小册子的出版任务安排停当时，我才从国外得到了一些补充材料。我决不奢望把这本小册子看做超过匆匆草就的政论家札记的著作，因此只扼要地再谈几点。

一 德国共产党人的分裂

德国共产党人的分裂已成事实，"左派"或"原则上的反对派"另行组织了"共产主义工人党"，以别于"共产党"。在意大利，事情想必也会弄到分裂的地步——我说"想必"，是因为我仅有新到的两号（第7号和第8号）左派的《苏维埃报》（《Il Soviet》），报上在公开讨论分开的可能性和必要性，同时还谈到了"弃权派"（或抵制派，即反对参加议会的派别）的代表大会，这一派目前还留在意大利社会党内。

同"左派"即反议会派（其中也有一部分人反对政治，即反对政党和反对在工会内工作）的分裂，像过去同"中派"（即考茨基派、龙格派、"独立党人"等等）的分裂一样，恐怕会成为一种国际现象。就让它这样吧！分裂总比混乱好，因为混乱既妨碍党在思想上、理论上、革命精神上的成熟和发展，也妨碍党和衷共济地开展真正有组织的、真正为无产阶级专政准备条件的实际工作。

让"左派"在国内和国际范围内把自己实际检验一番吧，让他们不要严格集中的具有铁的纪律的政党，不要掌握各个方面、各个门类、各种形式的政治工作和文化工作的本领，而去试一试为实现无产阶级专政进行准备（并进而实现这一专政）吧。实际经验很快就会开导他们的。

不过，必须竭尽全力使同"左派"的分裂不致妨碍或尽量少妨碍工人运动中一切真心诚意拥护苏维埃政权和无产阶级专政的人在不久以后的将来必然要面临的、不可避免的合并成一个统一政党的事业。俄国布尔什维克特别幸运的是，他们在直接争取无产阶级专政的群众斗争爆发以前很久，已经对孟什维克（即机会主义者和"中派"）和"左派"进行了15年的一贯的和彻底的斗争。而欧美，现在不得不以"强行军"的方式来完成这项工作。个别的人，特别是那些觊觎领袖职位而未能如愿的人，会长期坚持错误（如果他们缺乏无产阶级的纪律性和"光明正大的态度"的话），但是一旦时机成熟，工人群众便会迅速而容易地自己联合起来，并且把一切真诚的共产主义者联合起来，组成一个统一的党，组成一个能够实行苏维埃制度和无产阶级专政的党。①

二 德国的共产党人和独立党人

我在这本小册子里说过，共产党人和左翼独立党人之间的妥协对于共产主义运动是必要的和有益的，但是要实现这种妥协并不容易。此后我收到的几份报纸也证实了这两点。1920年3月26日出版的德国共产党中央机关报《红旗报》（《Die Rote Fahne》, Zentralorgan der Kommu-

---

① 关于"左派"共产党人，即反议会派，将来同一般共产党人合并的问题，我还要提出如下一点。根据我对德国"左派"共产党人以及德国一般共产党人的报纸的了解，前者的长处是他们比后者更善于在群众中进行鼓动工作。某种类似的现象在布尔什维克党的历史上也看到过不止一次，不过是在较小的规模上，在个别的地方组织里，而不是在全国范围内。例如在1907—1908年间，"左派"布尔什维克有的时候在有些地方鼓动群众，比我们更有成效。这在某种程度上是由于在革命的时刻或在人们对革命记忆犹新的时候，采取"简单"否定的策略比较容易接近群众。然而这并不能证明这种策略就是正确的。有一点是绝对不容有丝毫怀疑的：一个共产党要想在事实上成为革命阶级的即无产阶级的先锋队或先进部队，并且还要想学会领导广大**群众**，不仅是无产阶级的**群众**，而且包括非无产阶级的**群众**，被剥削的劳动群众，那么它就必须善于用城市工厂区"市井小民"和乡村居民都最容易接受、最容易了解、最明白而生动的方式去进行宣传、组织和鼓动。

nistischen Partei Deutschlands，Spartakusbund①）第32号上，载有德共中央就卡普、吕特维茨军事"叛乱"（阴谋，冒险）和"社会主义政府"问题发表的"声明"。这篇声明，无论从基本前提或实际结论来看，都是完全正确的。它的基本前提是：目前还没有实现无产阶级专政的"客观基础"，因为"多数城市工人"拥护独立党人。它的结论是：答应"在排除各资产阶级资本主义政党的条件下，对社会主义"政府采取"守法的反对派"的态度（即不进行用"暴力推翻"政府的准备工作）。

无疑，这个策略基本上是正确的。我们固然不应当在措词上吹毛求疵，但是对有些地方则不能默不作声，例如不该把社会主义叛徒的政府（在共产党的正式声明中）称为"社会主义"政府，又如谢德曼之流的党和考茨基—克里斯平之流先生们的党既然是小资产阶级民主派的政党，那就不该说排除"各资产阶级资本主义政党"这类话；也不该写出像声明第4条里这样的语句：

"……不受限制地享用政治自由和资产阶级民主可以不再成为资本专政的情况，对于向无产阶级专政发展，对于进一步把无产阶级群众争取到共产主义方面来，是极为重要的……"

这种情况是不会有的。小资产阶级的领袖，如德国的韩德逊之流（谢德曼之流）、斯诺登之流（克里斯平之流），没有跳出也不可能跳出资产阶级民主的圈子，而资产阶级民主又不能不是资本的专政。要达到德国共产党中央所完全正确地力求获得的实际效果，根本不需要写出这些原则上错误的、政治上有害的东西。要达到这一点，只要这样说就够了（如果要讲讲议会式的客套话）：当多数城市工人还跟着独立党人走的时候，我们共产党人不能妨碍这些工人通过对"他们的"政府的体验去消除自己最后的小市民民主派的（也就是"资产阶级资本主义的"）幻想。这就足以证明必须实行一种真正必要的妥协，即在一定时期内不试图用暴力推翻为多数城市工人所信赖的政

---

① 斯巴达克联盟。——编者注

府。然而在进行日常的群众鼓动，不受官场、议会的客套拘束的时候，当然还可以补充说一下：让谢德曼之流这批恶棍，让考茨基—克里斯平之流这班庸人在实际中揭穿他们自己如何受骗而又如何骗了工人吧；他们那个"干净的"政府会"最干净地"做一番"清扫"工作，把社会主义，社会民主主义以及其他种种背叛社会主义的行为这些奥吉亚斯的牛圈打扫干净。

"德国独立社会民主党"目前的领袖们（有人说这些领袖已经丧失任何影响，那是不对的，实际上他们对于无产阶级，要比那些自称为共产党人并答应"拥护"无产阶级专政的匈牙利社会民主党人更加危险）的真面目，在德国的科尔尼洛夫叛乱，即卡普和吕特维茨先生们的政变中，再一次暴露无遗。①《自由报》（《Freiheit》，独立党人机关报）1920年3月30日和4月14日发表的两篇短文，即卡尔·考茨基写的《决定关头》（《Entscheidende Stunden》）和阿尔图尔·克里斯平写的《论政局》，就是一个小而鲜明的例证。这两位先生绝对不善于像革命家那样思考和推理。这是一些只会嘤嘤啜泣的小市民民主派，既然他们自称是苏维埃政权和无产阶级专政的拥护者，他们对无产阶级就要更加危险一千倍，因为事实上每当困难和危急时刻，他们必然会干叛卖的勾当……同时却"极其真诚地"自信他们是在帮助无产阶级！要知道，改称共产党人的匈牙利社会民主党人，由于胆小怕事和毫无气节，曾认为匈牙利苏维埃政权的处境已毫无希望，并开始在协约国资本家和协约国刽子手的面前啜泣，当时他们也是想要"帮助"无产阶级！

三　意大利的屠拉梯之流

我在这本小册子里说过，意大利社会党容忍这样一些党员，甚至这样一批议员留在党内是错误的。前面提到的那两号意大利《苏维埃报》完全证实了我的话。英国资产阶级自由派报纸《曼彻斯特卫报》驻罗

---

①　关于这一点，1920年3月28日和30日奥地利共产党杰出的机关报《红旗报》（1920年维也纳出版的《红旗报》第266号和第267号所载的 L.L.《德国革命的新阶段》一文）用马克思主义的观点说得非常简明而中肯。

马记者这样一位旁观者,更进一步证实了这一点。1920年3月12日该报登载了这位记者对屠拉梯的一篇访问记。他写道:

"……屠拉梯先生认为革命的危险还没有达到在意大利引起过分忧虑的程度。最高纲领派把苏维埃理论当火来玩,只是为了使群众经常处于兴奋紧张的状态。然而这种理论纯属海外奇谈,是尚未成熟的纲领,毫无实际用处。它只能使各劳动者阶级处于期待的状态。那些把这种理论当作诱饵去迷惑无产者的人,发现自己不得不进行日常的斗争,以获得某些往往是微小的经济改善,好来迁延时日,使各劳动者阶级不致立即失去幻想,失去对心爱的神话的信心。因此,发生了一连串大大小小的、各种原因的罢工,一直到最近的邮政和铁路部门的罢工,——这些罢工使得本来就很严重的国内形势越发严重了。亚得里亚海问题所造成的困难,使全国愤愤不满,积欠外债和滥发纸币,使得全国消沉颓丧,但是我们的国家还远未意识到有推行劳动纪律的必要,而只有这种纪律,才能恢复国内秩序和繁荣。……"

非常清楚,屠拉梯自己以及庇护他、帮助他、教唆他的意大利资产阶级显然要加以隐瞒、粉饰的真情,却被这位英国记者泄漏出来了。这种真情就是:屠拉梯、特维雷斯、莫迪利扬尼、杜果尼之流先生们的思想和政治工作,确实是而且恰恰就是这位英国记者所描写的那样。这是彻头彻尾背叛社会主义的行为。单拿他们主张处于雇佣奴隶制度下、为资本家发财致富而劳动的工人必须遵守秩序和纪律这一点来说就足够了!所有这些孟什维克式的言论,我们俄国人是多么熟悉啊!他们承认群众**赞成**苏维埃政权,这该是多么宝贵啊!他们看不出自发开展的罢工运动的革命作用,这又是多么愚蠢,多么像资产阶级那样庸俗啊!是的,英国资产阶级自由派报纸的记者像熊那样给屠拉梯之流的先生们帮了忙,而且出色地证实了博尔迪加同志及其《苏维埃报》中的友人们所提出的要求是正确的,他们要求,如果意大利社会党想真正**拥护**第三国际,那就该把屠拉梯之流先生们搞臭,赶出党的队伍,使自己成为名副其实的共产党。

四 由正确的前提作出的错误结论

但是博尔迪加同志和他的"左派"友人们,却从对屠拉梯之流先生们所作的正确批判中得出了错误的结论,认为凡是参加议会都是有害的。意大利"左派"拿不出丝毫郑重的论据来为这种观点辩护。他们简直不知道(或尽量想忘掉)国际上有过以真正革命的和共产主义的方式、以确实有益于无产阶级革命作准备的方式来利用资产阶级议会的范例。他们简直想象不出有"新"方式,而对利用议会的"旧"方式、非布尔什维克的方式叫喊不休。

他们的根本错误也就在这里。共产主义运动不仅在议会这一活动场所,而且在**一切**活动场所**都应该提供**(如果不进行长期的、顽强的、坚持不懈的工作,它就**无法**提供)在原则上是新的、同第二国际传统彻底决裂的东西(同时要保持并发扬第二国际所贡献的好东西)。

就拿报刊工作来说吧。报纸、小册子、传单等都是用来进行必要的宣传、鼓动和组织工作的。在一个多少文明一点的国家里,任何群众运动都非有报刊机构的帮助不可。无论你怎样大叫大嚷反对"领袖",无论你怎样赌咒发誓要保持群众的纯洁,使他们不受领袖的影响,终究还不能不利用资产阶级知识分子出身的人来做这项工作,还不能摆脱在资本主义制度下进行这项工作所不可避免的资产阶级民主的、"私有制的"气氛和环境。甚至在推翻资产阶级、无产阶级取得政权已经两年半的今天,我们在自己的周围还能看到资产阶级民主的、私有制的关系大量存在(在农民和手工业者当中)的这种气氛和环境。

议会活动是一种工作形式,报刊工作是另一种工作形式。如果做这两种工作的人,是真正的共产主义者,是真正的无产阶级的群众性政党的党员,那这两种工作的内容都可以是共产主义的,而且也应当是共产主义的。但是,**无论在前一种或后一种工作中**(而且在资本主义制度下,以及在从资本主义向社会主义过渡的时期里,无论在哪一种工作中),无产阶级要利用资产阶级出身的人来为自己的目的服务,要战胜资产阶级知识分子的偏见和影响,要削弱小资产阶级环境的阻力(进而彻底改造这个环境),都不可避免地会遇到种种必须克服的困难,种种必须完成的独特的任务。

在1914—1918年大战以前,各国非常"左的"无政府主义者、工团主义者以及其他人物都痛骂议会制度，嘲笑像资产阶级那样平庸的社会党议员，抨击他们的钻营勾当，如此等等，可是他们自己却**通过报刊工作，通过工团（工会）工作**，去干**同样的**资产阶级式的钻营勾当。当时我们看到的这样的例子难道不是非常之多吗？只就法国来说，难道茹奥和梅尔黑姆这些先生的例子还不典型吗？

"拒绝"参加议会活动之所以幼稚，就是因为人们想用这种"简单的""容易的"、似乎是革命的方法，来**"完成"**在工人运动**内部**对资产阶级民主影响作斗争这一困难任务，其实他们只是妄想逃开自己的影子，只是闭眼不看困难，只是用空话来回避困难罢了。无耻透顶的钻营勾当，按照资产阶级方式来享用议会肥缺，对议会工作的惊人的改良主义曲解，庸俗的市侩式的因循守旧，——凡此种种，毫无疑义是资本主义到处产生着的，不仅在工人运动之外，而且在工人运动之内产生着的通常的和重要的特征。然而资本主义及其所造成的资产阶级环境（这种环境，就是在推翻了资产阶级以后，也消逝得很慢，因为农民通常在复活资产阶级），毫无例外地在工作上的一切领域，都产生着形式上稍有差别而本质上完全相同的资产阶级钻营勾当、民族沙文主义和市侩庸俗习气等等。

可爱的抵制派和反议会派，你们觉得自己"极端革命"，但是事实上**你们**却在跟工人运动内部的资产阶级影响作斗争时**被**一些并不很大的**困难吓倒了**，而你们一旦胜利，就是说无产阶级一旦推翻资产阶级而夺得政权，就会遇到**同样的**困难，而且是大得多、大得无可比拟的困难。你们像小孩一样，被今天摆在你们面前的小困难吓倒了，却不懂得在明天和后天你们仍然必须学会，必须补上一课来学会克服同样的然而大得无可比拟的困难。

在苏维埃政权下，会有更多的资产阶级知识分子出身的人钻到你们的和我们的无产阶级政党里来。他们将钻进苏维埃，钻进法院，钻进行政机关，因为我们不用资本主义所造就的人才，就不能建设也没有别的人才可用来建设共产主义，因为我们不能赶走和消灭资产阶级知识分子，而应当战胜他们，改造他们，重新陶冶和重新教育他们，——正像应当在长期斗争中,在无产阶级专政的基础上也重新教育无产者自己一样,因为无产者不能用神术,不能遵照什么圣母的意旨,不能遵照口号、决议、法令的意旨,一下子就摆脱自己的小资产阶级偏见,而只有对广泛的小资产阶级影响,展开长期的艰苦的广泛的斗争,才能摆脱这种偏见。反议会派现在这样趾高气扬地、这样目空一切地、这样轻率地、这样幼稚地想一挥手就抛开的**那些**任务,在苏维埃政权下,**在苏维埃内部**,在苏维埃的行政机关内部,在苏维埃的"法律辩护员"当中会重新遇到(我们在俄国废除了资产阶级的律师制,这是做得很对的,可是它在"苏维埃的""法律辩护员"的名义下,又在我国复活起来)。在苏维埃的工程师当中,在苏维埃的教员当中,在苏维埃工厂内享受特权的,即技术最熟练、待遇最好的**工人**当中,我们可以看到,资产阶级议会制度所固有的**一切**弊端都在不断地复活着,我们只有用无产阶级的组织性和纪律性,作再接再厉的、坚持不懈的、长期的、顽强的斗争,才能逐渐地战胜这种祸害。

当然,在资产阶级统治下,要克服我们自己党内,即工人党内的资产阶级习惯,是很"困难的";要把那些为人们所熟悉的、被资产阶级偏见完全腐蚀了的议员领袖驱逐出党,是"困难的";要使我们绝对必需的(相当数量的,即使是很有限的)资产阶级出身的人服从无产阶级的纪律,是"困难的";要在资产阶级的议会里建立真正无愧于工人阶级的共产党党团,是"困难的";要做到共产党议员不玩弄所谓的资产阶级议会游戏,而能在群众中从事最迫切需要的宣传、鼓动、组织工作,是"困难的"。用不着说,这一切都是"困难的",从前在俄国是困难的,现时在西欧和美国更是困难无比,因为在西欧和美国,资产阶级要强大得多,资产阶级民主传统等等要强大得多。

然而所有这些"困难",如果同无产阶级为了争取胜利,在无产阶级革命时期以及在无产阶级取得政权以后,终归必须完成的完全**同样的**任务比较起来,简直就是儿戏了。在无产阶级专政下,必须重新教育千百万农民和小业主,数十万职员、官吏和资产阶级知识分子,使他们都服从于无产阶级的国家和无产阶级的领导,战胜他们中间的资产阶级的习惯和传统，——如果同**这些**真正巨大的任务比较起来，那么，在资产阶级统治下，在资产阶级议会里，建立真正无产阶级政党的真正共产党团，就是易如儿戏的事情了。

如果"左派"和反议会派的同志们，现在连克服这种小困难都学不会，那么，可以肯定地说，他们将来或者是没有能力实现无产阶级专政，不能大规模地管理和改造资产阶级知识分子和资产阶级机构，或者是不得不**仓促补课**，而由于如此仓促，就会给无产阶级的事业带来巨大的危害，会比正常情况下犯更多的错误和表现得更软弱更无能，如此等等。

只要资产阶级没有被推翻，不仅如此，只要小经济和小商品生产没有完全消失，那么资产阶级环境、私有者的习惯、小市民的传统，就会从工人运动的外部和内部来损害无产阶级的工作，这不仅在议会这一活动领域内是如此，而且在社会活动的各个领域里，在一切文化场所和政治场所也必然一无例外。在某个工作领域中，遇到**一个**"令人不愉快的"任务或困难，就打算退避、躲开，是极其错误的，将来一定要因此付出代价。应当学习并且学会毫无例外地掌握一切工作领域和一切活动领域，在一切场合，在每个地方，战胜所有的困难和所有的资产阶级风气、传统和习惯。除此以外，问题的其他提法都是很不严肃、很幼稚的。

1920 年 5 月 12 日

五

在本书俄文版中，关于整个荷兰共产党在国际性的革命政策方面的行为，我说得有点不正确。因此，我乘这个机会把我们荷兰同志关于这个问题的一封信发表在下面，并且把我在俄文版中所用的"荷兰论坛派"一词，改为"荷兰共产党的某些党员"。

尼·列宁

列宁《共产主义运动中的"左派"幼稚病》研究读本

怀恩科普的来信

亲爱的列宁同志：

　　承蒙您的好意，我们这些出席共产国际第二次代表大会的荷兰代表团的团员们，在您的《共产主义运动中的"左派"幼稚病》一书译成西欧各种文字出版以前，就有机会读到它。您在这本书中，对荷兰共产党的某些党员在国际性的政策上所起的作用，再三表示不能同意。

　　但是，您把这些人的行为的责任放到共产党身上，我们不能不提出抗议。这是极不正确的。而且，这是不公正的，因为荷兰共产党的这些党员很少参加或者完全不参加我们党目前的工作；他们还企图直接或间接地在共产党内推行反对派的口号，而对这些口号，荷共及其一切组织不仅过去，而且直到今天还在进行最坚决的斗争。

　　谨以荷兰代表团的名义，致兄弟般的敬礼！

戴·怀恩科普

1920年6月30日于莫斯科

1920年6月在彼得格勒由国家出版社印成单行本　　译自《列宁全集》俄文第5版第41卷第1—104页

　　选自《列宁全集》第39卷，北京：人民出版社1986年版，第1—95页。

列 宁

第412封书信

致彼得格勒的同志们

（5月23日）

出版我的论"左派"小册子的彼得格勒的同志们：

（1）请照这次改的校样作**最后的**校对；

（2）请把寄去的这份校样**寄还**给我；

（3）在"增补"里请**着重**校对第3页**边**上标有如下记号的地方：

　　　1）））

　　和2）））（用后还给我）；

（4）请用电话告诉我**负责**校对和**负责**最后出版的同志的**名字**。（同时告诉我**什么时候**出版。）

（5）**不必再等我修改了。**

列　宁

1920年5月23日

载于1945年《列宁文集》俄文版第35卷

译自《列宁全集》俄文第5版第51卷第199页

选自《列宁全集》第49卷，北京：人民出版社1988年版，第380页。

第五部分 附 录

附录Ⅰ 研究文献摘选

本书以上的研究情况表明，有关《幼稚病》的研究成果较多。这里所介绍的只是其中一些有代表性的成果。所谓代表性，并不主要是指权威性，而主要是指与本书对《幼稚病》主旨解读的相似性和差异性，以资研究时予以参照。

一、国外权威性的解读论著摘选

一 〔苏〕L.儒巴克：《怎样研读列宁的左派幼稚病》①

在一九二〇年夏季出版的列宁著作《共产主义运动中的"左派"幼稚病》，是关于新型马克思党、社会主义革命和无产阶级专政的党、社会主义胜利建设的党的战略与策略的经典著作，这著作已列入了马克思主义的武器库中。

研究列宁这部著作，可以见到列宁对于教育年轻的共产党，帮助他们吸取布尔什维克的丰富经验，引导工人阶级和它的同盟者向资本主义进击，曾给予何等重大的注意。在这本书内，对于工人阶级队伍里的改良主义者、社会沙文主义者、中立派及资产阶级的其他代表们，贯彻着深切的憎恨。列宁集中火力反对工人阶级的这些敌人，与右派机会主义作完全决裂的斗争，同时，批评在西方各国那些尚未巩固的共产党内所

---

① 选自〔苏〕L.儒巴克：《怎样研读列宁的左派幼稚病》，徐健译，上海：上海书报杂志联合发行所1950年4月初版。此处摘选该著作重要观点。段末页码为出处页码。

发现之"左派"幼稚病。

列宁在自己的著作中,详尽研究共产党人的战略与策略之最现实的问题,以教导弟兄共产党利用布尔什维克主义的世界历史的经验。这本书天才地概括地讲述了布尔什维克党的各方面活动,论证它的政策的科学基础,为争取群众,确立无产阶级专政,巩固苏维埃国家和建立社会主义而斗争的辩证法。列宁于分析布尔什维克的经验和一九一七——九二○年间阶级斗争的教训之后得到结论,并用这种结论去帮助资本主义国家内的共产党,解决战略与策略的根本问题。列宁的著作,对于那些如同共产党员在反动工会内的工作,资产阶级民主机关的作用,妥协的容许等非常迫切的问题,都给了明显的答复。列宁的这部书,帮助共产党解决争取群众去从事推翻资本主义的斗争和建设社会主义的斗争的最艰难的任务。

布尔什维主义的历史,经过天才列宁的综合,成为共产党员在夺取政权之前与夺取政权之后的年代中之战略与策略的卓越指南,时至今日对于联共(布)党和弟兄共产党,还有非常重大的意义。布尔什维克党在列宁这本书出版之后的二十八年来,获得了全世界历史性的胜利,很明显地证实了天才列宁的革命战略与策略之规律的正确性和深刻灵活性。

列宁的共产主义运动中的"左"派幼稚病,对于共产党的形成时代有非常重大的理论和现实政治的意义。这个重要意义至今还保存着,虽然共产党早已经过组织期间,并在这期间内成长了,丰富了对内外敌人的革命斗争经验,并已成为工人阶级斗争的、群众的政党。

共产党的影响,在第二次世界大战期间,尤其是在大战之后,剧烈地扩大了。作为前进力量的共产党,为了彻底的民主和社会主义而斗争,保护着爱好自由民族的主权与独立。斯大林说道:"共产党人的影响的扩大,是因为在法西斯主义统治欧洲的艰苦年代中,共产党员在反法西斯制度和争取各民族的自由上,成了可靠的、勇敢的、自我牺牲的战士。"(斯大林同志关于邱吉尔演说对《真理报》记者的谈话。载于一九三六年三月十四日的《真理报》。)

列宁和斯大林的不朽著作，已成为布尔什维克的战略与策略的百科全书，把最锋利的武器给了各国共产党员。列宁—斯大林的学说，帮助弟兄共产党跟改良主义进行彻底而绝不妥协的斗争，争取群众并按照布尔什维克的作风，在革命斗争中领导他们，教育共产主义运动中的布尔什维克的领导干部，暴露那些右派机会主义者，以及引导人们脱离马列主义根本原则和变质之冒险的"左倾"政策。(第1—4页)

因为共产主义运动的迅速发展，以及工人们从其他无产阶级组织内和无政府工团主义组织内转到共产党队伍里来的原故，在共产党队伍里发现了"左派"幼稚病，这种幼稚病大致都表现在对于党的作用、党和阶级以及党和群众的相互关系估计错误，否认参加国会斗争的必要，以及共产党人拒绝在改良主义工会内工作等事件之中。

"左派"幼稚病在一九一九年举行的德国共产党大会上表现得最厉害。在这次大会上，有一批"左派"人士对于无产阶级革命，无产阶级专政，党在无产阶级专政制度中的作用等基本问题，提出了非布尔什维克的口号。德国的"左派"人士，因为对于资产阶级革命作用估计错误的原故，竟至否认了工人阶级政党的必要性（无论在无产阶级胜利之前或胜利之后）。他们建议组织一个联合具有革命情绪的工人的"大联盟"，代替党和职工会，党就溶化在这个"大联盟"里面。英国、意大利、荷兰和其他国家内的许多共产党，也犯了"左派"幼稚病。"左派"的政策和观点是：使党脱离群众，使党变为小组织，根本取消党，使工人阶级失败。

马列主义教导我们，党的力量在于它和群众之日常的联系，在于它的善于组织和领导劳动者的斗争。党是无产阶级的组织之最高形式，它领导工人阶级的其他一切组织。共产党将劳动群众中之优秀分子吸收入党，党有自己的独树一帜的革命政纲，党有自己的独树一帜的政策，依据这个政纲和政策领导劳动者的一切组织。(第12—13页)

在争取许多共产党的纯洁思想的斗争中，必须把布尔什维克的历史

经验，做成各国共产党人的财产。列宁在他的天才著作共产主义运动中的"左派"幼稚病一书中，就做到了这一点。(第14页)

列宁主义的理想之所以成为巨大的力量，乃是因为它已掌握了群众。列宁主义是无产阶级革命的理论和策略，是无产阶级专政的理论和策略，成为千百万人民的学说。布尔什维克党之斗争和胜利的全部历史，是在以马列主义理论为指南的历史，也就是如何吸引群众参加积极的革命斗争，如何教育群众的政治积极性，如何在工人阶级斗争的不同阶段上，正确地提出适合于当时的斗争方式，如何以群众自身的经验来教育群众，以及如何干练地引导群众走上革命阵地的范例。(第20页)

谁要不正视和不认清从资本主义成份方面来的危险，谁要抹杀农村中的阶级斗争，必然滚入资本主义成份之能够"和平增长"为社会主义的机会主义立场，必然威胁工农联盟和社会主义建设。另一方面，冒险主义政策同样会破坏社会主义建设，而走到投降。(第39—40页)

一切削弱共产党人在改良主义工会内的工作，是有害于工人阶级的；越是改良主义者企图排挤职工会的革命份子，共产党员越应该在这种组织内加强地工作。(第43页)

列宁在这部书内揭露"左派"共产党员的错误见解，这些"左派"共产党员反对参加资产阶级国会，他们认为国会制度在政治上已过时了。列宁在此书的第七章内，详尽地分析这个问题，揭露这个错误观点的根源，并且问道：说国会制度已过时了是对的吗？他自己又回答道：只有在一个意义上——在全世界历史的意义上是对的，因为资产阶级的国会制度时代，从十月革命时期起已告终结，这时已开始了新的时代——无产阶级专政朝代。但是列宁又指出，如果在实际的政治问题中以全世界历史性的标准为口实的话，那就要成为政治的错误。(第48—49页)

列宁把"左派"拒绝在国会内工作叫做"孩子气",讥笑这种"革命性"只是对国会制度的空谈,并证明这种"革命性"不是别的东西,而是惧怕斗争的艰难。(第53页)

列宁所提出的关于共产党人对于妥协态度的问题,具有非常重大的意义。"左派"提出"反对一切妥协"的口号,并根据这一点认为自己是"最最革命人物"。

列宁在"左派"幼稚病一书中引用了布尔什维克党在十月革命以前和以后的时代中,同其他党派(其中包括同资产阶级党派)的调和与妥协的例子。这些妥协加强了布尔什维克,削弱了布尔什维克的敌人。布列斯特和约就是这种妥协的明显例子。(第56—57页)

列宁教导我们,在为争取无产阶级专政而斗争的条件下,甚至于在无产阶级专政已存在的条件下,为革命事业、为无产阶级政党、为工人阶级的利益而作的妥协,甚至于同帝国主义妥协,都是容许并必需的。当列宁提到车尔尼舍夫基所说:"政治活动,并不是涅瓦大街(这是彼得堡一条清洁、宽广、平坦、笔直的大街)上的康庄大道"的话的时候,列举了我们党在斗争的各阶段上,同资产阶级自由主义者,同小资产阶级政党所作的妥协,但同时对政治上的原则问题,则同他们作绝不妥协的斗争,并彻底暴露他们的机会主义的例子。(第58—59页)

列宁揭露英国年轻的共产主义运动中的"左派"之错误见解,并指出那是智识分子的孩子气,不是革命阶级在革命斗争中的慎重策略。(第61页)

列宁预先警告各国的共产党人,不要做抽象定义的无意义游戏,不要背诵刻板真理,一次地得出千篇一律的规律。

列宁屡次地提到过,马克思主义不是教条,而是行动指南,他号召

各国共产党人干练地运用布尔什维克的丰富经验，避免机械地掌握这些经验，计算着自己国家的特殊条件。(第66页)

列宁和斯大林教导我们，批评与自我批评是革命政党的无难不克的、永久有效的武器，批评与自我批评，是为了争取国家经济与大众福利的整个高涨，以及为了争取党的思想、政治和组织工作之水准提高和质量改进的最锋利的武器。自我批评是马克思主义政党的最有力标志，是巩固这个政党的手段，是党的发展规律，是以革命精神教育党的干部、工人阶级以及劳动群众的特殊方法。(第70页)

中国共产党在解放战争中的成就，鼓励了印度尼西亚、越南、马来亚、缅甸等殖民地国家的人民，来从事反帝国主义压迫的奋不顾身的斗争。(第80页)

各人民民主国家的共产党，近几年达到了极大的成就。它们消灭了工人阶级的分裂。在罗马尼亚、匈加牙、捷克斯洛伐克、保加利亚已实现了工人阶级的政治统一。这些国家内的统一工人党之得以建立，是因为共产党党员与社会党党员长期在一起对公共敌人从事斗争，以马列主义精神重新教育社会党党员，暴露与孤立社会党右派领袖，完全承认马列主义革命理论的原则和布尔什维克党伟大历史经验的结果。人民民主国家的共产党，在工人阶级的周围团结了它的同盟者和后备军，使它们得以进行政治经济的改造，为争取社会主义的斗争建立了前提。人民民主国家内已经建立了人民政权。(第81页)

遵循着联共(布)党的全世界历史经验和列宁—斯大林的学说的共产党及工人党，为了使自己队伍布尔什维克化，为了提高党员的理论水准，为了工人阶级的政治教育，为了培养真正的革命政党的干部，为了自己队伍的统一与一致，为了工人阶级的统一而从事斗争。

共产党与工人党，是从资本主义奴隶制度下，解放劳动群众的最忠实最坚决的战士。他们为了争取持久和平,为了争取人民民主,为了争取社会主义而斗争。我们国外的共产党——人民独立的真正捍卫者,依据了列宁—斯大林的战略与策略学说,进行反对英美战争贩子的斗争,争取全世界的民主的、反帝国主义的力量的团结。挺身而起争取民族独立的成百万殖民地人民,正在加入到这个阵营的队伍中来。西方和东方的共产党,对那忠实执行世界帝国主义的政策,首先是美国强盗独占资本家的政策的右派社会主义者,从事最无情的斗争,共产党为彻底克服全世界工人运动的分裂而斗争。他们更密切联系着工人阶级与劳动群众的职工会以及其他群众组织。

全世界共产党在争取真正民主与社会主义的斗争中,在不断地学习马列理论,不断地研究联共(布)党的丰富经验。(第88—89页)

二 〔苏〕联奥库洛夫等:《反对修正主义》①

在着手建设新社会之后,共产党全面地、周密地研究了和创造性地总结了千百万群众实践活动的经验,它揭示了各种新历史规律性和苏维埃社会发展的各种动力,揭示了社会发展的各种矛盾并且拟定了解决这些矛盾的办法,科学地论证了苏维埃国家的旨在消灭资本主义和建成社会主义的政策和实践。在这个基础上,列宁在自己的许多著作如《国家与革命》(1917年)、《苏维埃政权的当前任务》(1918年)、《无产阶级革命与叛徒考茨基》(1918年)、《伟大的创举》(1919年)、《共产主义运动中的"左派"幼稚病》(1920年)、《再论工会、目前局势及托洛茨基和布哈林的错误》(1921年)、《论战斗唯物主义的意义》(1922年)、《论我国革命》《论合作制》(1923年)等等中,制订了建设新的社会主义社会的基本道路和基本方法。(第9页)

---

① 选自〔苏〕奥库洛夫等:《反对修正主义》,陈安等译,北京:生活·读书·新知三联书店1961年版。此处摘选该著作重要观点。段末页码为出处页码。

列宁在十月革命以后的时期里所写的全部著作中，特别有力地、革命热情洋溢地指出了布尔什维主义的理论和策略的国际意义。他说，布尔什维主义提供了与社会主义和社会和平主义截然不同的思想、理论、纲领、策略。他写道："布尔什维主义把'无产阶级专政'的思想普及到了全世界，把这几个词先从拉丁文译成俄文，以后又译成世界各种文字……全世界无产者群众日益清楚地认识到，布尔什维主义提出了摆脱战争和帝国主义惨祸的正确道路，布尔什维主义是可供各国效法的策略模范。"

列宁在《共产主义运动中的"左派"幼稚病》一书里，又发挥了同样的思想：在一切资本主义国家中，必定会重复俄国的革命经验，他解释说，俄国革命的基本特点"具有国际意义，而不仅仅具有地方性的一国特殊的、俄国一国的意义……俄国的这一模范向所有国家表明，它们在不久的将来必然会发生某些事件，而且是极重大的事件……俄国无产阶级的革命精神将成为西欧的模范"。（第43页）

资产阶级及其改良主义奴仆们的恶毒诬蔑并不能阻碍苏维埃共和国在全世界劳动群众心目中的威望日益提高，世界上各族人民把十月社会主义革命看作令人欢欣鼓舞的范例，而十月革命所建立起来的制度，则是各国劳动人民应当努力争取实现的那种未来社会的榜样。帝国主义者想要消灭"俄国的决口"和扼杀年轻的苏维埃共和国的一切企图，都遭到各国工人阶级的坚决抵制。

在所有的资本主义国家里，革命无产阶级的优秀代表都以狂喜的心情赞同无产阶级专政和苏维埃政权，并且以忘我的热情挺身而出，捍卫苏维埃共和国。（第50页）

十月社会主义革命以后，国际革命工人运动进入了发展的新阶段。它一天天地壮大起来和扩展起来。1919年，第三国际即共产国际成立了。众所周知，在召开成立共产国际的第一次代表大会的时候，大多数国家中只有一些不大的共产主义派别；可是到了1920年召开第二次代表大会的时候,情况就急剧地改变了:大多数国家里不仅仅有共产主义的派别和思潮,而且有共产主义的政党和组织了。

共产国际第二次代表大会认为共产主义运动的发展和巩固以及共产国际威信的提高具有重大的意义,大会通过了参加共产国际的特别条件,这些条件对于全世界共产主义运动的发展和巩固起了重大的影响。

共产国际第二次代表大会注意到,共产国际中掺杂有各种动摇不定和半心半意的派别,它们还没有与第二国际的改良主义思想完全划清界限,这种危险会威胁到共产国际,因此,大会认为有必要规定一定的接纳新政党参加的条件,也有必要向那些已经加入共产国际的政党指出它们应当承担的重大义务。参加共产国际的二十一项条件表明了一些基本原则,这些原则应当成为每一个共产党进行活动的基础。在这些原则中,有关无产阶级专政的各项问题被提到了首位。条件指出,不应该把无产阶级专政只当作背得烂熟的流行公式来谈论,而应该很好地宣传无产阶级专政,使每一个普通的男工、女工、士兵、农民都能通过活生生的事实,认识到实行无产阶级专政的必要性,必须同改良主义的影响作斗争。这些条件指出,一切希望加入第三国际的政党都应当承认:必须跟改良主义政策完全地、无条件地决裂,必须在党员当中最广泛地宣传这种决裂;不如此,就不可能有彻底的共产主义政策。

在这些参加条件中,强调了国际共产主义运动的国际性,提出了必须全力捍卫和支持苏维埃共和国的任务。条件指明,每一个希望参加共产国际的政党都有责任对苏维埃共和国反对反革命势力的斗争给予无私的援助。共产党必须进行不倦的宣传,使工人拒绝运送那些输送给苏维埃共和国敌人的军事装备物资,必须在那些被派遣去扼杀苏维埃共和国的军队中进行公开的和秘密的宣传。

参加共产国际的这些条件,对于那些刚刚成立和正在成长的共产党的创建工作和组织上的巩固,起了重大的作用。

但是,共产主义运动的急剧发展也有它的阴暗面。正如列宁所指出的,这一时期,在异常迅速发展的国际共产主义运动中,有两种错误或两种缺点是特别明显的,这些错误对无产阶级解放事业的胜利是一种严重的危险。第二国际的一部分旧领袖人物和旧政党,迫于群众的压力并且希冀为自己保持先前在工人运动中的领导作用,口头上宣称自己有条件地甚至无条件地服从第三国际,实际上则仍然是不可救药的改良分子……在这一时期里,"左"倾病也是年轻的共产主义运动的重大危险,"左"倾病导致了宗派主义,使无产阶级先锋队在居民的其他一切阶层中陷于孤立状态,产生了工人阶级进行反资本主义斗争的狭隘的、空谈性的策略。

列宁为各国共产主义运动的发展和巩固花费了很多精力和劳动,他在自己的许多论著中及时地提醒全世界的共产党人,要注意工人运动中的很多缺点,他坦率地批评了各国共产党的活动中所发生的许多错误。他指出,共产党人的职责并不是要对自己运动中的缺点保持沉默,而是要坦率地批评这些缺点,以便更迅速地更坚决地克服这些缺点。

列宁在1920年所写的《共产主义运动中的"左派"幼稚病》一书,就是为这一时期的共产主义运动而写的。写这本书的目的是要帮助各国共产党清除改良主义,从思想上、组织上巩固起来,成为真正的马克思主义的群众性政党,这种政党善于正确地、按照革命的方式来解决领导无产阶级的问题。列宁在这本书中指出改良主义的腐朽性和卑鄙性,并且证明,如果不揭穿机会主义领袖并把他们从工人运动中驱逐出去,革命的无产阶级就不可能取得胜利。

列宁说过,布尔什维克与机会主义所进行的斗争对国际共产主义运动具有重大的意义。在坚如磐石的理论基础上所产生的布尔什维主义,经历了15年(1903—1917年)的历史实践,获得了举世无双的丰富经验。因此,列宁认为资本主义国家中刚刚成立的共产党的首要任务,就是要广泛地利用布尔什维主义的经验。

列宁在这本书里除了揭露右倾机会主义以外,还极其严厉地批判了国际共产主义运动中的空谈主义现象,即"左"倾的、半无政府主义的、宗派主义的倾向。列宁把这种倾向叫做"共产主义运动中的'左派'幼稚病"。大家知道,各国共产党在革命危机的条件下迅速发展的结果，使得各种小资产阶级分子以及在政治上尚不成熟的工人渗入了党的队伍，在这个基础上就出现了小资产阶级的"左派"。

所谓"左派"观点的改良主义实质就在于，它不承认共产党的领导作用，拒绝建党的布尔什维克组织原则。它鼓吹狭隘的宗派主义的策略，否认在无产阶级的革命斗争中必须作些妥协，要求共产党员离开工会，拒绝在资产阶级议会中进行工作。不克服"左"倾宗派主义，各国共产党就不能成为真正的无产阶级的群众性政党，就不能成为工人阶级以及一切被剥削群众保持紧密联系的政党。

列宁在这本书中指出，各种"左"倾空谈的策略都是毫无根据的，对于共产主义运动都是十分有害的。列宁指出，单单靠拒绝参加议会、拒绝在反动工会中参加工作来标榜自己的"革命精神"，这是十分轻而易举的事，但是正因为这太容易了，所以它不是解决各种困难的、极困难的任务的办法。他写道："应当一无例外地学习并且学会掌握一切工作领域和一切活动场所，在一切场合，在每个地方，克服所有的困难和所有的资产阶级风气、传统和习惯。除此以外，其他的提法简直都是很不严肃、很幼稚的。"

列宁在这本著作中不仅极其严厉地批判了工人阶级中的改良主义空想，而且在伟大十月社会主义革命胜利以后的条件下，在国际工人运动迅速发展的时期中，天才地制定了国际共产主义运动的战略和策略。

列宁在总结了俄国工人阶级和国际工人运动的具有世界历史意义的革命斗争经验以后，指出，布尔什维主义的战略和策略是一切共产党的战略和策略的典范。同时，他解释说，马克思主义的策略要求：在实现共产主义的各项基本原则时，必须考虑到每个国家的民族历史的具体条件。既没有任何死板公式，也没有任何空洞教条。"制定策略时，必须清醒而极为客观地考虑到本国的（和邻国的以及一切国家的，即世界范围内的）一切阶级力量，并且要参照许多革命运动的经验。"

列宁强调必须灵活地、创造性地对待策略，他指出，革命历史的丰富内容，总是比最优秀的政党所能想象到的、比最先进阶级最觉悟的先锋队所能想象到的，还要更加多样化、更加多方面、更加生动、更加

"巧妙"。因此，党组织和党的领袖的任务就在于：要通过长期的、顽强的、多样的、全面的工作，磨炼出必要的知识，必要的经验；除了知识和经验之外，还要养成必要的政治敏锐性，以便当机立断、正确无误地解决各种复杂的政治问题。列宁无情地揭露了反对作任何妥协的"左"倾空谈，他说："为了推翻国际资产阶级而进行的战争，要比国家之间通常进行的最顽强的战争还要困难百倍，费时百倍，复杂百倍。进行这样的战争而事先拒绝随机应变，拒绝利用敌人之间的利害矛盾（哪怕是暂时的、不稳固的、动摇的、有条件的同盟者）通融和妥协，这岂不是可笑到了极点吗？"

列宁教导共产党人要善于掌握和运用一切斗争形式，并对这些斗争形式的最突然的和出乎意料的改变都作好准备。他着重指出，如不遵守这种条件，那么，譬如说，一旦历史情况发生变化，突然要求从公开的活动形式转为秘密的活动形式时，共产党就有可能遭到严重的失败。列宁说，采取随机应变的态度，同作某些妥协，都是绝对必要的。全部问题在于，要善于运用这种策略来达到这样的目的：提高（而不是降低）无产阶级觉悟和革命性的一般水平。因此，列宁劝告英国的共产主义者，应当在第三国际的原则基础上，在必须参加议会的条件下，把自己的四个党派并成一个共产党，向工党的领袖们提议实行"妥协"，以便使当时存在的自由党人和保守党人所结成的反动联盟遭到失败，以保证能够建立工党政府。（第51—56页）

列宁对年轻的德国共产党经常加以帮助。在这个时期里，德国共产党在许多问题上曾经采取宗派主义的立场：它对于在改良主义工会中进行工作估计不足，不理解必须而且可以作某些革命的妥协。列宁在1921年8月《给德国共产党的一封信》中写道："从1918年年底起，德国革命的工人运动的发展便走上了特别困难和特别艰苦的道路。可是，运动仍在发展和不断前进。德国工人群众，真正大多数的劳动者和被剥削者，无论他们是组织在旧的孟什维克（即为资产阶级服务的）工会里的，或者完全或几乎完全没有组织的，都正在逐渐向左转移，这是无可争辩的事实。保持冷静的态度和坚忍不拔的精神；不断纠正过去的错误；不屈不挠地在工会内外争取工人群众的大多数；耐心地建立一个在任何事变的转折关头能够真正领导群众的坚强而英明的共产党；制定自己的战略，使其赶上最'有教养的'（具有多年的经验，特别是接受了'俄国经验'的）先进资产阶级的最优越的国际战略的水平——这就是德国无产阶级现在和将来所应做的事情，这就是德国无产阶级取得胜利的保证。"

列宁不倦地关怀共产主义运动的成长和发展，他对于在革命战略和策略的最基本问题上的各种理论错误，进行了严格的同志式的批评，这些，都帮助许多国家的工人阶级及其政党逐步改正了许多错误，因为这些错误是会阻碍它们发展和巩固成为群众性政党的。

各国共产党在反对右倾机会主义的斗争中也产生了中派主义和"左"倾宗派主义，并且有所发展。各国共产党的发展道路并不是平坦的。群众性的马克思主义不得不克服许许多多障碍，其中的一个障碍是：西欧各国的共产党一般都是通过左翼分子从旧的社会民主党中分裂出来而组成的，这种情况在各国共产党成立后初期的全部活动中打上了很深的烙印。

国际共产主义运动坚定地保持着对工人阶级和人民的忠诚，经历了重大的、困难的、曲折的道路。共产党是唯一真正革命的政党，它深入地联系人民群众，它本身体现了人民的一切优良品质，体现了人民对和平、自由、独立和社会进步的强烈愿望。在1917年十月革命前夕，俄国共产党员的人数还没有超过25万人，在其他国家中也只有为数不多的、接近于共产主义者的派别，而现在各国共产党的队伍里已经拥有3300多万名党员了。

共产党从其萌芽之时起，就始终是劳动群众利益的真正捍卫者，人民的公民自由和民主权利的捍卫者；就始终是反对帝国主义的坚强战士，和平和社会主义事业的不倦卫士。这就是共产主义运动日益发展和巩固的原因。资本主义国家的共产党正在为民族独立、民主、和平和社会主义而进行斗争，它们始终不懈地揭露资产阶级政府和资产阶级政党政策的反民族的、叛卖的性质。现在,各国共产党正在把一切优秀的民主力量和爱国力量团结在为和平、民族独立、社会主义而斗争这些口号的周围。

各国共产党的力量在于:它们掌握了马克思列宁主义学说,因而明确地了解社会发展的过程;它们在自己的队伍中团结了工人阶级及其同盟者的先进代表人物。各国共产党的力量在于:它们同劳动群众有着牢不可破的联系,它们忠心耿耿地捍卫着劳动群众的利益;它们有着高度的战斗精神,这种精神是由于它们意识到自己正在为历史进步进行必胜战斗而产生的;它们知道自己的使命就是充当建立自由的新社会制度的各种力量的先锋队。各国共产党的力量还在于:它们具有无产阶级国际主义思想。列宁曾经不止一次地指出,除了团结起来和组织起来以外,无产阶级就没有其他武器可以用来反对资本主义和资产阶级民族主义。他无情地揭露改良主义分子,他们口头上自命为国际主义者,而实际上却执行了资产阶级民族主义的政策。(第61—63页)

三 〔芬兰〕奥托·库西宁:《列宁是怎样在共产国际医治"左派"幼稚病的》[①]

紧接着伟大的十月社会主义革命,革命浪潮在欧洲汹涌澎湃;在许多国家,工人甚至暂时夺取了政权(芬兰、匈牙利、巴伐利亚、立陶宛、拉脱维亚)。正在革命运动如火如荼的时候,成立了共产国际。

刚刚建党的各国共产党的行列里,洋溢着炽烈的革命热情。在许多国家,年青的共产党的大多数党员和领导人原先是左派社会民主党人。我们中的许多人学习马克思恩格斯的著作已经好多年了,自认为是马克思主义者;其实不过是书本子上的、死的马克思主义。而如今,在俄国

---

① 选自〔芬兰〕奥托·库西宁:《列宁是怎样在共产国际医治"左派"幼稚病的》,侯焕闳译,见《回忆列宁》第5卷,北京:人民出版社1982年版。此处摘选该著作重要观点。段末页码为出处页码。

无产阶级伟大胜利和本国革命高潮的影响下,我们这些昨日的左派社会民主党人经历了深刻(当然各人的深刻程度不同)的思想转变;我们成为在无产阶级专政旗帜下斗争的、有坚定目标的革命者。这是我们转变到共产主义阵营的决定性一步。

但是这还不意味着我们已经站到真正的列宁主义立场上。远不是这样。在共产国际头几年,除了对农民问题和列宁关于党的学说理解不够而外,我们许多人还有一种明显的夸大革命性的倾向,不能对客观条件作出清醒的估计并在此基础上正确决定党的必要的任务和工作方法。

这种政治倾向,列宁把它看作"左派"幼稚病。

弗拉基米尔·伊里奇以其明察秋毫的眼光清楚得惊人地看到了革命迷的危险。

"对于一个真正的革命家来说,"他写道,"最大的危险,甚至也许是唯一的危险,就是夸大革命性,忘记适当地和顺利地运用革命方法的限度和条件。真正的革命家如果一开始就大书特书'革命'二字,把'革命'奉为一种神通广大的东西,丧失理智,不能最冷静最清醒地考虑、权衡和检查一下究竟应该在什么时候、什么环境、什么场合采取革命行动,应该在什么时候、什么环境、什么场合转而采取改良主义的行动,那他们就最容易为此而碰得头破血流。"

列宁这里所说的转而采取"改良主义的"行动,自然不是指放弃马克思主义的原则立场,而是说:如果环境需要,要采取必要的改良或其他某些并不具有革命性的行动。弗拉基米尔·伊里奇从中得出的结论是同样的重要、同样的斩钉截铁:

"真正的革命家,如果失去清醒的头脑,一心设想什么'伟大的、胜利的、世界的'革命在任何场合、任何情况下都能够而且应该用革命方式来解决种种任务,那他们就一定会遭到毁灭(不是指他们事业的表面的失败,而是指内部的破产)。"

1920年出版了列宁的天才著作《共产主义运动中的"左派"幼稚病》;我们如获至宝。如果说,列宁的《国家与革命》在两年前是我们理解马克思主义革命核心的指南,那么现在,学习了《幼稚病》这本书之后，我们明白了列宁的策略的英明，懂得了什么是保证共产党斗争取得胜利的现实政策的艺术。

列宁的这部著作，俄国同志也可以通过它来学习正确地理解国际共产主义运动的策略问题，但对于所有的外国共产党人更为重要，更是不可或缺，过去和现在都是如此。

到共产国际开第三次代表大会的时候（1921年夏），许多代表在这方面还学得不好。列宁自己就曾说过，在这次代表大会上"有大批'有威信的'代表，以德国、匈牙利和意大利的很多同志为首，采取了一种过'左的'和不正确的左的立场，他们不是冷静地去估计不适于立刻采取革命行动的并不十分有利的形势，而是加紧地挥舞小红旗。"

列宁说："他们不是冷静地去估计不适于立刻采取革命行动的并不十分有利的形势，而是加紧地挥舞小红旗"；这话真是说得一针见血。共产党人中爱说空话的左倾分子正是这个模样！过去是如此，现在仍然是如此。（第379—381页）

二、国内权威性的解读论著摘选

一 赵宝煦：《怎样阅读列宁的"共产主义运动中的'左派'幼稚病"》[①]

列宁所著《共产主义运动中的"左派"幼稚病》是一本极为重要的马克思主义经典著作。毛主席曾经多次号召全党干部注意研究此书，中国共产党召开第七次代表大会时，曾把此书列为五种干部必读书目之一（后来又把它列为十二种干部必读书目之一）。列宁在1920年夏季写作此书的目的，就是为了反对当时普遍存在于西欧各国共产党人中间的"左倾"幼稚病。由于工人运动中"左"右倾势力的根源在于小资产阶级的革命狂热，因之贯穿在此书各章中的一个中心线索，就是与小资产

[①] 选自赵宝煦：《怎样阅读列宁的"共产主义运动中的'左派'幼稚病"》，载《读书月报》1957年第12期，第2—5页。此处摘选该文重要观点。

阶级的革命狂热作斗争的问题。列宁在这本书中除去阐明无产阶级政党在革命斗争中的各种战略和策略原则外,并有力地批判了小资产阶级所具有的各种危害无产阶级革命事业的特性,诸如:反对组织,反对纪律,反对党的领导;要求极端民主化;理论脱离实际;在革命斗争中忽而狂热忽而消沉等等。这些问题,我们在这次整风运动和反右派斗争中来学习,就会感到非常亲切而易于体会;同时,它对于提高我们的思想认识和社会主义觉悟,自然会有很大的帮助。

列宁在此书中,总结了苏联共产党在三次俄国革命时期和苏维埃政权存在将近三年的时期内所积累的极为丰富的经验,阐述了许多非常重要的马克思主义原理原则。全书共十章及四节增补。内容很多,不可能一次就把所有的问题都学懂,而每一次学习应该选择几个重点。针对当前我们国家政治生活中的实际问题,我们现在学习此书,应该集中精力钻研第一、二、四、五各章(当然,其他各章也不应该根本不看。至少也应浏览一遍,这样就易于体会所要重点学习的各章的内容)。此外,在阅读此书时,最好还同时参看毛主席的《整顿党的作风》《改造我们的学习》《反对自由主义》《反对党八股》《关于领导方法的若干问题》《关于正确处理人民内部矛盾的问题》等著作,以及《中共中央关于增强党性的决定》(1941)、《中共中央关于领导方法的决定》(1943)、《关于无产阶级专政的历史经验》《再论无产阶级专政的历史经验》等文件。

下面依照各章的次序,简单谈一谈我们所要重点学习的几个问题:

列宁在本书的第一章中,首先就指出了十月革命和布尔什维克党的历史经验具有重要的国际意义。所以如此,因为当时"左派"共产主义者为了辩护他们自己"左"倾的有害路线,就否认学习苏联经验的必要性,声言说布尔什维主义是具有民族狭隘性的纯粹的俄国式的东西,认为它不适合西欧的各国国情。

列宁驳斥了这种说法,指出十月革命的国际意义应自广义和狭义两方面去了解:

从广义看,十月革命的意义,在于它对世界革命的影响。十月社会主义革命在人类历史上开辟了一个新纪元——资本主义崩溃和共产主义胜利的新纪元。十月社会主义革命的胜利，标志着人类命运的根本转变，标志着人类历史自资本主义旧世界向社会主义新世界的根本转变。同时，由胜利的十月革命所产生的第一个苏维埃国家，必然成为全世界革命的根据地。这一根据地的存在，对全世界共产主义运动说来，就有了不断支援和鼓舞的力量。

但是列宁说，十月革命的意义不应局限于此，十月革命的国际意义还有它狭义的一面。这就说是，在俄国发生过的某些现象，具有着在世界范围内重演的历史必然性。因此，在俄国革命过程中所积累的一些重要经验，对其他国家的共产党人，就是一宗最宝贵的财富。

列宁指出："现在我们已有相当丰富的国际经验，这种经验十分确切地表明出：我国革命的某些基本点所具有的意义，不是地方性的，不是民族特殊的，也不是俄国单独的，而是国际的意义……所有一切国家正是从俄国的榜样中就能看见它们在不远将来所必须遇到的某些事件，而且是极重大的事件。"

列宁逝世后，国际共产主义运动的历史证明了这一点。各国兄弟党在不同的环境下领导人民进行无产阶级革命和社会主义建设的过程中，遇到了许多苏联过去曾经遇到过并且加以解决了的问题，由于各国党学习了苏联共产党的经验，因之在解决类似的问题时，就不必再在黑暗中摸索了。历史一再证明：十月革命的道路是全世界劳动人民争取解放的唯一的康庄大道，而苏联共产党的基本经验，就成为各国兄弟党顺利解决本国革命与建设问题中的指路明灯。（第2—3页）

在第二章中，列宁阐明布尔什维克党取得革命胜利并使苏维埃政权得以巩固的重要条件。列宁认为使社会主义获得胜利的必不可少的条件，就是无产阶级专政以及实现无产阶级专政的共产党党内的铁的纪律。

列宁在总结苏联经验的基础上，进一步发挥了马克思关于无产阶级专政的原理。列宁指出，没有无产阶级专政就不能巩固社会主义革命的胜利，就不能消灭被推翻阶级的反抗，就不能建设社会主义。

我们在这里要注意到，列宁在阐明无产阶级专政的必要性时，特别强调与小资产阶级的自发势力作斗争和教育改造小资产阶级的艰巨任务。所以要千方百计阴谋复辟，"不仅在于国际资本的力量，不仅在于资产阶级各种国际联系的力量和坚固性，而且还在于习惯的力量，在于小生产的力量。因为，可惜小生产在世界上还保留着很多很多，而小生产是经常地，每日每时地，自发地大批产生着资本主义和资产阶级的。"列宁在这里指出，要消灭阶级和建成社会主义，就不仅必须要消灭资产阶级，而且还必须消灭小生产者。但小生产者不可剥夺，不可镇压；只有用长期的，谨慎的，缓慢的，组织方面的工作改造他们，教育他们。因此在本书第五章中列宁说："无产阶级专政是为反对旧社会势力及其传统而进行的坚持的斗争，流血的与不流血的，强力的与和平的，军事的与经济的，教育的与行政的斗争。"（第3页）

列宁在这里进一步指出，俄国无产阶级专政所以能够巩固，是因为无产阶级领导力量的共产党具有最严格的纪律和高度的组织性。

列宁写道："如果我们党内没有极严格的真正铁一般的纪律，如果我们党没有得到工人阶级全体群众……的拥护，那末，布尔什维克就会不仅不能把政权保持两年半之久，而且不能保持两月半之久。"

列宁在这里特别强调纪律，因为这是布尔什维克党与第二国际各机会主义政党的重要区别之一，而这一点，又恰恰为西欧共产党内"左派"所不重视。列宁早在1904年所著《进一步退两步》一书中，已尖锐地指出铁的纪律对无产阶级政党的必要性，指出无产阶级在革命斗争中除去组织之外，没有别的武器。无产阶级是不害怕纪律的，只有资产阶级、小资产阶级的知识分子才害怕纪律，害怕组织，他们喜爱的是自由主义，无政府主义。他们想以小资产阶级的散漫性、动摇性来代替党的战斗性和铁的纪律，这样，只有对革命的敌人有利。

共产党的铁的纪律是靠什么来维持，来检验，来巩固的呢？列宁指出三点。第一点，靠党员的自觉，靠党员的觉悟性，对革命的忠诚，坚毅性，自我牺牲精神和英雄气概；第二点，靠与广大群众的联系；第三点，靠党的正确战略策略的领导。

在这里，我们注意到共产党的纪律是建立在自觉的基础上，与反动派的纪律有本质的不同。我们党内的纪律和党内的民主是一致的而不是矛盾的。纪律的问题、组织的问题不能脱离思想问题来解决。列宁当时为建党所写的"从何着手"，答案即是从统一思想上着手。毛主席建党建军，也是从思想上着手。中国共产党的两次整风运动，都是从思想上来解决问题的范例。

布尔什维克如何养成铁的纪律呢？列宁指出两方面：一方面布尔什维主义是从最坚固的马克思主义理论基础上产生的；一方面布尔什维主义有丰富的斗争锻炼。

我们应该很用心阅读第二章的最后两段。1942年"整风"时，毛主席曾号召学习本书第二章，特别指出要注意这最后两段。这两段中阐明理论与实际结合问题，指出一个革命政党如何把马列主义普遍真理与本国具体实践相结合。学习这两段时可参看毛主席的《改造我们的学习》。

第三章讲布尔什维主义历史发展的主要阶段。学习这一章时可以参看《联共（布）党史简明教程》。在这一章中要看重了解布尔什维克党善于进攻，同时也善于正确退却的经验。

第四章中主要讲反对"左"右倾，着重讲与小资产阶级的革命狂热作斗争的问题。在这里，我们注意到列宁把小资产阶级的革命狂热，当作布尔什维克的敌人。

列宁深刻地分析道："小有产者，即小业主（这一在欧洲许多国家内部都是极广泛的社会阶层），由于在资本主义制度下经常受到压迫，且导演急速地陷于贫困和破产，所以容易转到极端的革命狂热，但不能再现出坚忍性、组织性、纪律性和坚定精神。被资产阶级摧残得以致于'发狂'的小资产者，也和无政府主义一样，都是一切资本主义国家所固有的社会现象。此种革命狂热之动摇不定，华而不实，以及迅速转为驯服、消沉和幻想，甚至转为'疯狂'地醉心于某种资产阶级的'时髦'时潮——此种本性,都是人所共知的。"

列宁在此讲欧洲资产阶级把小资产阶级压迫得发狂,而旧中国是半封建半殖民地的国家,小资产阶级身受三重压迫,比欧洲小资产阶级所遭遇到的贫困破产更加严重。从数量讲,中国小资产阶级人数最多。因此中国的小资产阶级一方面带有很大的革命性,一方面也带有很大的狂热性和片面性。这样,中国共产党与小资产阶级革命狂热作斗争的任务就更为繁重。并且由于中国革命是以农村包围城市,中国共产党曾经长期处于农村,处于分散的游击战争的环境,一方面党内小资产阶级出身的党员占很大比重,一方面过去分散的游击战争环境也容易助长小资产阶级思想(参看《中共中央关于增强党性的决定》)。因此中国共产党反对小资产阶级革命狂热的斗争,就不只是党外的斗争,而且更主要的是党内的斗争。

毛主席在《反对党八股》中说:"中国是一个小资产阶级极其广大的国家,我们党是处在这个广大阶层的包围中,我们又有很大数量的党员是出身于这个阶层的,他们都不免或长或短的拖着一条小资产阶级尾巴进党来。小资产阶级革命分子的狂热性与片面性,如果不加以节制,不加以改造,就很容易产生主观主义,宗派主义……"(第3—4页)

第五章讲领袖、政党、阶级、群众间的相互关系。当时的"左派"共产主义者,特别是德国共产党人中的"左派",否认党与领袖在群众中的作用。他们把阶级同党对立起来,把领袖同群众对立起来。他们提出问题说:"谁应当是无产阶级专政的执行者呢?是共产党,还是无产阶级?"他们问:"究竟是党专政,还是无产阶级专政?"(第4页)

当时的"左派"共产主义者,否认了"党是无产阶级的先进部队"这个党的基本性质,要求无产阶级不通过它自己的先进部队来实现专政,而由全阶级来实现专政,这就否定了党,他们提出要建立"具有最广阔基础和最广大范围的新的组织形式",这就是所谓"工人联合会",而参加"工人联合会"的条件只是"承认阶级斗争,承认苏维埃制度,承认无产阶级专政"。这里就否认了党的组织性和纪律性。由"工人联合会"来代替党,就是把党降低到一般群众组织的水平。

"左派"认为,列宁式的党,在革命中所起的领导作用是"企图从上面来组织革命斗争,并支配这个斗争",因此他们称列宁的党为领袖的党。"左派"自以为很尖锐地提出问题说:

"是党专政,还是阶级专政?是领袖专政,还是群众专政?"

列宁嘲笑这种问题的提法是"思想糊涂到了极端不可思议,无可救药的地步"。因为他们不懂得这一基本道理,即群众是划分为阶级的,阶级是由政党来领导的,而政党是由领袖来组织的。领袖与政党,群众与阶级,根本不是互相对立的事物。(第4—5页)

二 赵曜:《马克思主义战略和策略的通俗讲话——读〈共产主义运动中的"左派"幼稚病〉》[①]

文章阐述了四点:1. 写作的历史背景;2. 俄国共产党(布)关于党的建设的基本经验;3. 马克思主义关于争取群众的理论与策略;4. 理论和实践意义。

1. 写作的历史背景

1920年4月,正是苏维埃政权诞生两年半的时候。十月革命的伟大胜利以及年轻的苏维埃共和国在反对外国武装干涉和国内白卫反革命势力的斗争中所取得的胜利,对于资本主义国家的无产阶级革命运动和殖民地附属国的民族解放运动产生了巨大的影响。当时在欧洲一些国家出现了革命形势,1919年在匈牙利和德国的巴伐利亚省一度建立起苏维埃政权。与此同时,东方被压迫民族的民族解放斗争迅猛发展,中国、印度、朝鲜、土耳其、阿富汗等国家都发生了轰轰烈烈的民族解放

---

① 选自赵曜:《马克思主义战略和策略的通俗讲话——读〈共产主义运动中的"左派"幼稚病〉》,载《高校理论战线》2006年第9期,第24—29页。此处摘选该文重要观点。

运动。标志着中国民主革命新阶段的"五四"运动就是在这个时候发生的。

资本主义国家的无产阶级革命运动和殖民地民族解放运动的日益高涨,迫切地提出了为进一步发展革命而建立共产主义政党和争取群众、建立革命政治大军两大任务。第一项任务,即建立不同于第二国际机会主义政党的新型的无产阶级革命政党的任务。在十月革命的推动下,1919年3月建立了共产国际即第三国际,在它的领导和推动下,许多国家的先进分子从社会民主党中分化出来,以俄共(布)为榜样,建立了独立的共产党,标志着这一任务已获得初步解决。第二项任务,即把群众争取到共产主义方面来,建立冲击资本主义的政治大军的任务。这项任务刚刚提出来,而且完成这项任务比前一项任务要复杂和困难得多。在解决这两项任务过程中,国际共产主义运动出现了两种阻力和危险。一种阻力是右倾机会主义,它妨碍第一项任务,即把先进分子争取到共产主义方面来,建立新型的无产阶级政党任务的解决。这是当时国际共产主义运动中最主要的危险。另一种阻力是"左"倾机会主义,它妨碍把群众也争取到共产主义方面来的任务的完成。"左派"在当时主要是那些极"左"分子,在革命高潮的形势下,反映了小资产阶级的革命狂热,他们不了解争取群众的意义和艺术,提出退出反动的职工会、抵制资产阶级议会、拒绝一切妥协等有害于事、幼稚可笑的口号,从而把自己变成了脱离群众的宗派主义、冒险主义的小团体。当时,列宁所以把这些"左派"所犯的错误称之为"左派"幼稚病,是因为这些病症是在各国共产党成立初期,即在幼年时期由于缺乏经验而产生的。列宁在估计"左派"的错误时说:"目前共产主义运动中左倾学理主义错误同右倾学理主义(即社会沙文主义和考茨基主义)错误比较起来,其危害性和严重性不及后者的千成之一,然而这只不过是由于左倾共产主义是一种刚刚产生的还很年轻的思潮。只是因为这个缘故,这种病症在一定条件下容易治好,但是必须用最大的努力去医治。"

既然"左"倾不是主要危险,为什么还要重点反"左"?一是不反

"左"就不能争取群众，建立革命的政治大军；二是不反"左"会助长右倾发展。那么，如何来医治"左派"幼稚病呢？列宁认为，最好的办法，就是把布尔什维克党战略与策略的基本经验介绍给年轻的各国共产党，以克服共产主义运动中的"左派"幼稚病。这就是列宁写作此书的目的。所以列宁在此书的手稿上有一个副标题："马克思主义战略和策略通俗讲话的尝试"。列宁指出："本文的目的就是要把布尔什维主义历史上和当今策略上普遍适用的、具有普遍意义和必须普遍遵循的原则应用到西欧去。"

全书共十章，另增补五章。列宁在书中重点总结了布尔什维克党在党的建设方面的基本经验，论证了为争取群众而斗争的理论与策略，以及无产阶级政党战略策略的基本原则，内容十分丰富。

2. 俄国共产党（布）关于党的建设的基本经验

列宁是俄国共产党（布）的创始人。在1903年召开的俄国社会民主工党第二次代表大会上，根据列宁的建党思想，制订了党纲和党章，在选举中央机关时，列宁和他的支持者获得了多数票，取得了胜利。从此，俄国党内出现了两个政派：多数派（布尔什维克）与少数派（孟什维克）。列宁说："布尔什维主义作为一种政治思潮，作为一个政党而存在，是从1903年开始的。"列宁指出，布尔什维克党建立以后，在夺取政权和巩固政权的斗争中，在党的建设方面积累了极其丰富的经验，主要是：

(1) **党的组织纪律建设**

列宁在第二章中，针对西欧"左派"否定党的领导和党的纪律的无政府主义倾向，从无产阶级夺取和巩固政权的高度，深刻地阐述了无产阶级政党组织纪律建设的重大意义。列宁认为，无产阶级政党在夺取和巩固政权斗争中，都需要有极严格的铁的纪律。这不仅仅因为被推翻的资产阶级是强大的，时刻企图反扑，而且还因为革命队伍中存在着小资产阶级的涣散性。列宁指出："如果我们党没有极严格的真正铁的纪律……那么布尔什维克别说把政权保持两年半，就两个半月也保持不住。"

那么,党的纪律又是靠什么来维持和巩固呢?列宁从党员、党与群众的关系、党的领导机关三个方面来论证无产阶级政党的纪律赖以维持和巩固的条件。第一,靠党员的觉悟,对革命的忠诚,自觉遵守。第二,靠党与群众的密切关系,首先是同无产阶级劳动群众,但同样也同非无产阶级劳动群众的联系、接近,甚至可以说在某种程度上同他们打成一片。党必须全心全意为群众服务,并接受广大群众的监督,才能维护和加强党的纪律。第三,靠党的正确的政治路线。维护党的纪律要靠党所实行的政治领导正确,靠党的政治战略与策略正确,而最广大的群众根据切身经验也确信其正确。如果党的政治路线出了偏差,就很难取得党员和群众的信任和支持,从而也难以维护党的纪律。列宁指出,没有这三条,"建立纪律的企图,就必然会成为空谈,成为漂亮话,成为装模作样。"

列宁所强调的党的组织纪律建设,不仅在夺取和巩固政权年代是重要的,在改革和建设的新时期同样重要。在我们这样一个拥有13亿人口的大国,怎样才能使大家团结起来奔向一个目标呢?邓小平强调,一靠理想,二靠纪律。否则,就会像旧中国那样是一盘散沙,革命和建设都难以成功。

(2)党的思想理论建设

列宁在第二章中重点阐述了党的思想理论建设及其重义。他形象地描述了俄国人寻求革命理论的经过。俄国进步的思想界,曾如饥似渴地寻求正确的革命理论。在19世纪40至90年代的"半个世纪里,经受了闻所未闻的痛苦和牺牲,表现了空前未有的革命英雄气概,以难以置信的毅力和舍身忘我的精神去探索、学习和实验,经受了失望,进行了验证,参照了欧洲的经验,真是饱经苦难才找到了马克思主义这个唯一正确的革命理论。"列宁说,布尔什维克党之所以有力量,能够取得革命斗争的胜利,就在于它不仅具有坚固的马克思主义理论基础,而且善于结合俄国的实际运用这个理论,并用极其丰富的斗争经验充实和发展了这个理论。他指出:"在这个坚如磐石的理论基础上产生的布尔什维主义，有了 15 年（1903—1917）实践的历史，这段历史的经验之丰富是举世无比的。"他在强调运用理论必须结合本国实际时指出："马克思和恩格斯说过，我们的理论不是教条，而是行动的指南；卡尔·考茨基、奥托·鲍威尔这类'正宗的'马克思主义者的最大错误和最大罪恶，就是他们不懂得这一点，不善于在无产阶级革命最紧要的关头按此行事。"

中国经历了同俄国相似的历程。毛泽东在《论人民民主专政》一文中指出，先进的中国人，为了寻求革命的真理，同俄国人一样，也是经历了千辛万苦，付出了极大的痛苦和牺牲，才从各种各样的主义中选择了马克思主义。中国人找到了马克思主义以后，中国革命的面目便为之一新。中国一个多世纪的历史表明，只有马克思主义才能解决中国的社会问题，无论革命、建设或改革，都需要马克思主义的指导。

(3) 党的政治路线建设

无产阶级政党的建设，除了组织纪律、思想理论建设以外，还有一个政治路线建设的问题。列宁在本书第四章着力阐述了这个问题。列宁指出，无产阶级政党必须制定一条正确的政治路线；在执行这条政治路线过程中经常遇到来自右的方面和"左"的方面的干扰，因而进行两条战线的斗争是新型无产阶级政党的主要标志。列宁指出，布尔什维克党首先是在与右倾机会主义斗争中成长和发展起来的。右倾机会主义是帝国主义时期的一个国际现象。第二国际大多数党都受到右倾机会主义的严重腐蚀。列宁认定右倾机会主义是当时工人运动内部的主要敌人。以列宁为首的布尔什维克党为反对右倾机会主义，曾同第二国际机会主义、俄国的经济派、孟什维克、取消派、社会沙文主义进行了几十年艰苦的不调和的斗争，并最终战胜他们。列宁说，布尔什维克党反对右倾机会主义的斗争，这是各国党所熟知的。

列宁指出，布尔什维克党同时还反对工人运动中的"左"倾机会主义，"布尔什维主义是在同小资产阶级革命性作长期斗争中成长、成熟和得到锻炼的"。列宁说，这种小资产阶级的半无政府主义的"革命狂热"在俄国工人运动内部的根本代表者便是社会革命党,而在布尔什维克党队伍中的根本代表者则是"召回派"和"左派共产主义者"。布尔什维克党的党内反对"左"倾的重大斗争有两次,一次是1908年在是否参加杜马(议会)问题上同"召回派"的斗争,一次是1918年在签订布列斯特和约问题上同"左派共产主义者"的斗争。列宁说,布尔什维克党同"左"倾机会主义的斗争,在国外还鲜为人知。

列宁还进一步揭露了"左"右倾机会主义的阶级根源和理论根源。列宁认为,"左"右倾机会主义的产生,既有共同的又有不同的阶级根源。共同的是,它们都是工人阶级内部非血统工人的利益和要求;右倾是工人贵族阶层的产物,"左"倾是昨天的小有产者阶层的产物。上升到小资产阶级生活水平的工人贵族,主张改良,反对革命;下降到工人生活水平的昨天的小有产者,只主张革命,反对改良和其他斗争形式。列宁指出,工人运动内部的机会主义派别,除了阶级基础以外,还有理论根源,形而上学就是机会主义的认识论和方法论的基础。众所周知,历史进程是进化和革命的辩证的统一,把历史进程某一因素绝对化,就必然在理论上陷入形而上学的片面性,在政治上成为机会主义。右倾机会主义把运动的进化方面绝对化而否定革命方面;"左"倾机会主义把运动的革命方面绝对化而否定进化,而没有进化和长期的革命准备,也不可能取得革命的胜利。

列宁关于无产阶级政党是在反对"左"右倾机会主义斗争中成长壮大和得到锻炼的论述,具有普遍的指导意义。但是,在各个国家的共产党内,在不同的历史时期,有的可能是右是主要危险,有的可能是"左"是主要危险。就我们党来说,在民主革命时期曾出现过两次右倾错误,三次"左"倾错误,对比起来,"左"的错误造成的损失更大,几乎葬送了中国革命事业;在社会主义时期,1957年后的20年中国发生的失误,都是"左"的失误。总起来说,在我们党的历史上,右的和"左"的失误都有,但"左"的失误是主要的,这一点同列宁当时所讲的俄共(布)历史情况有所不同。

3. 马克思主义关于争取群众的理论与策略

列宁指出，无产阶级要想在斗争中取得胜利，必须把广大群众，首先是工人阶级，而后是非无产阶级劳动群众争取到自己方面来。他在批判西欧"左派"的一些错误观点时，系统地阐述了马克思主义关于争取群众的理论与策略。

（1）关于领袖、政党、阶级、群众的相互关系

西欧特别是德国"左派"共产党人，不了解领袖、政党、阶级、群众之间的辩证关系，否认党的领导作用，否认党的领袖的作用，把党和阶级对立起来，把领袖和群众对立起来，提出了"打倒领袖专政，群众专政万岁"的无政府主义的口号，在否定第二国际机会主义的党时，其领袖也一起否定了。

列宁在批判"左派"错误观点的基础上，科学地阐述了马克思主义关于群众、阶级、政党、领袖相互关系的论断。列宁说："群众是划分为阶级的……阶级是由政党来领导的；政党通常是由最有威信、最有影响、最有经验、被选出担任最重要职务而称为领袖人们所组成的比较稳定的集团来主持的。"他还指出，"从共产主义的观点来看，否定政党就意味着从资本主义崩溃的前夜（在德国）跳到共产主义的最高阶段而不是进到它的低级阶段和中级阶段。我们在俄国（推翻资产阶级后的第三年）还刚处在从资本主义向社会主义即向共产主义低级阶段过渡的最初阶段。"

（2）革命家应否在反动工会中工作

德、法、英、荷等国共产党的"左派"，借口职工会的反动色彩，借口职工会受社会民主党右翼领袖的影响，拒绝在职工会中进行工作，主张另创一种清一色的不受资产阶级偏见沾染的、以承认苏维埃制度和无产阶级专政为原则的新的职工会组织。

列宁严厉地批判了"左派"不在反动工会中工作的思想。他指出，工会是党联系本阶级群众的基本组织，是党对工人阶级进行共产主义教育的学校。西欧各国的职工会诞生在政党之前，在资本主义发展初期，职工会在维护工人阶级的经济利益方面做了很多有益的工作，因而在广大工人群众中享有很高的威信，借口职工会的反动色彩而退出并另建清一色的红色工会，这就表明了"左派"竟把职工会的少数上层官僚分子与广大工人群众混为一谈，表明了他们实际上把职工会和党混为一谈，抛弃了广大工人群众。列宁说："这无异是共产党人给资产阶级帮大忙"，"如果没有同工会的极密切的联系，没有工会的热烈支持，没有工会不仅在经济建设方面，而且在军事建设方面奋不顾身的工作，那么别说我们能管理国家和实行专政两年半，就是两个半月也不成。"列宁在批判"左派"时，已远远地超出了用职工会争取群众的实践范围，而是阐明了一个极其重要的马克思主义基本原理："哪里有群众，就一定到哪里去工作。应该善于作出一切，克服极大的障碍，在一切有无产阶级群众或半无产阶级群众的机关、社团和协会（哪怕这些组织是最反动不过的）里有步骤地、顽强地、坚定地、耐心地进行宣传和鼓动。而工会和工人合作社，恰恰就是（后者至少有时是）这种有群众的组织。"

列宁的这个重要思想，同样适用于中国。关于应否在反动工会内工作，在我们党内也曾发生过争论。第二次国内革命战争时期，"左"倾机会主义者们拒绝参加国民党所控制的黄色工会，并另建了清一色的"赤色工会"与之抗衡，"红色工会"实际上是第二党，由于表现十分鲜明，因而群众普遍不敢参加，这就使党脱离了群众而陷于非常孤立的地位。后来确定了毛泽东在全党的领导地位，才纠正了这个错误。

（3）共产党人应否参加资产阶级议会

德、英、荷、意等国的"左派"，宣扬议会制在政治上历史上已经过时，并为了用"革命精神"反抗第二国际领袖在议会中的卑鄙行为，拒绝参加资产阶级议会。列宁批驳了这种轻浮和有害的策略，强调共产党人正确地利用资产阶级议会，是争取群众的重要策略手段。列宁指出，把议会制在政治上过时与历史上过时混为一谈是错误的：议会制在历史上确已过时，因为从俄国十月革命时起，资产阶级议会制度的时代即已终结，一个新的时代，即苏维埃无产阶级专政的时代到来了；但议会制在政治上并未过时，因为资本主义国家工人阶级中的大多数人仍然信任议会，还没有准备在马克思主义的旗帜下去进行推翻资本主义政权和建立无产阶级专政的斗争，而只有当最广大的群众认识到资产阶级议会是资产阶级欺骗人民的工具，认识到资产阶级借助议会掩盖自己的专政时，议会才会在政治上过时。议会制对党来说是过时的，但对阶级来说并未过时。"可是问题恰恰在于不能认为对于我们已经过时的东西，对于阶级、对于群众也已经过时。"

列宁认为，共产党人原则上是可以参加资产阶级议会的。共产党人参加资产阶级议会的目的不是像第二国际各国党那样去进行正常的立法，把议会斗争看成是阶级斗争唯一和主要的形式，而是把议会斗争看作是配合议会外阶级斗争的一种手段，把议会作为讲坛，通过议会去揭露资产阶级的反动政策和争取教育广大群众，这就是共产党议会党团的任务。所谓共产党人原则上可以参加资产阶级议会，并不是说任何时候都应参加，决定参加资产阶级议会是否适当的最高标准是：参加议会能否为巩固党和争取群众的事业服务。在列宁的领导下，布尔什维克党对杜马（议会）采取了高潮时抵制、低潮时参加的灵活策略，夺取政权后召开又解散了立宪会议，都是成功地利用资产阶级议会的典范。

（4）共产党人应当如何正确对待妥协？

西欧一些共产党"左派"反对妥协的策略，宣称妥协是机会主义的，说承认妥协就玷污了马克思主义的纯洁性，就抹杀了马克思主义同机会主义的界限。"左派"否认一切妥协，说明他们不了解争取群众的重要，暴露了他们是一批宗派主义者。

列宁指出，共产党人不能一概拒绝妥协，有些妥协是容许的。妥协之所以必要，首先是因为敌人既是强大的又是矛盾重重的，要想战胜敌人，就必须利用暂时同路人，以集中一切力量打击当前主要敌人，由此就产生了同暂时同路人的妥协策略；其次还由于在无产阶级和劳动群众中有中间阶层和小生产者存在，它们动摇于无产阶级和资产阶级之间，为了战胜资产阶级和改造这些半无产阶级，就产生了对同盟者的妥协问题；此外，有时也由于被客观环境所迫，为保存革命实力，赢得时间，不得不直接和敌人妥协。

列宁强调，是否妥协要以妥协的性质为转移。列宁说，有两种不同性质的妥协。一种是放弃无产阶级的目的和任务的机会主义的叛卖性的妥协。第二国际机会主义者和俄国孟什维克在第一次世界大战期间同本国帝国主义政府的妥协就属于这种性质。共产党人必须坚决反对这种妥协。另一种是为了发展革命事业，在某种困难条件下不得不实行的必要的妥协，这种妥协是容许的。列宁用一个通俗的例子说明两种不同性质的妥协。他说："应当学习区分这样的两种人：一种人把钱和武器交给强盗，为的是要减少强盗所能加于的祸害和便于后来捕获、枪毙强盗；另一种人把钱和武器交给强盗，为的是要入伙分赃。""左派"不了解有两种不同性质的妥协，因而在反对机会主义妥协的同时，从根本上否认了一切妥协、通融和机动的必要。列宁认为，"'原则上'反对妥协，不论什么妥协都一概加以反对，这简直是难于当真对待的孩子气。"

妥协的实质，从战略意义上讲，是利用暂时同路人和联合同盟者的问题；从策略意义上讲，是实行迂回进攻的策略。列宁引证俄国伟大的革命民主主义者车尔尼雪夫斯基的话说："政治活动并不是涅瓦大街的人行道。"共产党人要取得共产主义事业的胜利，不仅要有直接进攻的策略，也要有迂回包围的策略。在通向共产主义的道路上，事先就拒绝一切通融和妥协，正如列宁所说："这岂不是可笑到了极点吗？这岂不是正像我们千辛万苦攀登一座未经勘察、人迹未到高山，却预先拒绝有时要迂回前进，有时要向后折转，放弃已经选定的方向而试探着从不同的方向走吗？"列宁说，自车尔尼雪夫斯基以来，俄国革命家由于忽视或忘记了这个真理，遭受了巨大的牺牲。我们无论如何要使左派共产党人以及西欧和美国忠于工人阶级的革命家，不至于像落后的俄国人一样，付出那样昂贵的代价来领会这个真理。

列宁指出，布尔什维克党在自己的历史上有过许多为发展革命事业而实行的成功的妥协。例如：早期为战胜民粹派同合法马克思主义者的妥协；1903—1912年同孟什维克维持在一个党内的妥协；十月革命胜利初期在组织政府上同"左派"社会革命党人的妥协;1918年为保存年轻的苏维埃共和国在布列斯特和约问题上同德国帝国主义的妥协,等等。列宁关于正确对待妥协的策略思想,已被世界各国共产党,包括我们党在内,创造性地运用和发展。

4. 理论和实践意义

列宁所著《"左派"幼稚病》一书的内容极为丰富,它充实、丰富和发展了马克思主义的战略策略思想,是世界各国共产党人反对"左"倾机会主义的强大思想武器。在民主革命时期,毛泽东特别重视读列宁的《社会民主党在民主革命中的两种策略》和《共产主义运动中的"左派"幼稚病》两本书。他用前一本书反对党内的右倾机会主义,用后一本书反对党的"左"倾机会主义。彭德怀回忆说,1933年,接到毛主席寄给我的一本《两个策略》,上面用铅笔写着:此书要在大革命时读着,就不会犯错误。在这以后不久,他又寄给一本《"左派"幼稚病》,这两本书都是在打漳州时得到的,他又在书上面写着:你看了以前送的那一本书,叫做知其一而不知其二;你看了《"左派"幼稚病》才会知道"左"与右同样有危险性。1948年4月,在人民解放军即将转入战略反攻的重要时刻,毛泽东又重读了《"左派"幼稚病》的第二章,并在书的封面上写了一个批语:"请同志们看此书的第二章,使同志们懂得,必须消灭现在我们工作中的某些严重的无纪律状态或无政府状态。"中宣部及时发出毛泽东的这一指示,要求全党认真学习这本书的第二章。在我国改革开放和社会主义现代化的新时期,认真学习此书,对于排除"左"和右的干扰,必将起到重大的作用。根据我们党的历史经验,"左"和右哪一种倾向是主要危险不是固定不变的;应当有"左"反"左"、有右反右;反"左"时应注意防止"右",反右时应注意防止"左",一种倾向掩盖着另一种倾向,对一种倾向反过了头,会助长另一种倾向。在当前,"左"和右都是指围绕"一个中心,两个基本点"的基本路线上出现的倾向性问题,即从两个极端偏离了党的基本路线。不能把思想认识问题和工作中的不同意见,随意上纲为政治倾向的"左"和右,以防止乱扣帽子、乱打棍子,从而影响党内团结。

三 余源培:《论列宁对共产主义运动中"左派"幼稚病的批判》[①]

1. 列宁剖析"左派"共产主义思潮的根源

"左派"共产主义思潮在当时已经不是个别国家的现象,而是具有一定的普遍性。为了在它当露头之际就予以及时医治,列宁首先揭示了"左派"共产主义产生的根源。

首先,列宁认为"左派"所表现出来的革命性不是无产阶级的革命性,而是小资产阶级革命。它产生的经济基础是某些国家以至世界范围内经济和社会发展的不平衡,即存在相当数量的小资产阶级或小商品生产,城市小资产阶级的农民不断加入无产阶级队伍,给它带来无政府主义和极端革命的小资产阶级意识形态。列宁写道:"马克思主义者在理论上完全认定,并且欧洲一切革命和革命运动的经验也充分证实:小私有者,即小业主(这一类型的社会阶层在欧洲许多国家中都十分普遍地大量存在着),由于在资本主义制度下经常受到压迫,生活往往急剧地、迅速地恶化,以至于破产,所以容易转向极端的革命性,而不能再现出坚韧性、组织性、纪律性和坚定性。""这种革命性动摇不定,华而不实,它的特性是很快会转为俯首听命、消沉颓丧、耽于幻想,甚至转变为'疯狂地'醉心于这种或那种资产阶级的'时髦'思潮。"

其次,"左派"共产主义思潮的产生是同历史发展的转折关头联系着的。列宁认为:"历史上每一次独特的转变,都使小资产阶级的动摇在形式上有所改变。小资产阶级的动摇总是发生在无产阶级的周

[①] 选自余源培:《论列宁对共产主义运动中"左派"幼稚病的批判》,载《学术界》1994年第5期,第4—9页。此处摘选该文重要观点。

围,总是在一定程度上渗入无产阶级的队伍。"这些人缺乏革命锻炼,不能理解社会发展的辩证性质。他们教条主义地掌握马克思主义,不善于把它运用于变化了的具体情况。他们害怕困难,缺乏革命的坚韧性,从主观愿望出发,忽视无产阶级革命必需的主观和客观条件,不善于克服困难,企图依靠革命的激情摆脱困难,这就导致"左"的冒险主义。

再次,"左派"共产主义思潮也是对第一次世界大战前夕和大战期间西欧工人运动中"左"倾机会主义的一种反动。右倾机会主义搞叛卖性的妥协和议会道路,部分工人对这种改良主义的愤怒不满,极容易情绪化而导致另一个极端,产生策略上的片面性和"左"倾。因此,列宁写道:"无政府主义往往是对工人运动中机会主义罪过的一种惩罚。这两种畸形东西是互相补充的。"这就要求科学地进行反倾向斗争,在注意一种主要的错误倾向时,要注意掩盖着的另一种倾向,防止"左"右摇摆。出于这种考虑,列宁在《共产主义运动中的"左派"幼稚病》一书中,并不仅仅限于批评"左派"共产主义者,同时还揭露了右倾机会主义和中派主义在书中所涉及的一系列重要问题上的错误立场和主张,指出"他们成了反动分子,成了最坏的机会主义和背叛社会主义行为的辩护人。"

第四,"左派"共产主义思潮产生的又一根源,是理论上离开了马克思主义。列宁强调,无产阶级政党的政治战略和策略应当建立在科学基础之上,即建立在发展着的马克思主义基础之上。为此,列宁特别回顾了俄国进步思想界寻找革命理论的艰辛过程,说明俄国革命走上胜利的道路并不是一帆风顺的,必须把无产阶级革命政党建立在最坚固的马克思主义基础之上。但"左派"对此是很不理解的。鉴于此,列宁在《共产主义运动中的"左派"幼稚病》中,把对"左派"错误地批评,非常注意上升到理论的高度,从而使本书阐述了历史唯物主义和辩证唯物主义的许多基本原理。

2. 揭示革命的基本规律

共产主义运动中的"左派"任凭革命的愿望和激情,似乎只要有一批革命者想干，革命就在任何时候都可以开始，并且很快可以取得胜利。列宁批驳了这种主张，指出无产阶级"政治是一种科学，是一种艺术。"依据俄国和国际革命运动的经验，列宁深刻地指出："一切革命，尤其是二十世纪俄国三次革命所证实了的革命基本规律就是：要举行革命，单是被剥削压迫群众感到不能照旧生活下去而要求变革，还是不够的；要举行革命，还必须要剥削者也不能照旧生活和统治下去。只有当'下层'不愿照旧生活而'上层'也不能照旧生活和统治下去的时候，革命才能获得胜利。"这个真理的另一个说法是："没有全国性的（既触动被剥削者又触动受剥削者的）危机，革命是不可能的。"列宁的这一论述，为共产党人在自己的战略中正确估计无产阶级革命客观条件和主观条件是否成熟指明了方向。

确定斗争形式和方法是共产党人策略的重要组成部分，列宁极其注意这个问题。无产阶级革命历史的内容是极其丰富和生动活泼的，随着群众斗争的发展，必然会产生越来越多的斗争形式。在政治上要比在军事上更难预料将来哪一种斗争形式更为有利。因此列宁号召，第一，"必须善于毫不遗漏地掌握社会活动的一切形式或方面"；第二，在旧形式中注入新的内容。为了战胜资产阶级，共产党人应当掌握一切形式，甚至是最古老的、"散发霉气"的形式。但是，同时要求"改造"这些形式，丰富这些形式，"在一切活动场所都应当提供……在原则上最新的……东西"。第三，"必须时刻准备着最迅速和突然地用一种形式来代替另一种形式"。

国际共产主义运动中的"左派"，则顽固地拒绝利用某些旧的形式，拒绝学会用一种形式去代替或补充另一种形式，他们的错误则在于"看不见新内容正在通过各种各样的形式为自己开辟道路"。

3. 论述革命道路的曲折性

共产主义运动中的"左派"的一个特征就是冒险主义。他们把自己的急躁当作理论上的根据，提出"不作任何妥协"的口号，把革命发展的道路设想得笔直又笔直，把革命发展的条件设想得纯粹又纯粹。

针对这种幼稚病，列宁揭示了革命发展道路的曲折性，论述了革命与妥协、前进与后退的辩证关系。他引用车尔尼雪夫斯基的名言："政治活动并不是涅瓦大街的人行道"，指出自车尔尼雪夫斯基以来，俄国革命由于忽视或忘记了这个真理，曾经遭受到无数的牺牲。社会主义事业是人类历史上的崭新事业，无产阶级革命是在艰难困苦中进行的伟大事业，它不可能一帆风顺、一蹴即成。无产阶级政党在进行着这样的事业，列宁强调，共产党人在进行社会主义革命事业时，为了战胜强大的敌人，应当把对共产主义的无限忠诚同善于在革命实践中进行必要妥协二者辩证地结合起来。

列宁进一步指出，共产党人必须善于区别两种不同性质的妥协：一种是革命的妥协，这是为客观条件所迫而作的妥协，是为更好的前进而后退，这种妥协丝毫不会动摇革命者对革命的忠诚和继续斗争的决心；另一种是叛徒的妥协，他们把一切都推到客观的原因上，而实际上却是贪图实利，为了一碗红豆汤而放弃自己的长子权，或屈服于资本家的威胁，或迷惑于资本家的收买，而甘愿背叛无产阶级革命事业。

共产主义运动中的"左派"不愿意开动脑筋，去正确确定某一种妥协的真正性质，而是异想天开地企图编造出一种适合于现在任何情况的共同药方。列宁认为，这是忽视任何困难和错综复杂的主观设想，实际上是不可能的。"有各种各样的妥协。应当善于分析每个妥协或每个变相的妥协的环境和具体条件，应当学习区分这样的两种人：一种人把钱和武器交给强盗，为的是减少强盗所能加于的祸害，以便后来容易捕获和枪毙强盗；另一种人把钱和武器交给强盗，为的是要入伙分赃。"当然，在政治上绝不总像这个简单的例子那么容易分辨，但是革命家必须在实际斗争中学会这种本领。幼稚而毫无经验的人们，以为只要一般地承认容许妥协或者"不作任何妥协"，就会把机会主义和马克思主义之间的界限划清，这是很荒谬的，因为"这些人还不懂得自然界和社会中的一切界限都是可变动的，而且在某种情况上都是有条件的。"

列宁对革命道路曲折的论述，后来发展在社会主义建设过程中对改良的看法。列宁认为，在无产阶级取得政权以前，改良是无产阶级反对资本主义的革命斗争的副产品,是阶级斗争的辅助手段。因此,反对用改良取代革命的改良主义。但是,列宁作为辩证法的大师,他又指出在社会主义条件下,"无产阶级即使在一个国家取得胜利以后,改良同革命的关系也会产生一种新的内容。"列宁要求人们冷静地思考在社会主义条件下的革命与改良的关系,检查一下"在经济建设的根本问题上"应该善于在什么条件下按革命方式行动,以及应该善于在什么时候、什么环境、什么场合采取"审慎迂回的行动方法",即改良的方法。

列宁指出,他关于改良在无产阶级胜利以前和胜利以后的不同提法,"无论在理论上和实践上,都引起了许多问题和疑虑"。"对于一个真正的革命家来说,最大的危险……就是夸大革命性,忘记适当地和有成效地运用革命方法的限度和条件。真正的革命家如果开始用大写字母开头写'革命'二字,把'革命'奉为几乎是神圣的东西,丧失理智,不能最冷静最清醒地考虑、权衡和检查一下……那么他们就最容易为此而碰得头破血流。真正的革命家,如果失去清醒的头脑,一心设想什么'伟大的、胜利的、世界性的'革命在任何场合、任何情况下都能够而且应该用革命方式来解决种种任务,那他们就会毁灭,而且一定会遭到毁灭(不是指他们事业的表面的失败,而是指内部的破产)"。基于这一看法,1921年列宁明确指出:"目前的新事物,就是我国革命在经济建设的根本问题上,必须采取'改良主义的'、逐渐的、审慎迂回的行动方法。"这就是新经济政策。

4. 阐述历史发展中统一性与多样性的辩证法

共产主义运动中的"左派"幼稚病的再一个特征是教条主义,不懂得如何将十月革命的经验与本国的具体实践相结合。为此,列宁在《共产主义运动中的"左派"幼稚病》中提出了一个重要的问题让人们思考:究竟在什么意义上可以说俄国革命具有国际意义?在回答这一问题时,列宁深刻地阐述了历史发展进程中统一性和多样性的辩证法。

列宁在《哲学笔记》中曾经探讨了一般与特殊的辩证法,认为世界上既没有纯粹的普遍性,也没有纯粹的特殊性,"对立面(个别跟一般相对立）是同一的：个别一定与一般相联而存在。一般只能在个别中存在，只能通过个别而存在。"正是在这一辩证法思想的指导下，1916年他明确指出："在人类从今天的帝国主义走向明天的社会主义革命的道路上，同样表现出这种多样性。一切民族都将走向社会主义，这是不可避免的，但是一切民族的走法却不完全一样。在民主的这种或那种形式上，在无产阶级专政的这种或那种类型上，在社会生活各方面的社会主义改造的速度上，每个民族都会有自己的特点。再没有比'为了历史唯物主义'而一律用浅灰色给自己描绘这方面的未来，在理论上更贫乏，在实践上更可笑的了。"后来，他又进一步指出："由于开始建立社会主义时所处的条件不同，这种过渡的具体条件和形式必然是而且应当是多种多样的。地方差别、经济结构的特点、生活方式、居民的觉悟程度和实现这种或那种计划的尝试等等，都一定会在国家劳动公社走向社会主义道路的特点中反映出来。这种多样性越是丰富（当然，不是标新立异），我们就能愈可靠愈迅速达到民主集中制和实现社会主义的经济。"

十月革命的本身就是马克思主义普遍原理与帝国主义时代俄国的具体实际相结合的产物。那么，它是否具有国际的普遍意义呢？考茨基等人认为，十月革命只是"出现在落后俄国的偶然事件"，"不能期待历史的重演"，当然对先进的欧洲也是没有指导意义的，针对这种右的倾向，列宁指出，尽管落后的俄国同先进西欧有很大区别，但是特殊之中具有普遍性，俄国"革命的某些基本特点所具有的意义，不是地方性的、一国特殊的、单单俄国的意义，而是国际的意义"。十月革命"具有在国际范围内重演的历史必然性"。

但是，列宁也反对教条主义的"左"的倾向。这些人只会依样画葫芦地机械照抄照搬十月革命的经验，不懂得它的实质，更不懂得要把普遍原理同具体实践结合起来。针对这种错误倾向，列宁强调指出，十月革命的普遍国际意义是"按最狭义来说的"，而不是按"广义来说的"。也就是说，十月革命的国际意义是指它的基本原则，而不是指它的所有特点和许多次要特点。如果把俄国的全部做法都来个机械照搬，按照一个尺寸和固定的程度制造出一个模式的社会主义,那就是思想懒汉,是犯了"一种极大的错误"。国际共产主义运动要求指导思想上的统一,但决不取消民族判别和统一前提下的多样性。它要求在"运用共产主义基本原则时,把这些原则在细节上正确地加以改变,使之正确地适应和运用于民族国家的差别"。第一个国家的无产阶级政党在解决自己的革命任务时,"要善于把共产主义共同的和基本的原则应用到各阶级和各政党相互关系的特点上去,应用到向共产主义客观发展的特点上去,这种特点每个国家各不相同。我们应该善于研究、探求和揣测这种特点"。在这方面,必须反对千篇一律、死板划一、完全雷同,需要的是革命的创造精神。列宁在领导共产国际的整个过程中,始终都注意反对教条主义。

列宁特别关注东方革命。他认为帝国主义战争唤醒了东方,把东方各族人民卷入了国际政治生活。但是,列宁十分肯定地认为,东方落后国家的革命必定是具有自己的特点。"俄国是个介于文明国家和初次被这次战争完全拖进文明之列的整个东方各国或欧洲以外之间的国家,所以俄国可能表现出而且必然表现出某些特殊性,这些特殊性固然并不越出世界发展的共同路线,但是使俄国革命显得有别于以前西欧各国的革命,而且在转向东方国家时这些特殊性又会带有某些局部的新东西。""在东方那些人口无比众多、社会情况无比复杂的国家里,今后的革命无疑会比俄国的革命带有更多的特色。"因此,列宁谆谆嘱托东方的无产阶级及其政党领导人:"你们面临着一个全世界共产主义者所没有遇到过的任务,就是你们必须以一般共产主义的理论和实践为依据,适应欧洲各国所没有的特殊条件,善于把这种理论和实践运用于主要群众是农民、需要解决的斗争任务不是反对资本而是反对中世纪残余这样的条件"。

5. 提出具体分析情况是马克思主义活的灵魂

列宁在反对共产主义运动中的"左派"幼稚病中理论上最大的贡献,就是在马克思主义哲学的发展史上,第一次鲜明提出了:"马克思主义的最本质的东西、马克思主义的活的灵魂，是具体的分析具体的情况。"这是对马克思主义真理论和方法论的重要贡献，体现了唯物论和辩证法的高度统一。

在列宁的毕生革命活动中，上述观点是具有决定性意义的东西。虽然明确提出是1920年，但这一基本原理的最主要的内在要求早在1905年就已揭示，这就是："真理总是具体的。"

十月革命后，列宁对共产主义运动中的"左派"的批评，差不多每一篇文章都贯穿着真理具体性的论断，1918年布列斯特和约的签订，就是列宁对具体情况进行具体分析的典范。他在《沉痛的但是必要的教训》一文中，说到关于"我们把一切希望寄托在欧洲社会主义的胜利"这个口号时，就反对抽象而空洞地提出这个问题："这个口号是一条真理，如果考虑到社会主义的彻底胜利是要经过漫长的、艰苦的道路的话。这个口号是一条无庸争辩的、哲学的、历史的真理，如果把整个'社会主义革命时代'当作一个整体来看的话。但是任何一个抽象的真理，如果用在任何一个具体的情况，它就会变成空谈。""一切抽象的真理，如果应用时不加以分析，都会变成空谈。"马克思主义者要求，必须"在具体历史情况下提出问题……"再譬如对待妥协，列宁也认为有各种各样的妥协，应当善于进行具体分析。在错综复杂的情况下，如果不善于进行具体分析，要求拟定一个适合于一切情况的一般原则——"不作任何妥协"，那是荒谬的。

共产国际中的"左派"幼稚病患者，不懂得"具体情况具体分析"这一马克思主义活的灵魂，表现出思想方法的"死板"和"僵化"。针对他们的教条主义习气，列宁又进一步论述了真理和错误的转化。恩格斯早就指出："真理和谬误，正如一切在两极对立中运动的逻辑范畴一样，只是在非常有限的领域之内才有绝对的意义；……如果我们企图在这一领域之外把这种对立当作绝对有效的东西来应用，那我们就会完全遭到失败；对立的两极都向自己的对立面转化，真理变成谬误，谬误变成真理。"任何真理都有自己适用的范围，如果超过这个范围，真理便会变成谬误。共产主义运动中的"左派"教条主义者不懂得这个道理，他们常常企求包治百病的丹方，喜欢讲"过火"的话，做"过头事"。许多在一定条件下具有正确性的观点和办法，到了他们手里就变成了谬误。原因就在于他们不分时间、地点、条件地机械套用真理，背离从实际出发的要求。针对他们的教条习气，列宁深刻地指出：自然界和社会中的一切界限都是相对的、可变动的，而且在某种程度上都是有条件的，人的认识只要多走一步，哪怕仿佛是向同一方面迈的一小步，真理便会变成错误。"因为任何真理，如果把它说得'过火'（如老狄慈根所指出的那样），加以夸大，把它运用到实际所能应用范围以外去，便可以弄到荒谬绝伦的地步。"这就告诉人们，确定真理的适用条件和范围，是掌握、运用和深化真理的必要条件，也是"具体情况具体分析"的根本要求。

附录 II　延伸阅读书目

一、著作类

[1]《列宁全集》第 34 卷，北京：人民出版社 1985 年版。

[2]《列宁全集》第 39 卷，北京：人民出版社 1986 年版。

[3]《列宁专题文集（论无产阶级政党）》，北京：人民出版社 2009 年版。

[4]《列宁专题文集（论社会主义）》，北京：人民出版社 2009 年版。

[5]《列宁选集》第 4 卷，北京：人民出版社 1995 年版。

[6]《列宁选集》第 4 卷，北京：人民出版社 1972 年版。

[7] 北京图书馆编：《列宁著作在中国（1919—1992 年文献调研报告）》，北京：书目文献出版社 1995 年版。

[8] 本书编写组：《〈列宁选集〉简介》，沈阳：辽宁人民出版社 1985 年版。

[9] 中国人民大学科学社会主义系编：《国际共产主义运动史文献史料选编》，北京：中国人民大学出版社 1986 年版。

[10] 本书编写组：《马克思恩格斯列宁斯大林论共产主义社会》，北京：人民出版社 1958 年版。

[11] 列宁：《共产主义运动中的"左派"幼稚病》，北京：人民出版社 1975 年版。

[12] 张蔚萍、张列军：《马克思主义政党学说概论》，兰州：甘肃

人民出版社 1984 年版。

［13］赵云献、杨杰：《马克思主义政党学说史略》，兰州：甘肃人民出版社 1985 年版。

［14］人民出版社编辑部编：《列宁是中国人民伟大的朋友和导师》，北京：人民出版社 1951 年版。

［15］范若愚：《马克思列宁主义和中国革命》，北京：中共中央党校出版社 1983 年版。

［16］张仲实：《列宁传略》，西安：陕西人民出版社 1984 年版。

［17］季正矩：《列宁传》，北京：人民日报出版社 2009 年版。

［18］陶文昭、郭悦、邹星：《列宁传》，北京：当代世界出版社 1998 年版。

［19］徐觉哉、孙常敏：《列宁的足迹》，上海：上海人民出版社 1984 年版。

［20］匡亚明：《学习列宁的风格》，上海：上海人民出版社 1979 年版。

［21］储瑞耕：《列宁——人民的公仆》，石家庄：河北人民出版社 1981 年版。

［22］人民出版社编辑部编：《列宁论新型的革命的无产阶级政党》，北京：人民出版社 1960 年版。

［23］《列宁斯大林论中国》，北京：人民出版社 1963 年版。

［24］中共中央组织部、中共中央宣传部、中共中央编译局：《马列主义经典著作选编学习导读》，北京：学习出版社 2011 年版。

［25］侯少文、阮青、刘海涛、曹普：《马克思主义经典著作先导读》，北京：红旗出版社 2011 年版。

［26］俞可平主编：《马列经典在中国六十年》，北京：中央编译局出版社 2010 年版。

［27］《中华魂》编辑部编：《认真读点马列原著 20 讲》，北京：中央文献出版社 2006 年版。

［28］赵广：《科学社会主义经典著作导读》，北京：中共中央党出

版社 1998 年版。

［29］中共中央党校本书编写组：《马列著作选读（科学社会主义）讲解》，北京：中共中央党校出版社 1989 年版。

［30］中共中央党校经典著作选编组编：《列宁论科学社会主义》，北京：中共中央党校出版社 1987 年版。

［31］俞良早：《关于列宁学说的论争》，北京：中共中央党校出版社 2006 年版。

［32］俞良早：《创论"东方列宁学"》，南京：南京师范大学出版社 2004 年版。

［33］许俊达主编：《马克思主义经典文本解读新编》，合肥：安徽大学出版社 2010 年版。

［34］高放：《社会主义的过去、现在和未来》，北京：北京出版社 1982 年版。

［35］陈公博：《共产主义运动在中国》，北京：中国社会科学出版社 1982 年版。

［36］赵云献：《列宁建党学说概述》，北京：北京出版社 1984 年版。

［37］苑秀丽：《理想与现实：列宁的两制关系思想及当代启示》，北京：新华出版社 2007 年版。

［38］杨祝华：《列宁论继承 借鉴 利用资本主义》，郑州：河南人民出版社 1994 年版。

［39］任玉秋等：《列宁主义与现时代》，杭州：浙江人民出版社 1997 年版。

［40］本书编写组：《列宁与社会主义建设》，北京：人民出版社 1985 年版。

［41］周敞等：《苏共执政模式研究》，上海：上海人民出版社 2010 年版。

［42］马绍孟、杨焕章、谢淀波主编：《列宁哲学的理论和实践》，北京：中国人民大学出版社 1998 年版。

［43］韩佳辰主编：《国际共产主义运动史大事记》（第1卷），上海：知识出版社1986年版。

［44］杭州大学、安徽大学、湖北大学、苏州大学、南京大学合编：《简明国际共产主义运动史辞典》，合肥：安徽人民出版社1985年版。

［45］江沛：《红卫兵狂飙》，郑州：河南人民出版社1994年版。

［46］傅如良：《列宁的公仆理论与当代中国》，长沙：湖南人民出版社2000年版。

［47］张士海：《"列宁主义"历史流变研究》，济南：山东大学出版社2012年版。

［48］阮青主编：《马克思主义经典著作精选导读》，北京：中共中央党校出版社2011年版。

［49］俞可平、李慎明、王伟光主编：《马克思主义研究论丛》，北京：中央编译出版社2005年版。

［50］本书编写组：《国际共产主义运动史》，北京：人民出版社、高等教育出版社2012年版。

［51］吴家庆主编：《科学社会主义的理论和实践》，长沙：湖南师范大学出版社1999年版。

［52］宋元林：《网络文化与人的发展》，北京：人民出版社2009年版。

［53］吴克明主编：《科学社会主义导论》，长沙：国防科技大学出版社2005年版。

［54］吴克明、朱红梅编著：《东西方文明导论》，长沙：湖南教育出版社2004年版。

［55］吴克明等主编：《科学发展观概论》，湘潭：湘潭大学出版社2009年版。

［56］吴克明：《毛泽东统战观及其当代发展》，香港：香港天马出版有限公司2013年版。

［57］吴克明：《文明视野下思想政治教育环节研究》，北京：中国

书籍出版社 2015 年版。

[58] 吴克明：《从逻辑理路到机制培育——网络文化与加强党的执政能力建设研究》，北京：中国社会科学出版社 2015 年版。

[59] 吴克明、黄源钰：《马克思主义中国化专题研究》，北京：中国诗词楹联出版社 2016 年版。

[60] 吴克明等：《形势与政策》，北京：新华出版社 2015 年版。

[61] 中央编译局世界社会主义研究所编：《当代国外社会主义：理论与模式》，北京：中央编译出版社 1998 年版。

[62] 本书编写组：《社会主义思想史》（上、下册），北京：中共中央党校出版社 1984、1988 年版。

[63] 高放、黄达强主编：《社会主义思想史》（上、下册），北京：中国人民大学出版社 1987 年版。

[64] 萧贵毓、张海燕主编：《社会主义思想史纲》，北京：中共中央党校出版社 1998 年版。

[65] 陈汉楚编：《社会主义在中国的传播和实践》，北京：中国青年出版社 1984 年版。

[66] 王继平等：《中国社会主义思想通史简编》，长沙：湖南人民出版社 2007 年版。

[67] 郭圣福等：《中国共产党社会主义认识史》，北京：中国社会科学出版社 2004 年版。

[68] 曹浩瀚：《列宁革命思想研究》，北京：中央编译出版社 2012 年版。

[69] 俞敏等：《列宁后期重要著作与理论创新》，北京：人民出版社 2012 年版。

[70] 列宁：《共产主义运动中的"左派"幼稚病》，莫斯科：外国文书籍出版局 1950 年版。

[71] 列宁：《共产主义运动中的"左派"幼稚病》，莫斯科：新闻出版局 1970 年版。

[72]〔苏〕格·马·克尔日札诺夫斯基：《伟大的列宁》，彭卓吾

译，北京：档案出版社 1987 年版。

[73]〔苏〕普·凯尔任采夫：《列宁传》，企程、朔望译，北京：生活·读书·新知三联书店 1975 年版。

[74]〔苏〕奥库洛夫等：《反对修正主义》，陈安等译，北京：生活·读书·新知三联书店 1961 年版。

[75]〔苏〕L.儒巴克：《怎样研读列宁的左派幼稚病》，徐健译，上海：书报杂志联合发行所 1950 年版。

[76]〔美〕路易斯·费希尔：《神奇的伟人——列宁》，彭卓吾译，北京：中国社会科学出版社 1989 年版。

[77] Van der Linden,"On Council Communism",*Journal of Historical Matarialism*,Vol.12,No.4,2004.

二、论文类

[1]《布尔什维克成功的基本条件之一——列宁著〈"左派"幼稚病〉第二章》，载《人民日报》1948 年 6 月 16 日。

[2]赵宝煦：《怎样阅读列宁的〈共产主义运动中的"左派"幼稚病〉》，载《读书月报》1957 年第 12 期。

[3]刁田丁：《介绍列宁著〈共产主义运动的"左派"幼稚病〉一书》，载《中南财经政法大学学报》1959 年第 7 期。

[4]临汾市人民武装部理论组：《为巩固无产阶级专政加强革命纪律——学习〈共产主义运动中的"左派"幼稚病〉第二章的一点体会》，载《山西师大学报》（社会科学版）1957 年第 1 期。

[5]宫云思、梁旭原：《加强党的领导巩固无产阶级专政——学习〈共产主义运动中的"左派"幼稚病〉第二、五章》，载《南京师大学报》（社会科学版）1975 年第 3 期。

[6]邹积贵：《学习列宁关于领袖、政党、阶级、群众相互关系的学说——〈共产主义运动中的"左派"幼稚病〉第五章读书笔记》，载《齐鲁学刊》1977 年第 1 期。

［7］苏永贻：《把小资产阶级思想引导到无产阶级革命的轨道——读〈共产主义运动中的"左派"幼稚病〉一书的笔记片断》，载《广西师范大学学报》（哲学社科版）1979年第1期。

［8］李宗禹：《1918—1922年国际共运中的"左"倾思潮和列宁对它的批判》，载中央编译局国际共运史研究室编：《国际共运史研究资料》第1辑，1981年1月。

［9］杨彦君：《"左派共产主义者"的国内政策和列宁对它的批判》，载中央编译局国际共运史研究室编：《国际共运史研究资料》第2辑，1981年3月。

［10］陈再凡：《共产国际内部反对"左"右倾机会主义的斗争》，载中央编译局国际共运史研究室编：《国际共运史研究资料》第12辑，1984年10月。

［11］马仲扬：《共产党人与政治科学——纪念〈共产主义运动中的"左派"幼稚病〉写作65周年》，载《马克思主义研究》1985年第5期。

［12］宁正宁：《对〈"左派"幼稚病〉的再研究》，载《天津师范大学学报》（社会科学版）1989年第4期。

［13］汪庆文：《无产阶级政党建设的两个重要问题：读列宁的〈共产主义运动中的"左派"幼稚病〉一书》，载《理论探讨》1989年第5期。

［14］陈延琪：《一个具有国际意义的伟大构想——"一国两制"：学习列宁〈共产主义运动中的"左派"幼稚病〉一点体会》，载《新疆社会科学》1990年第4期。

［15］杨红：《一部正确指导马克思主义政党反对"左"倾的重要著作——学习列宁〈共产主义运动中的"左派"幼稚病〉的体会》，载《惠州学院学报》1993年第1期。

［16］余源培：《论列宁对共产主义运动中的"左派"幼稚病的批判》，载《学术界》1994年第5期。

［17］钱梅根：《以列宁为榜样，正确进行反倾向斗争：学习〈共

产主义运动中的"左派"幼稚病〉的启示》,载《中共浙江省委党校学报》1995 年第 1 期。

[18] 俞良早:《列宁关于党建的若干重要理论——学习〈列宁专题文集——论无产阶级政党〉》,载《人民论坛》2011 年第 01 期(中)。

[19] 俞良早:《论坚持党的领导、纪律和正确的思想路线——纪念列宁〈共产主义运动中的"左派"幼稚病〉发表 80 周年》,载《中共成都市委党校学报》2000 年第 2 期。

[20] 齐仲:《〈"左派"幼稚病〉:革命战略和策略的指南——〈读点马列原著讲座〉之十六》,载《中华魂》2006 年第 1 期。

[21] 赵曜:《马克思主义战略和策略的通俗讲话——读〈共产主义运动中的"左派"幼稚病〉》,载《高校理论战线》2006 年第 9 期。

[22] 戴隆斌:《读列宁〈共产主义运动中的"左派"幼稚病〉》,载《党建研究》2012 年第 3 期。

[23] 彭润金:《战略和策略是社会主义从科学到实践的指南——读列宁的〈共产主义运动中的"左派"幼稚病〉》,载《江西行政学院学报》2012 年第 4 期。

[24] 赵庆元:《也谈经济决定论的"历史指认"——兼与万平、李文峰同志商榷》,载《社会科学论坛》2012 年第 10 期。

[25] 邢思瑶:《反对"左"倾思潮的世纪性反思——〈共产主义运动中的"左派"幼稚病〉的再思考》,内蒙古师范大学硕士学位论文 2011 年 4 月。

[26] 宁锦歌:《列宁晚年政党思想研究》,河北师范大学博士学位论文 2012 年 5 月。

[27] 翟丽艳、孙士江、陆仁权:《中国共产党在西柏坡时期谱写了学习马克思主义的光辉篇章》,载《中共石家庄市委党校学报》2011 年第 10 期。

[28] 吴克明:《论中国共产党对社会主义认识的四个时期》,载《湖南科技大学学报》(社会科学版)2012 年第 1 期。

［29］吴克明、李金榕：《法德并举：社会主义先进文化建设的网络文化路径》，载《湘南学院学报》2012年第3期。

［30］吴克明：《列宁理论批判精神的当代启迪——以〈共产主义运动中的"左派"幼稚病〉为例》，载《湖南科技大学报》2012年4月20日第3版。

［31］陈晋：《结合实际条件读经典——毛泽东读〈两种策略〉和〈"左派"幼稚病〉》，载《学习时报》2013年7月18日第006版。

［32］郁志龙：《浅析列宁提高无产阶级政党战斗力的思想——读〈共产主义运动中的"左派"幼稚病〉》，载《中共云南省委党校学报》2014年第1期。

［33］高放：《世界社会主义五百年历史的观察与思考》，载《观察与思考》2016年第9期。

附录Ⅲ 列宁《幼稚病》写作和出版年表

（1920年4月—7月）

4月—5月　列宁写作《共产主义运动中的"左派"幼稚病》一书。

5月5日　由于写《共产主义运动中的"左派"幼稚病》一书的《增补》，致函副外交人民委员列·米·卡拉汉，请他找一份1920年3月12日的《曼彻斯特卫报》，上面刊登了该报驻罗马记者对意大利社会党领袖菲·屠拉梯的一篇访问记。

5月6日—31日　《共产主义运动中的"左派"幼稚病》一书在彼得格勒第一国家印刷厂排印。

5月10日—23日　校阅《共产主义运动中的"左派"幼稚病》一书的校样，并作修改。

不晚于5月12日　写《共产主义运动中的"左派"幼稚病》一书的《增补》部分的要点。

5月12日　写完《共产主义运动中的"左派"幼稚病》一书的《增补》部分。

5月12日—23日　审阅和修改《共产主义运动中的"左派"幼稚病》一书《增补》部分的打字稿。

5月23日　看完《共产主义运动中的"左派"幼稚病》一书的校样；把校样寄给国家出版社彼得格勒分社，并在附信中请出版社照改后把校样寄回，用电话告知负责检查和最后出版工作的同志的名字以及该书出版的日期。

5月31日—6月1日　看《共产主义运动中的"左派"幼稚病》一书的二校样。

6月12日　《共产主义运动中的"左派"幼稚病》一书出版。

6月26日　接见荷兰共产党出席共产国际第二次代表大会的代表戴·怀恩科普,请他把《共产主义运动中的"左派"幼稚病》一书转交荷兰代表团征求意见。

6月30日—7月8日　收到戴·怀恩科普6月30日关于不是所有"论坛派"即荷兰共产党员都同意"左派"观点的信以后,在准备《共产主义运动中的"左派"幼稚病》英文版时声明,把俄文本中所用的"荷兰论坛派"一词改为"荷兰共产党的某些党员",并把这一声明和怀恩科普的信收入该书的《增补》部分。

7月8日　给英国共产党临时联合筹备委员会写回信。把戴·怀恩科普的信和自己关于纠正《共产主义运动中的"左派"幼稚病》一书中的个别提法的声明寄给共产国际的工作人员米·马·格鲁津贝格;在附函中请他检查一下该书的英译文的质量。

后 记

应该说，包括马克思主义理论在内的经典著作研究之所以具有恒久动人心魄的魅力，确实因为它并不是过去或完成了的东西，而是基于它构成了中国梦实现的当下思想资源之一。诚如我国著名史学家吕振羽所言："人类的意识形态，不是能从社会隔离起来而孤立存在的，而是人类在其社会中之实践生活的反映。同时，意识形态的本身，在适应其社会存在的变化而变化的原理下，也是活生生的能动的发展的，并不是死板的、机械的。从这样去了解，才能见出历史唯物主义和经济史观之不同所在。从而在这一课题的研究上，和经济史、政治史的研究有其密切不可分的联系性在。"① 身为当代中国人，我从1987年6月始甚至更早，就关注世界政治尤其是马克思主义理论和社会主义实践问题。近30年来，我一直没有停止对该问题的深入探究，偶尔略有成绩。历史虽不是由思想创造的，但正如克罗齐所说的"一切真历史都是当代史"② 一样，自有其逻辑理路探究的意义与价值。围绕马克思主义理论和社会主义运动这一主题，三年多来主持中央编译局招标项目"列宁《共产主义运动中的'左派'幼稚病》研究"。现在虽然完成了这本小书，但内心依然十分忐忑，因为自己外文能力和解读水平毕竟有限；同时，它作为国内第一本以文本文献学范式去研究《幼稚病》的著作，没有现成的研究可资借鉴，错误和遗漏之处在所难免。因而，我诚惶诚恐地期待

---

① 吕振羽：《中国政治思想史》，北京：人民出版社2008年版，第3页。
② 〔意〕贝奈戴托·克罗齐：《历史学的理论和实际》，傅任敢译，北京：商务印书馆1997年版，第2页。

着同仁们的批评指正。当然，我也想说，在以后的日子里，我一定继续坚持搞好马克思主义经典著作研究。

  本书的研究、写作和出版，得到了国家出版基金、中央编译局社科基金等的资助。在本书的出版事宜上，中央编译局和中央编译出版社的领导、老师都给予了热情支持。为此，我要向中央编译局和中央编译出版社表示敬意；特别感谢中央编译局秘书长兼主编杨金海老师、李惠斌主编、季正聚研究员、翟民刚研究员、戴隆斌研究员、郑锦女士和责任编辑盛菊艳，他（她）们的精心严谨工作，为本书的科学性和学术性提供了保障。同时，我要感谢中国社科院李慎明老师、邓纯东院长和李崇富老师，清华大学赵甲明老师，北京大学钟哲明老师，中央党校赵曜老师，中国人民大学高放老师，湖南师范大学周作翰老师、吴家庆老师、李屏南老师，湖南省社科院刘建武院长，湘潭大学党委书记章兢教授、湘潭大学李佑新教授和张佑祥博士，湘潭大学和湖南科技大学社科处及马克思主义学院领导以及马克思主义理论学科的同仁们，是他们的鼓励和帮助，使得我能集中精力去完成该书的写作；我还要感谢我的家人、朋友和学生们——湖南科大的严秀坤、吴怀友、许彬、谢涛、李金榕、彭立春、周建华、熊乐乐、刘正妙、邓运山、李爱军等，他们为这本著作能够如期面世，做了力所能及的工作。在这里，对他们的关心、支持和协助，表示衷心的感谢！

吴克明　谨记
2015 年 10 月 2 日于湘潭文明学园

图书在版编目（CIP）数据

列宁《共产主义运动中的"左派"幼稚病》研究读本／
吴克明编著. —北京：中央编译出版社，2017.1
（马克思主义经典著作研究读本／杨金海，李惠斌主编）

ISBN 978-7-5117-3273-6

Ⅰ.①列… Ⅱ.①吴… Ⅲ.①《共产主义运动中的"左派"
幼稚病》-列宁著作研究 Ⅳ.①A821.26

中国版本图书馆 CIP 数据核字（2017）第 033315 号

列宁《共产主义运动中的"左派"幼稚病》研究读本

出 版 人：葛海彦
出版统筹：贾宇琰
责任编辑：盛菊艳
责任印制：尹 珺
出版发行：中央编译出版社
地　　址：北京西城区车公庄大街乙 5 号鸿儒大厦 B 座（100044）
电　　话：（010）52612345（总编室）　　（010）52612335（编辑室）
　　　　　（010）52612316（发行部）　　（010）52612317（网络销售）
　　　　　（010）52612346（馆配部）　　（010）55626985（读者服务部）
传　　真：（010）66515838
经　　销：全国新华书店
印　　刷：北京汇林印务有限公司
开　　本：720 毫米×1020 毫米　1/16
字　　数：253 千字
印　　张：17.75
版　　次：2017 年 1 月第 1 版第 1 次印刷
定　　价：65.00 元

网　　址：www.cctphome.com　　邮　　箱：cctp@cctphome.com
新浪微博：@中央编译出版社　　微　　信：中央编译出版社（ID：cctphome）
淘宝店铺：中央编译出版社直销店（http://shop108367160.taobao.com）　（010）55626985

凡有印装质量问题，本社负责调换。电话：（010）55626985